浙江省普通高校"十三五"新形态教材

MARKETING MANAGEMENT
of Small and Medium-sized Enterprises

中小企业营销管理

主　编◎陈　庆

副主编◎王杭芳　姚　慧　滕　颖

ZHEJIANG UNIVERSITY PRESS
浙江大学出版社

图书在版编目（ＣＩＰ）数据

中小企业营销管理/陈庆主编. —杭州：浙江大学出版社，2021.11
ISBN 978-7-308-21984-6

I.①中… II.①陈… III.①中小企业- 企业管理-市场营销学-教材IV.①F276.3

中国版本图书馆CIP数据核字(2021)第236827号

中小企业营销管理

陈　庆　主编

责任编辑　　葛　娟
责任校对　　朱　辉
封面设计　　春天书装
出版发行　　浙江大学出版社
　　　　　　　　（杭州市天目山路148号　　邮政编码　310007）
　　　　　　　　（网址：http://www.zjupress.com）
排　　版　　杭州林智广告有限公司
印　　刷　　杭州高腾印务有限公司
开　　本　　787mm×1092mm　1/16
印　　张　　15.25
字　　数　　335千
版 印 次　　2021年11月第1版　　2021年11月第1次印刷
书　　号　　ISBN 978-7-308-21984-6
定　　价　　45.00元

前　言

本教材为浙江省新形态立项教材（第二批）。本教材坚持"理论部分够用和完整，内容组织新颖和有效"的编写原则，主动立足中小企业，围绕中小企业的特点与实际，创新营销理念，在传统营销理论的基础上，融入适合中小企业营销创新的"个性化"营销观念与流行的营销手段。同时，本教材大量采用本土化案例，挖掘分析中小企业营销管理的成功与失败原因，以满足广大中小企业的管理者、创业者对有效、全面、准确把握营销管理的知识体系与实践的需要。本教材特别重视课程思政对技术技能人才的培养的作用，增加思政元素，注重培养学生的社会主义核心价值观、正确的市场经济发展观和创新精神与创业意识。

本教材采用多校联合、校企合作方式编写，由义乌工商职业技术学院与浙江金融职业学院等院校的优秀教师联合编写理论部分，与义乌市双童日用品有限公司联合编写企业案例与课程实践，力求体现强校协作，校企融合，理实一体，完成一本高质量的新形态教材。

本教材由义乌工商职业技术学院陈庆副教授主编，负责拟订全书的内容框架和体例，王杭芳、姚慧、李婷婷、滕颖、詹同军、陈亮、秦奇参与编写。具体编写分工为：模块一由陈庆、王杭芳编写；模块二由陈庆、陈亮编写；模块三由姚慧、陈庆编写；模块四由秦奇、陈庆编写；模块五由李婷婷编写；模块六由滕颖编写；模块七由姚慧编写；模块八由詹同军编写，最后由陈庆、王杭芳统稿修改。在编写过程中，我们得到了义乌市双童日用品有限公司楼仲平董事长、李二桥总经理、周上等专家的支持与建议，并参阅了很多相关著作和教材，在此一并表示衷心感谢！

由于水平有限，书中难免有一些缺点和不足，敬请广大读者批评指正。

编者

2021 年 6 月

目　录

正确认知　营销发展

▶学习目标

◆**知识目标**

1. 掌握市场的概念

2. 熟悉市场的功能

3. 掌握市场营销的概念

4. 熟悉市场营销发展的规律

5. 掌握市场营销观念的五个阶段特征

6. 熟悉中小企业营销困境的原因

7. 掌握市场营销在中小企业中的作用

◆**技能目标**

1. 能够描述和分析市场的性质与特征

2. 能够分析市场营销观念发展不同阶段特点

3. 能够辨别企业营销理念发展的阶段性特征

4. 能够分析和总结中小企业营销困境的原因

5. 能够提炼中小企业营销成功的因素

◆**思政目标**

1. 培育并践行社会主义核心价值观

2. 培养正确认知中国市场经济发展的观念

3. 激发主动参与讨论分析的积极性

▶ 思维导图

```
                                        认知市场
                          走进市场 ──┤ 市场功能
                                    └ 市场分类

                                        市场营销的产生
                      市场营销的产生与发展 ──┤
                                         市场营销的发展

                                              中小企业市场营销的特点
正确认知　营销发展 ──┤                          中小企业市场营销的困境
                      中小企业市场营销的特点、困境与理念 ──┤
                                              中小企业市场营销的策略理念
                                              中小企业市场营销的策略模式

                                              发现消费者的多样性需求
                      市场营销在中小企业中的职能与作用 ──┤ 指导企业决策
                                                      开拓新市场
                                                      满足消费者的需求
```

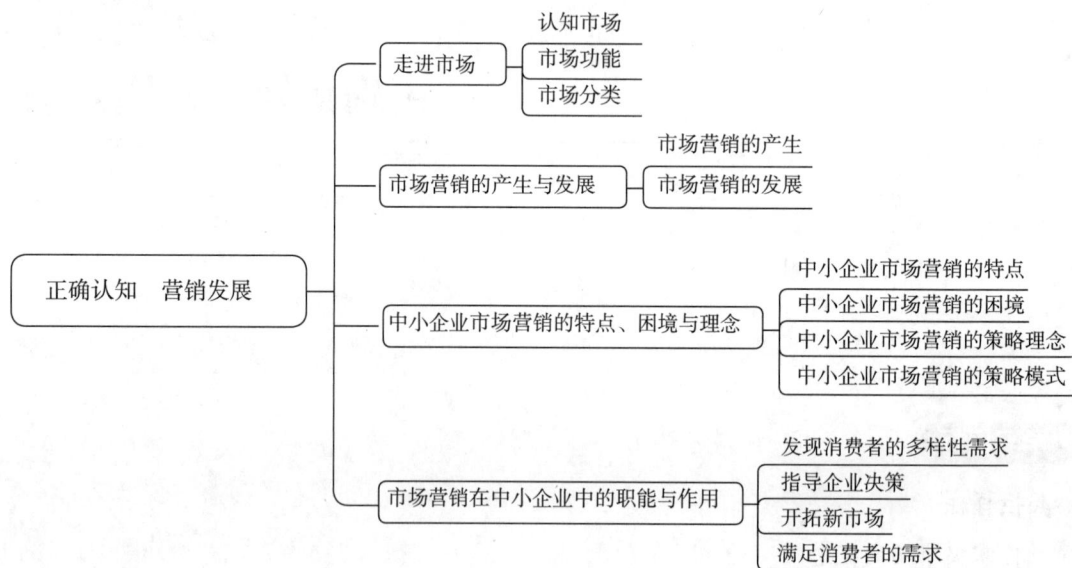

项目一　走进市场

▶ 案例导入

"小商品海洋，购物者天堂"——世界最大的实体市场

这是一个"建在市场上的城市"。玩具、箱包、钟表、五金、饰品、家居用品、电子产品……在浙江义乌，小商品无奇不有、无所不在，吸引了全国乃至全球络绎不绝的采购商。数据显示，义乌中国小商品城经营着26个大类、210万个单品，日均客流量21.4万人次，商品辐射210多个国家和地区。每年到义乌采购的外商有50多万人次，来自100多个国家和地区。2019年，全年小商品市场实现交易额4583.1亿元，增长12.0%。实体市场平稳发展。全市拥有有证市场建筑面积608万平方米，市场经营户数7.89万户，市场从业人员数23万人，总成交额1779.5亿元，增长11.7%，其中中国小商品城成交额1537.4亿元，增长13.2%。

互联网时代带来了市场形态的转变提升。截至2019年底，义乌经工商登记注册的电子商务经营主体超 19 万家。全市累计备案筹建电子商务园区 35 个，建筑面积超 200 万平方米。2019 年全年实现电子商务交易额 2768.9 亿元，增长 16.9%。全年跨境电商保税进口（1210）业务突破 871 万单，整体业务量位居全国第三批跨境电子商务综合试验区第一。伴随网红经济的迅速发展，网络直播从业人员约 5 万人。2019 年邮政和快递业务总量累计完成 49.9 亿件，增长 72.1%，浙江省排名第 1 位，全国城市排名第 2 位，位列广州市之后。

（数据资料来源：中国义乌网 https://news.zgywww.cn/system/2020/04/27/010185685.shtml）

2020 年 10 月 21 日，义乌小商品城（chinagoods.com）官方网站全新上线，网站依托义乌市场 7.5 万家实体商铺资源，服务产业链上游 200 万家中小微企业，以贸易数据整合为核心驱动，对接供需双方在生产设计、展示交易、市场管理、物流仓储、金融信贷等环节的需求，致力于实现市场资源有效、精准配置，构建真实、开放、融合的数字化贸易 B2B 综合服务平台。义乌小商品城官方网站的上线标志着这个全球著名的小商品市场全面开启数字化转型。

（资料来源：义乌小商品城 https://www.chinagoods.com/）

案例思考："互联网 +"的蓬勃发展给传统"市场"带来了什么样的冲击？"互联网 + 市场"的发展新模式有什么特点？

案例启示：互联网时代激发了数字经济的爆发式的成长，互联网已然成为当代社会经济发展的重要主题。阿里巴巴董事局前主席马云称，未来互联网没有边界。冲击传统商业市场不仅要顶住新的经营模式的冲击，更要及时准确把握互联网技术，掌握互联网思维。"互联网 +"就像是一面镜子，照射出传统市场的弊病。"互联网 +"看似是在对传统商业市场进行颠覆，但实际上"互联网+"为传统商业市场带来了更多的转型升级的良机。在新经济形势下，传统商业市场要改掉已存的不足与短板，与"互联网+"联手，实现"互联网+"与传统商业市场的共同起飞。

一、认知市场

市场是社会分工和商品经济发展到一定程度的产物，随着社会生产力的发展，社会分工的细化，商品交换的内容日益丰富，交换形式日趋复杂，人们对市场的认识日益深入。

传统的观念认为，市场指的是商品交换的场所，如商店、集市、商场、批发站、交易所等，这是市场的最一般、最容易被人们理解的概念，所有商品都可以从市场流进、流出，实现商品由卖方向买方的转换。

但是，随着商品经济的飞速发展和繁荣，商品交换过程和机制日益复杂起来，狭隘的传统市场概念已远远不能概括全部商品经济的交换过程，也反映不了在商品和服务交换中所有的供给和需求关系，因此，市场这个概念已不再局限于原有的空间范围，而演变为一种范围更广、含义更深的市场概念。

广义的市场是由那些具有特定需要或欲望，愿意并能够通过交换来满足这种需要或欲望的全部顾客所构成的。这种市场范围，既可以指一定的区域，如国际市场、国内市场、城市市场、农村市场，也可以指一定的商品，如食品市场、家电市场、劳动力市场等，甚至还可指某一类经营方式，如超级市场、百货市场、专业市场、集贸市场等。

从广义的市场概念可以看到，市场的大小并不取决于商品交换场所的大小，而是取决于那些表示有某种需要，并拥有使别人感兴趣的资源且愿意以这种资源来换取其需要的东西的主体数量。具体来说，市场由购买者、购买力和购买愿望等三要素组成。只有当三要素同时具备时，企业才拥有市场。

从宏观角度来看，市场是所有交换关系活动的总和，其交换内容可以是有形的，如商品市场、金融市场、生产要素市场等，也可以是无形的，如服务市场。这些由交换过程连接而形成的复杂市场就构成了一个整体市场，如图1-1所示。在整体市场中，生产者主要从资源市场（工业品市场）购买资源，生产出商品或服务卖给中间商，中间商再出售给消费者，消费者则以出卖劳动力所得到的报酬来购买其所需的商品和服务。政府则是另一种市场，它为公众需要提供服务，对各市场征税，同时也从资源市场、生产者市场和中间商市场采购商品与服务。

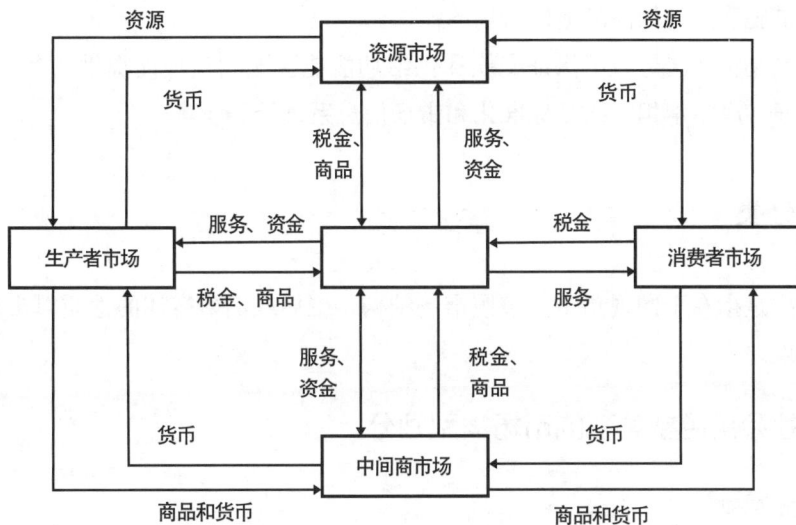

图 1-1 整体市场结构

二、市场功能

　　市场功能是市场机体在市场营销活动中，以商品交换为中心所具有的客观职能。市场功能通过参与市场活动的企业和个人的经济行为来实现，它们之间存在互相制约、互相促进的作用。市场一般有以下功能。

　　（1）交换功能：这是指通过市场进行商品收购和商品销售活动，能实现商品所有权与货币持有权之间的相互转移，最终把商品送到消费者手中，使买卖双方都得到满足。

　　（2）供给功能：这是指商品的运输和储存等方面的活动，商品的运输和储存是实现商品交换功能的必要条件。由于商品的生产与消费往往不在同一地点，这就要求通过运输把商品从生产地转移到消费地。另外要将商品通过储存设施加以保管留存，以保证市场上商品的及时供应。

　　（3）价值实现功能：商品的价值是人们在生产劳动过程中创造的，其价值的实现则是在市场上通过商品交换来完成的。任何商品都会受到市场的检验，市场是企业营销活动的试金石。市场状况良好，商品能顺利地在卖者和买者之间转换，最终送到消费者手里实现消费，价值才能最后实现。

　　（4）反馈功能：市场能客观反映商品供求的状况，它把供求正常和供求失调的信息反馈给企业，为企业制定经营决策提供依据。

　　（5）调节功能：市场的调节功能是通过价值规律、供求规律和竞争规律来体现的。人们从市场上得到有关市场供求、市场价格和市场竞争情况的信息反馈后，可以通过一定的调节手段和措施使生产的商品适应市场的需求。

（6）便利功能：这是为了保证交换和供给功能能够顺利实现而提供的各种便利条件，包括资金融通、风险承担、商品标准化和市场信息系统等。

三、市场分类

市场类型是指在不同视角下，按照市场结构、主体或消费客体的性质对市场进行分类而得出的结果。

（一）社会角色视角下的市场类型划分

1. 消费者市场

消费者市场又称最终消费者市场、消费品市场或生活资料市场，是指为满足自身需要而购买的一切个人和家庭构成的市场。消费者市场是市场体系的基础，是起决定性作用的市场类型。它的发展，直接或间接地影响着组织市场的发展及整个社会经济的发展方向。

▶协作创新

分组讨论：消费者市场的特点是什么？分析影响消费者市场的因素。

2. 生产者市场

生产者市场又称产业市场，是由那些购买货物和劳务，并用来生产其他货物和劳务，以出售、出租给其他人的个人或组织构成。它具有购买者数量较少且规模较大、生产者市场的需求波动性较大、生产者市场的需求一般都缺乏弹性等特点。

3. 转卖者市场

转卖者市场是指那些通过购买商品和劳务以转售或出租给他人获取利润为目的的个人和组织。转卖者提供的是时间效用、地点效用和占有效用。转卖者市场由各种批发商和零售商组成。

4. 政府市场

政府市场是指因那些为执行政府的主要职能而采购或租用商品的各级政府单位的消费而形成的市场，是国内市场的重要组成部分。政府市场不同于民间市场，它有特定的采购主体，采购资金为政府财政性资金，采购的目的是为履行政府管理职能提供消费品或为社会提供公共品，没有营利动机，不具有商业性。政府采购活动必须公开、公正、公平地开展，将政府采购形成的商业机会公平地给予每一个纳税人（包括供应商），不得采取歧视性措施，剥夺他们应有的权利。

（二）经济学视角下的市场类型划分

1. 完全竞争市场

完全竞争市场指竞争充分而不受任何阻碍和干扰的一种市场结构。在这种市场类型中，买卖人数众多，买者和卖者是价格的接受者，资源可自由流动，信息具有完全性。

2. 完全垄断市场

完全垄断市场指在市场上只存在一个供给者和众多需求者的市场结构。完全垄断市场的假设条件有三个点：第一，市场上只有唯一厂商生产和销售商品；第二，该厂商生产的商品没有任何接近的替代品；第三，其他厂商进入该行业都极为困难或不可能。

3. 不完全竞争市场

不完全竞争市场指市场内至少有一个大到足以影响市场价格的买者（或卖者），包括各种不完全因素，诸如垄断竞争等。

4. 寡头垄断市场

寡头垄断市场指介于垄断竞争与完全垄断之间的一种比较现实的混合市场，是指少数几个企业控制整个市场的生产和销售的市场结构。

表 1-1 归纳了经济学视角下市场类型的划分与特征。

表 1-1 经济学视角下的市场类型划分与特征

市场类型	企业数量	产品差别	价格控制	市场壁垒	商品种类
完全竞争	极多	无差别	无法控制	无壁垒	部分农业品
完全垄断	唯一	唯一，无替代	严格控制	高壁垒	公共事业
不完全竞争	很多	有差别	一般控制	低壁垒	大部分零售商品
寡头垄断	几个	有差别或无差别	较强控制	中壁垒	自然资源、汽车等

（三）物理形态视角下的市场类型划分

1. 实体市场

实体市场是商品交换的场所，通俗地讲，是指买卖商品的具体场所，也被称为传统市场。市场伴随人类社会经济的发展而成长。我国《易·系辞下》中记载，"日中为市，致天下之民，聚天下之货，交易而退，各得其所"。人们普遍习惯将市场看作商品、服务买卖的场所,从早期的集市到店铺、商店、商场,直至仍活跃且重要的大型专业市场。因此,实体市场是一个时空(时间和空间融合)市场概念,是直接而具体的市场概念。

2. 虚拟市场

虚拟市场是与实体市场相对应的概念,其是应用电子商务技术形成的一个虚拟的买卖双方聚集并进行交易的场所。虚拟市场是"互联网+"发展的必然结果,它在最大程度上体现了互联网、通信网络技术的先进性与有效性。

虚拟市场的建立存在两种形式:一种是由卖方或买方建立的,一种是由第三方中介机构建立的。第一种形式下的虚拟市场主要由大的采购集团或者供给机构建立,主要目的在于简化流程,降低成本,加强对过程的控制,提高自身竞争力;而另一种形式的虚拟市场由第三方中介组织发起建立。此类国内典型市场有阿里巴巴(淘宝、天猫)、拼多多等;国外典型市场有 Commerce One、Ariba、eSteel 等。这种模式的虚拟市场优势在于平台机构本身并不介入交易本身,可以保证交易过程的公正、公平与公开。

▶ 思政园地

2020 年 11 月 11 日是电子商务发展史上的第 12 个"双十一"购物节。自天猫 2009 年首创"双十一"购物节以来,每年的这一天已成为名副其实的全民购物狂欢节。"双十一"已成为中国电子商务行业的年度盛事,并且逐渐影响到国际电子商务行业。"双十一"购物节从 2009 年的 27 个品牌参与、0.52 亿元成交额,经过 11 年发展,到 2019 年,有超 20 万家品牌参与,2684 亿元成交额,增长超过 5100 倍。2020 年 11 月 1 日至 11 日 0 时 30 分,天猫平台实时成交额突破 3723 亿元;京东平台累计下单金额突破 2000 亿元,均创新高。电商购物的热潮同时也带动了支持系统的高速运转。11 月 12 日,国家邮政局监测数据显示,11 月 1—11 日,全国邮政、快递企业共处理快件 39.65 亿件,其中 11 月 11 日当天共处理快件 6.75 亿件,同比增长 26.16%,再创历史新高。

在当前构建经济发展双循环的背景下,"双十一"购物狂欢节的汹涌客流和极为庞大的单日成交量显示了老百姓较强的消费意愿和较高的消费能力,这对拉动内需无疑是个积极信号。电子商务需求的逆势"井喷",透露出中国网上消费的巨大潜力,是传统零售业态与新零售业态的交锋。"双十一"购物狂欢节是中国经济转型的一个信号,是新的营销模式对传统营销模式的挑战。分析人士表示,随着 100 亿元节点的成功突破,中国的零售业态正在"发生根本性变化":线上交易形式已经由之前的作为零售产业的补充渠道之一,转型为拉动中国内需的主流形式,由此开始全面倒逼传统零售业态升级。

(《华西都市报》,2020 年 11 月 11 日评)

项目二　市场营销的产生与发展

一、市场营销的产生

市场营销学是由英文"marketing"一词翻译过来的。关于"marketing"一词的翻译，中文有"市场学""行销学""销售学""市场经营学""营销学"等各种译法，考虑到从静态和动态结合上把握"marketing"的含义，用"市场营销"的译法比较合适。"市场营销"一词的含义是什么？长期以来，许多人仅仅把市场营销理解为推销或者销售（selling）。其实，推销只是市场营销多重功能中的一项，并且通常还不是最重要的一项。

市场营销学的内涵与特征

正如美国著名管理学家彼得·德鲁克（Peter Drunker）所言：可以设想，某些推销工作总是需要的，然而，营销的目的就是使推销成为多余，从而使产品或服务完全适合顾客需要而形成产品自我销售；理想的营销会产生一个已经准备来购买的顾客群体，剩下的事情就是如何便于顾客得到这些产品或服务。

市场营销是一个多变动态发展的概念。近几十年来，东西方学者都从不同角度给营销下了许多不同的定义，归纳起来可以分为如下三类：

（1）把市场营销看作是一种为消费者服务的理论；

（2）强调市场营销是对社会现象的一种认识；

（3）认为市场营销是通过销售渠道把生产企业与市场联系起来的过程。

本书倾向于采用世界营销权威菲利普·科特勒（Philip Kotler）所提出的定义："市场营销是个人和群体通过创造产品和价值，并同他人进行交换以获得所需所欲的一种社会及管理过程。"根据这一定义，本书将市场营销概念归纳为以下要点：

（1）市场营销的终极目标是满足需求和欲望；

（2）市场营销的核心是交换，而交换过程是一个主动、积极寻找机会，满足双方需求和欲望的社会和管理过程；

（3）交换过程能否顺利进行，取决于营销者创造的产品和价值满足顾客需要的程度和交换过程管理的水平。

二、市场营销的发展

市场营销是在经济学、行为科学等学科基础上发展起来的，正如菲利普·科特勒在1987 年美国市场营销协会（AMA）成立 50 周年纪念大会上所言：营销学之父为经济学，其母为行为学，哲学和数学为其祖父、祖母。但从今天的发展来看，心理学、社会学也成为市场营销发展的重要基础和支撑。

（一）市场营销的萌芽

尽管商品交换古已有之，但真正意义上的市场营销活动是商品经济发展到一定程度的产物。彼得·德鲁克认为，市场营销活动最早起源于 17 世纪中叶的日本。他指出，市场营销活动是由日本三井家族的一位成员首先应用的，并于 1850 年在东京开办了世界上第一家具有现代意义的百货商店。直到 19 世纪中叶，真正意义上的市场营销产生于美国国际收割机公司（International Harvester Company）。第一个把市场营销当作企业独特的中心职能，并把满足顾客需求作为管理的特殊任务的是麦克密克（Cyrus H. McCormick）。在历史书籍中只提到他是收割机的发明者，然而他还创造了现代市场营销的基本工具——市场调查与市场分析、市场定位观念、定价政策、向顾客提供各种零部件和各种服务、实行分期付款等。随着资本主义经济的发展，到了 20 世纪初，各主要资本主义国家经过了工业革命，生产力迅速发展，生产能力的增长速度超过了市场增长速度。在这种情况下，少数有远见的企业开始设立市场营销研究部门，重视在企业的经营管理过程中研究如何推销商品和刺激需求，探索推销方法与广告方法。

（二）市场营销学的创立与发展

市场营销进入学术界，成为一个专门的理论领域的研究则始于 20 世纪初期的美国，并经历了以下三个阶段。

营销理论概述

1. 初创阶段（1900—1920 年）

1904 年克鲁希（W. E. Kreus）在宾州大学讲授了名为"产品市场营销"（The Marketing of Products）的课程。1910 年，巴特勒（K. S. Butler）在威斯康星大学讲授了名为"市场营销方法"（Marketing Method）的课程。1912 年赫杰特齐（J. E. Hegertg）出版了第一本名为"市场营销学"（*Marketing*）的教科书，全面论述了有关推销、分销、广告等方面的问题，这标志着市场营销学作为一门独立学科的产生。

2. 功能研究阶段（1921—1945年）

1929—1933年资本主义国家爆发了严重生产过剩的经济大危机，震撼了各主要资本主义国家。如何把产品卖出去成为当时企业最急于解决的难题。企业开始实施市场销售活动。对市场营销学的研究也大规模开展起来，市场营销学逐渐成为指导市场营销实践活动的一门实用性学科。这一时期的研究以营销功能研究为最突出的特点，主要包括交换功能、实体分配和辅助功能，这些功能构成了当时市场营销体系的主体。

3. 发展与传播阶段（1945—1980年）

随着国际政治环境的相对稳定以及第三次科技革命的展开，资本主义国家的社会生产力得到了较快的发展，产品产量剧增，花色品种日新月异，社会消费能力也有了较大增长，人们的消费需求和消费欲望不断加深，市场竞争日益激烈，政府对经济的干预明显增强，营销环境复杂多变。在这种情况下，企业必须从总体上进行规划，要在产品生产之前就考虑市场问题，按照市场需求安排生产，组织营销活动；企业不能仅考虑当前的盈利，还要考虑到未来的长远发展；企业的市场营销不应局限于产品推销问题，还应该包括企业与市场以及整个营销环境保持衔接关系的整体性经营活动。

在这种情况下，市场营销的理论研究从对产品生产出来以后的流通过程的研究，发展到从生产前的市场调研和产品创意开始，到销售后的顾客服务和信息反馈为止的营销过程的研究；从对营销实施的研究，发展到对市场营销问题的分析、计划、实施、控制等营销管理过程的研究。市场营销学逐步从经济学中独立出来，吸收了行为科学、心理学、社会学、管理学等学科的若干理论，形成了自身的完整理论体系。

与此同时，市场营销学也开始广为传播。在应用区域上，市场营销学不断从起源国——美国向其他国家和地区传播。20世纪50年代以来，市场营销理论先后传入了日本、西欧、中国台湾以及东欧和苏联等国家和地区，20世纪70年代末开始传入中国大陆。

4. 拓展与创新阶段（1980年以后）

随着经济全球化趋势的加强，参与国际竞争的国家和企业急剧增加，市场竞争的范围不断扩大，程度不断加剧。20世纪80年代中期，科特勒进一步发展了市场营销理论，提出了大市场营销（magemarketing）的观念，突破了传统营销理论中阐明的企业可控制的市场营销组合因素与外界不可控的环境因素之间简单相适应的观点，把企业市场营销组合所包括的4PS策略扩大到6PS策略。这一思想对跨国企业开展国际营销活动具有重要的指导意义。

进入20世纪90年代以来，市场营销理论的研究不断向新的领域拓展，出现了定制营销、营销网络、纯粹营销、政治营销、绿色营销、营销决策支持系统、整合营销等新的理论领域，并打破了美国营销管理学派一统天下的局面，对传统营销理论提出了质疑，形成了不同的营销学派。

进入 21 世纪后，随着互联网与信息技术的爆炸式发展，市场营销理论所受到的冲击超过之前的任何一个时期。"互联网＋"的思维模式与行为模式正让消费行为与企业创新过程变得更加的复杂与短暂，研究难度达到一个新的高度。这对营销知识体系的重构带来巨大的挑战，也是摆在经济管理学家面前的新的课题。

（三）市场营销观念的发展

市场营销观念是企业开展市场营销工作的指导思想或者说是企业的经营思想。它集中反映了企业以什么态度和思想方法去看待和处理组织（Organization）、顾客（Customer）和社会（Society）三者之间的利益关系。市场营销工作的指导思想正确与否对企业经营的成败兴衰具有决定性的意义。

市场营销观念的发展

企业市场营销的指导思想是在一定的社会经济环境下形成的，并随着这种环境的变化而变化。当然，指导思想的变化会促使企业的组织结构以及业务经营程序和方法的调整和改变。一个世纪以来，西方企业的市场营销观念经历了一个漫长的演变过程，可分为生产观念、产品观念、推销观念、市场营销观念和社会营销观念等五种不同的观念，如图 2-1 所示。

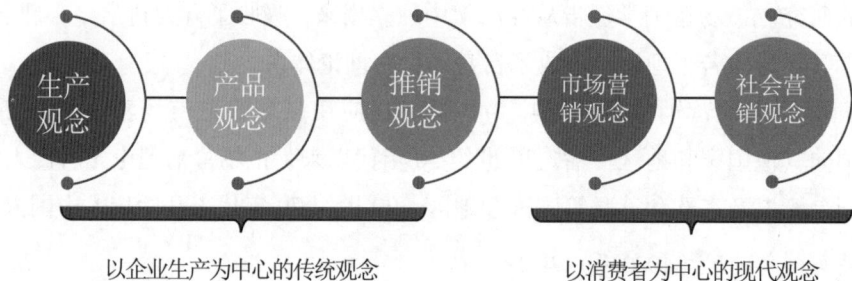

图 2-1　市场营销观念的五个演变阶段

1. 生产观念

生产观念也称为生产中心论，它是一种最古老的经营思想。这种指导思想认为，消费者或用户欢迎的是那些买得到而且买得起的产品。因此，企业应组织自身所有资源，集中一切力量提高生产效率和分销效率，扩大生产，降低成本，以拓展市场。显然，生产观念是一种重生产、轻市场营销的企业经营思想。在国民收入还低，生产落后，商品的供应还不能充分满足需要的环境下，生产企业在市场中占主导地位，生产观念占据主导地位。

2. 产品观念

产品观念认为，消费者会欢迎质量最优、性能最好、特点最多的产品，因此，企业应把精力集中在创造最优良的产品上，并不断精益求精。我国有不少传统产品一直遵循"酒香不怕巷子深""一招鲜，吃遍天"的经营哲学，把提高产品功能与质量作为企业的首要任务，却忽视了市场的变化、消费需求的升级和竞争对手的动态，产品虽好但也经营困难。正如科特勒所言：某些企业的管理者深深迷恋上了自己的产品，以至于没有意识到其在市场上可能并不那么迎合时尚，甚至市场正朝着不同的方向发展。如此，企业会患上"营销近视症"（market myopia），即不适当地把注意力放在产品上，而不放在需要上。

3. 推销观念

推销观念产生于从卖方市场向买方市场转变的时期，其坚持以推销为中心，坚持利用一系列有效的推销和促销工具去刺激消费者产生购买行为。在这种观念指导下，企业十分注重运用推销术和广告术，大量雇佣推销人员，向现实和潜在买主大肆兜售产品，以期压倒竞争者，提高市场占有率，取得更多的利润。众多中小企业一直奉行此种营销观念，几乎奉为成功之路的典型做法。但实质上，企业忽视了市场供求关系结构的变化，不注重市场需求的研究和满足，不注重消费者利益和社会利益。正如科特勒指出的，感到不满意的顾客不会再次购买该产品，更糟糕的情况是，感到满意的普通顾客仅会告诉其他三个人有关其美好的购物经历，而感到不满意的普通顾客会将其糟糕的经历告诉其他十个人。

▶ 阅读思考

潍坊秦池酒厂：天价标王的成败故事

秦池酒厂成立于 1990 年 3 月，是白酒行业的一个小企业，年产白酒 1 万多吨，销售区域只局限在潍坊。1995 年，秦池酒厂以 6660 万元中标央视黄金广告时段，成为"标王"。根据秦池酒厂对外通报的数据，当年秦池酒厂实现销售收入 9.8 亿元，利税 2.2 亿元，增长 5~6 倍。1996 年，秦池酒厂又以 3.2 亿元的天价再次成为央视"标王"。但是，巨额的广告资金投入使

得秦池酒厂的发展捉襟见肘。为了保证满足市场需求，秦池酒厂盲目增加生产线，扩大生产规模。1997 年年初，秦池酒厂的各项指标开始大幅度下滑，随后由于不堪 3.2 亿元巨额

广告费用的重负，秦池酒厂中途被迫转卖广告时段，对产品的整体营销和品牌形象造成了不良后果。

秦池酒厂惊天动地的广告行为，自然引起了媒体的关注。1997年，《北京参考报》报道称，秦池酒厂的原酒生产能力只有3000吨左右，它从四川等地收购大量的散酒，再加上本厂的原酒，勾兑成低度酒然后销往全国。而秦池酒厂的罐装线基本上是手工操作，酒瓶的内盖是专门由一个人用木榔头敲进去的……这篇报道给沉浸在喜悦中的秦池酒厂猝不及防的一击。当年，秦池酒厂销售额持续下滑，只完成了6.5亿元销售额，而不是预期的15亿元。1998年销售额下滑至3亿元，该厂从此一蹶不振。2000年7月，一家酒瓶盖供应商指控秦池酒厂拖欠300万元货款，地方中级人民法院判决秦池酒厂败诉，并裁定拍卖"秦池"注册商标抵债。随着时间的流逝，秦池酒也将被市场所遗忘，最终企业给消费者留下的是"一代标王"的"美"名。

（资料来源：http://www.360doc.com/content/17/0921/11/8250148_688899725.shtml）

思考：秦池酒厂奉行什么导向的营销观念？最终为何会失败？

4. 市场营销观念

市场营销观念也称为需求中心论，它与推销观念及其他传统的经营思想存在着根本的不同。这一观念认为，实现企业营销目标的关键在于正确地掌握市场的需求，然后调整整体市场营销组织，使公司能比竞争者更有效地满足消费者的需求。这种营销观念的具体表现是顾客需要什么，就卖什么，而不是企业自己能制造什么，就卖什么。

在这种观念的指导下，"顾客至上""顾客是上帝""顾客永远是正确的""爱你的顾客而非产品""顾客才是企业的真正主人"等成为企业家的口号和座右铭。营销观念的形成，不仅从形式上，更从本质上改变了企业营销活动的指导原则，使企业经营指导思想从以产定销转变为以销定产，第一次摆正了企业与顾客的位置，所以是市场观念的一次重大革命，其意义可与工业革命相提并论。

5. 社会营销观念

社会营销观念也称为社会中心论，它是用来修正或取代市场营销观念的。这种观念认为，企业的任务是确定目标市场的需要、欲望和利益，并且在保持或增进消费者和社会福利的情况下，比竞争者更有效地满足目标市场消费者的需求。

社会市场营销观念要求企业在确定营销决策时权衡三方面的利益，即企业利润、消费者需要的满足和社会利益。具体来说，社会市场营销观念希望摆正企业、顾客和社会三者之间的利益关系，使企业既发挥特长，在满足消费者需求的基础上获取经济效益，又能符合社会利益，从而使企业具有强大的生命力。许多公司通过采用和实践社会营销观念，已获得了引人注目的销售业绩。

▶ 阅读思考

"隐形冠军"双童：义乌首家零排放工厂诞生记

　　在世界"小商品之都"的义乌，有一家独特而优秀的行业"隐形冠军"企业——义乌双童日用品有限公司（简称"双童"），"双童"持续专注于吸管产品的制造领域。从一次性饮用吸管、一次性口杯到一次性 PE 手套、可降解保鲜袋、可降解垃圾袋等项目实施，"双童"的产品和技术正引领人们走向绿色环保的健康生活，使公司成为当之无愧的"全球吸管行业领导者"。公司坚持"生态循环，文化铸魂"的文化理念，形成了致力于"以小博大、专注进取"的企业宗旨、"让一次性产品告别白色污物"的企业使命、"追求吸管行业主导地位，做一家有利于社会的好企业"的企业愿景、"致力成长、协同共生"的企业核心价值观。

　　"双童"以"尽可能小的资源消耗和环境成本获得尽可能大的经济和社会效益"的循环经济发展理念，在厂房建设之前融入"生态工厂和节能降耗"思路，建成了以"雨水收集、中水回用、余热收集、屋顶绿化"等为一体的绿色生态工厂和节能降耗循环系统。如在公司厂区内建造了 200 多个雨水收集坑用于收集雨水，建造了 1500 吨的中水池用于收集处理员工的生活用水以进行二次回用，在屋顶进行绿化，在美化环境的同时大大降低了社会资源消耗，每年为企业节省上百万元，在消灭企业排放和污染的同时，极大提高了能源的使用效益，实现了企业和社会环境的共同治理，建成绿色生态、节能环保、无污染、无排放的花园式生态工厂。

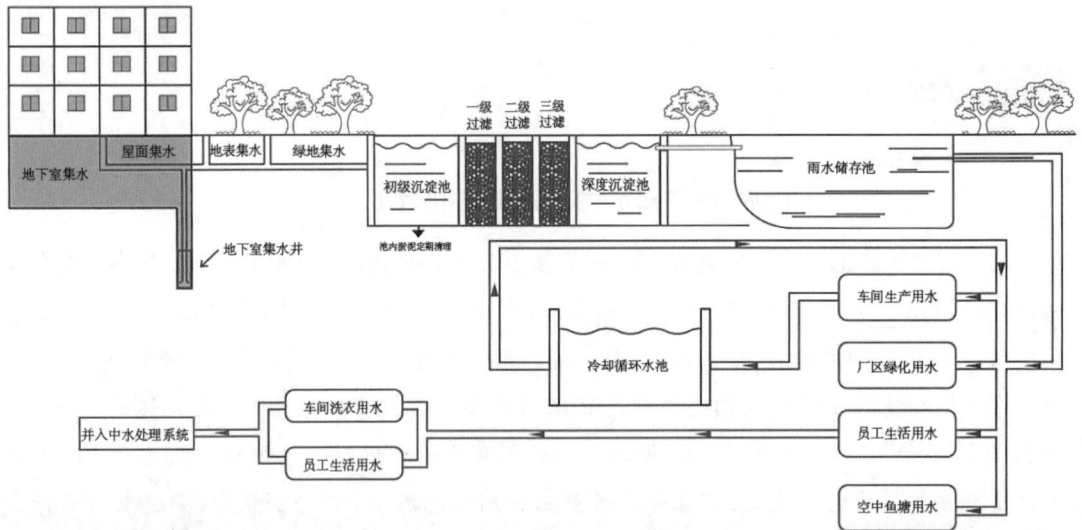

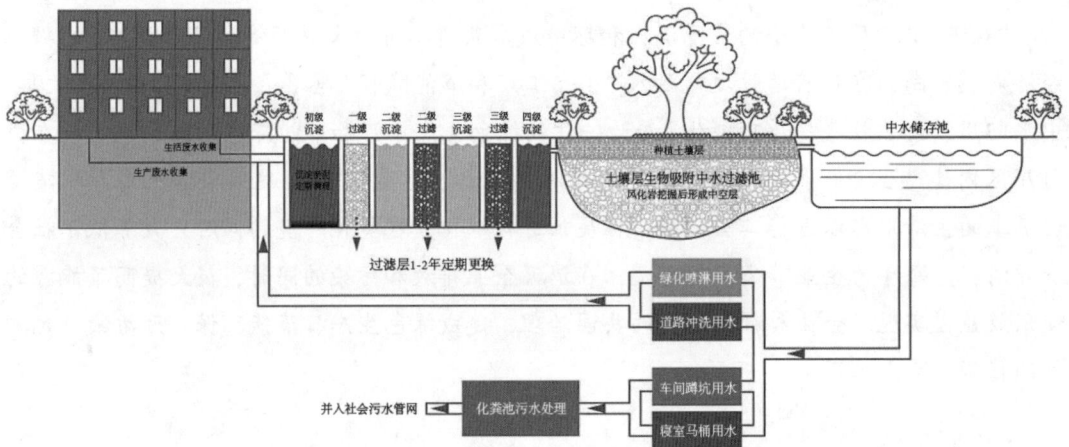

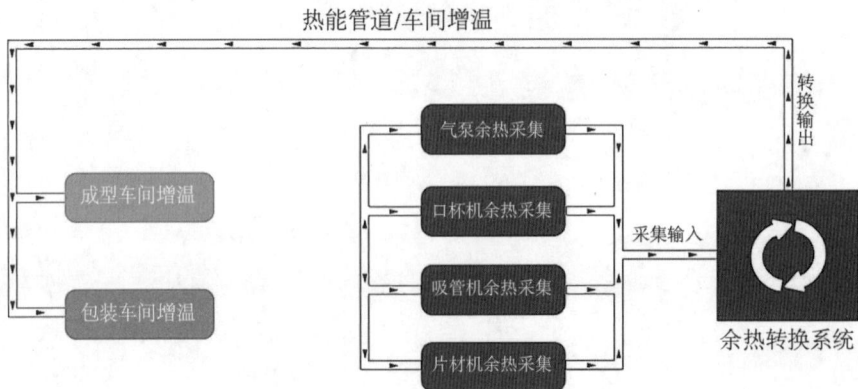

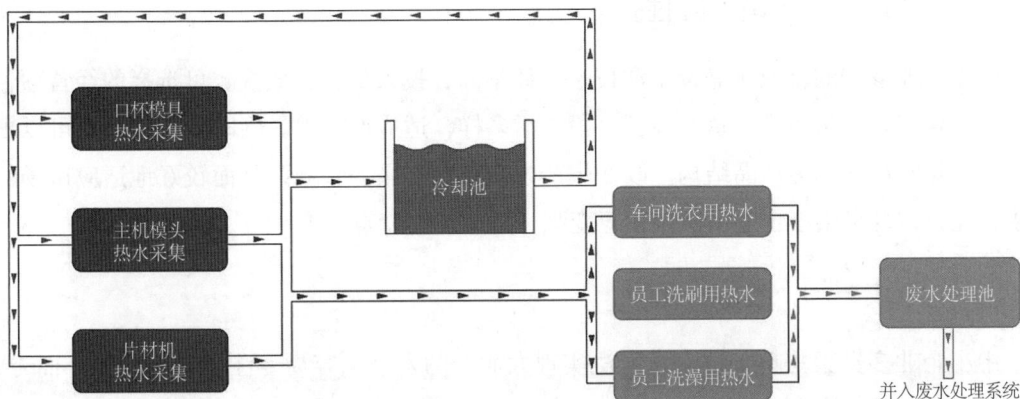

思考： "双童"推行的是哪种营销理念？企业在推进此种营销理念过程中需要注意哪些细节？

项目三　中小企业市场营销的特点、困境与理念

中小企业对我国社会经济的发展起到了很大作用，不仅为社会提供了大量的就业岗位，还为社会盘活了很多资源，增强了市场经济的活力，提高了经济效率。但是，随着市场经济的进一步发展，加上面临信息时代电商的挑战和冲击，竞争越来越激烈，中小企业的发展越来越艰难，存活周期越来越短，死亡率越来越高，其中主要的问题均集中于企业的营销困境。

一、中小企业市场营销的特点

在跨入 21 世纪第 3 个 10 年的今天，由于信息科学技术高速发展，消费方式发生巨大的变革，现代市场行情变得更为错综复杂，市场竞争异常激烈。任何企业要想成功进入、巩固、扩张市场均不是容易的事，尤其对于中小企业。但现阶段下，数量多、活力强、韧性好也是中小企业参与市场竞争的优势与特点。

（一）规模小，环境适应性强

中小企业参与的行业所需资金和技术条件不高，投入少，见效快，可选择的经营项目较多，行业进入壁垒不高。企业经营手段灵活多样，适应性较强。同时，中小企业可以根据市场变化较快地调整产品结构，改变生产方向，转型服务领域，从而较好地适应市场的需求，充分体现了中小企业反应快、应变强、适应广的特点。

（二）专攻一门，独树一帜

中小企业多数聚焦单一技术，无法实现大而全的发展，容易专注于小而特、小而专、小而优、小而精。这也是中小企业赖以生存和发展的关键与诀窍之一。中小企业成长总是利用其市场反应快、应变能力强的特点与优势，"出其不意"地推出新技术、新方案、新产品，积极占领新市场，吸引新用户。

（三）应用创新，更新换代

中小企业受制于其本身的综合能力，理论创新与原生创新能力不足，但是中小企业重视技术的应用创新，善于运用新工艺、新材料、新应用，促进产品的更新换代。中小企业虽然在发明创新上缺乏能力，但却是实用新型、外观设计等应用技术专利邻域的主力军，是重要的应用技术革新力量。

（四）贴近市场，节约成本

中小企业数量众多，分布于全国各地，能充分利用各种资源，做到贴近市场、本土加工、就地销售。这不仅可以近距离了解市场需求，还可以简化渠道配置，降低产品成本，增强企业的竞争能力。

二、中小企业市场营销的困境

中小企业自身存在的经济实力、规模大小、抵御风险能力、技术能力、人员素质、生产设备、经营管理等不足的不利因素，往往在面临市场热点变换、转型升级等过程中，容易使企业经营陷入困境。

（一）营销方式不恰当

在物资供应极为丰富的今天，很多中小企业所生产的产品大多类似，其产品的性能也都基本雷同，在进入市场之后，他们产品的定价也都相差不大。为什么有的产品销售得很好，而有的产品就没人问津？这本身就是值得中小企业思考的问题。其实这个问题的原因并不在于产品的性能、质量、价格，主要就在于有的中小企业没有采取恰当的营销方式，换句话说，这种中小企业没有找到有效的、适合产品的推广方式，对于消费者的心理预期没有做好正确的判断，没有充分挖掘消费者真正需要什么、他们的诉求在哪里，导致供给与需求没有对接，结果就是产品的滞销。

（二）市场定位不合理

中小企业的生产往往采用跟随策略，没有做充分的市场调研分析，看到其他企业生产什么，自己就盲目跟风生产什么。同质的产品种类、类似的营销方式、趋同的市场定位最终导致产品卖不出去，也丧失了在市场中的主动权，企业的竞争能力就会因为产品积压难以获得利润而变得日益低下。

（三）营销观念较落后

在信息时代条件下，很多企业已经开始并使用了新型的营销方式，那些没有因为时代的变化而采取新型营销方式的企业自然而然就会跟其他先进企业拉开差距。现在仍然有一部分中小企业非常固执地认为只要产品的质量好、信誉高，能够出新、出彩就能够吸引消费者前来购买。"酒香不怕巷子深"等传统观念束缚了这些中小企业的营销理念，故而这部分企业没有运用合适的营销方式。当然也有一些中小企业只是一味地追求标新立异的营销方式，而忽视了消费者对于产品本身的重视。这是两个极端情况，任何一种情况对中小企业来说都是危害，因此必须避免出现这两个极端情况，以防止企业陷入发展的困境之中。

（四）营销人才较缺乏

当下的时代既是经济时代也是知识时代，没有知识就没有发展的强劲支持。人才是知识的保障，人才是企业保持竞争力不可或缺的重要资源。反观中小企业之中，由于中小企业自身某些原因、猎头公司的挖掘、大型企业丰厚的薪酬待遇，人才流失的情况非常严重。在中小企业中工作的营销人员的能力也是好坏参半，他们设计的营销策划活动在市场上的影响力极其有限，所带来的利润甚至不能弥补企业市场营销的成本支出。

三、中小企业市场营销的策略理念

（一）坚持市场导向

中小企业要顺应消费者的变化，坚持以消费者需求为中心，力求做到"跟着市场走——与市场同步走——引领市场往前走"的三步跨越。企业产品的设计、价格、分销、促销等活动都要以消费需求为出发点，采取正确的市场营销策略与方式满足消费者的需求。

（二）增强应变能力

中小企业应利用自身的优势，提高环境适应能力与市场应变能力，积极发现市场新机会，抓住时机进行产品结构调整，做到"人无我有，人有我优，人优我新，人新我精，人精我转"。只有如此，才能适应市场的瞬息变化，在激烈的市场竞争中保持自身的独特优势。

（三）认准目标市场

消费需求的多样性使得任何企业都无法满足社会的所有需求。同样，企业资源的有限性也导致企业没有能力满足消费者的所有需求。对资本实力、生产能力、创新活力均较弱的中小企业来说，既不可能去独占一个大市场，也不可能分散力量于多个细分市场，其只能在分析市场环境和自身条件的基础上，把有限的资源投入认准的目标市场中。

（四）把握营销策略

中小企业规模小、实力有限，决定了其不宜采用大众化的市场营销方式参与市场的直接竞争。中小企业应遵循市场规律，创新营销策略，采用专利经营、优质服务的富有个性的市场营销方式，以特色、创新、优势的市场营销策略去赢得市场份额。

四、中小企业市场营销的策略模式

（一）市场营销策略之拾遗补缺

在市场细分、开辟新的市场领域时，中小企业应充分把握市场需求的变化，坚持做到以下几点：发挥贴近市场的优势，活跃于市场竞争变化快的细分领域；利用经营机制灵活的特点，进入新出现而未被开发的新兴市场；集中力量参与大企业不愿涉足的批量小、品种细、利润薄的细缝空间。采用拾遗补缺市场营销策略,中小企业面临的市场竞争与风险相对较小,成功率较高。

(二)市场营销策略之特色鲜明

中小企业的市场营销策略就是要求根据企业的经营条件,突出自己的风格与特色,表现出鲜明的差异性。事实证明,中小企业要想在激烈的市场竞争中站稳脚跟,脱颖而出,只有采用有鲜明特色的市场营销策略才是正确的选择。在此营销策略下,中小企业可以从以下三个方面获得优势:在技术上,在行业中提前布局专利技术与专有技术,使自身在快速的社会、环境、需求变化中处于领先地位;在市场上,占领特定的细分目标市场,紧抓客户关系管理,以增强客户黏性与忠诚度;在产品与服务上,积极开发新产品,提供新服务,依靠优质的质量、竞争力的价格、良好的形象获得竞争优势。

(三)市场营销策略之联合协作

市场不仅仅只有竞争,还有联合协作的一面。中小企业在面对市场竞争中,势单力薄、抗风险能力较弱的缺点被放大,而联合协作是增加中小企业实力的有效办法,可以实现中小企业的优势互补,充分发挥中小企业的群体数量优势。企业间的联合协作根据紧密程度可以分为松散式联合和紧密式联合。松散式联合是仅限于生产协作式的专业化分工联合,企业保留自身的法律人地位,在资本、技术、资源等方面保持独立性,不共担风险;紧密式联合指企业间通过相互持股实现利润分享和风险共担,在企业管理和经营中取长补短、优势互补,实现规模经济效益,增强市场竞争力。

(四)市场营销策略之质量优先

企业必须清晰认识到中小企业发展的关键在于聚焦某一细分市场的高质量、高效益发展。中小企业要由过去单纯的产品数量管理转变为全面的产品质量管理,既重视产品的内在质量,又重视产品附加价值的体验,特别是产品的售前、售中和售后服务质量等。质量优先要成为中小企业面对市场竞争压力的重要基础保障。

项目四 市场营销在中小企业中的职能与作用

从微观角度看,市场营销是联结社会需求与企业反应的中间环节,是企业把消费者需求和市场机会变成有利可图的公司机会的一种行之有效的方法,亦是企业战胜竞争者、谋求发展的重要手段与方法。

一、发现和了解消费者的多样性需求

企业只有通过满足消费者的需求，才可能实现企业的目标，因此，发现和了解消费者的需求是市场营销的首要功能。特别是对于中小企业而言，如何在最精准、最经济、最小范围抓住消费者的消费需求，是其生存与发展的关键环节和保障。

二、指导企业决策

企业决策正确与否是企业成败的关键。企业通过市场营销活动，分析外部环境的动向，了解消费者的需求和欲望，了解竞争者的现状和发展趋势，结合自身的资源条件，指导企业在产品、定价、分销、促销和服务等方面作出相应的、科学的决策。中小企业规模小，承担风险的能力不强，因此决策的效率与准确性是中小企业成长的命脉。

三、开拓新市场

企业市场营销活动的另一个作用就是通过对消费者现在需求和潜在需求的调查、了解与分析，充分把握和捕捉市场机会，积极开发产品，建立更多的分销渠道及采用更多的促销形式，开拓市场，增加销售。对于大多数的中小企业来说，激发新需求、开拓新市场、打开新空间是其保持发展速度的催化剂。

四、满足消费者的需要

企业通过市场营销活动，从消费者的需求出发，并根据不同目标市场的顾客，采取不同的市场营销策略，合理地组织企业的人力、财力、物力等资源，为消费者提供适销对路的产品，做好销售的各种服务。让消费者满意，是中小企业在夹缝中求机会的最终使命。

从宏观角度看，一方面，市场营销学强调适时、适地，以适当价格把产品从生产者传递到消费者手中，求得生产与消费在时间、地区的平衡，从而促进社会总供需平衡；另一方面，市场营销学通过指导社会营销活动，引导生产与消费，满足整个社会的需求，对实现我国现代化建设，发展我国各领域的经济起着巨大的作用。

▶ 能力实训

我眼中的市场

实训目标：培养学生观察市场、了解市场、分析市场的能力，并引导学生走进市场，感受我国改革开放四十年市场经济建设带来的巨大变化和成就。

任务布置：要求学生近距离体验2~3个实体市场或者虚拟市场，并在小组讨论与分析的基础上，完成"我眼中的市场"调研报告，在课堂上以PPT形式进行汇报。

任务实施：

1.课前准备环节。将学生分成3人一组，选定组长负责小组整体工作，制订实施方案，全组学生进行研讨，明确项目任务和目标。

2.课中组织环节。组织学生根据小组方案进行实训活动，完成调研报告与PPT材料，并在课堂上交流讨论。

3.课后拓展环节。鼓励学生更多地关注国家相关政策，特别是针对市场经济改革的会议和文件精神，熟悉市场经济体制改革对我国经济发展的重要意义。

▶▶▶ 知识与技能训练

一、单选题

1.市场营销管理的实质是（　　　）。

A.产品管理　　　B.价格管理　　　C.需求管理　　　D.销售管理

2."在企业、消费者、社会整体的利益之间做出平衡和协调"体现的市场营销哲学是（　　　）。

A.生产导向　　　B.产品导向　　　C.推销导向　　　D.社会营销导向

3."北京的电动汽车市场很大"，下列表述中最能体现这句话在市场营销学中含义的是（　　　）。

A.北京市有生产电动汽车的地方

B.北京市有卖电动汽车的地方

C.北京市有几个全国最大的电动汽车销售市场

D.北京市电动汽车的现实买主和潜在买主很多

4."北方"油漆厂推出多种无甲醛、无苯的绿色环保油漆，获得消费者的普遍好评，其持有的市场营销哲学类型是（　　　）。

A.生产导向　　　B.产品导向　　　C.推销导向　　　D.社会营销导向

5. 下列不属于中小企业市场营销的困境的是（　　　）。

A. 营销方式不恰当　　　　　　　B. 营销观念较落后

C. 市场定位不合理　　　　　　　D. 市场营销太灵活

二、填空题

1. 任何能满足人们某一种需要的东西都可称为是 _____，而不管它是有形的还是无形的。

2. 从广义的市场概念来看，只有当 _____ 等三要素同时具备时，企业才算拥有市场。

3._____ 是顾客从拥有和使用产品中所获得的价值与为取得该产品所付出的成本之比。

4. 在五种可供选择的观念中，_____ 是以产品为中心来指导企业市场营销活动的。

三、简答题

1. 生产观念与产品观念有何不同？

2. 企业采用社会营销观念指导市场营销活动，将对企业运作产生什么样影响？

3. 需求与需要有何不同？企业若把两者混淆将会产生什么不良的后果？

4. 如何理解彼得·德鲁克所言：营销的目的就是使推销成为多余？

5. 市场营销在中小企业中的职能与作用体现在哪里？

四、案例分析题

塑战风暴下传统制塑企业的营销哲学

2018 年，面对一次性塑料污染所带来的全球性挑战，全球多地政府重新掀起"限塑"热潮，餐饮巨头也纷纷停止供应或承诺不再供应塑料制品。例如：英国政府 2018 年年初宣布，计划在英格兰推动新"限塑令"，以全面禁止销售塑料吸管、塑料搅棒和带有塑料棒的棉签等一次性塑料制品；欧盟委员会 2018 年 5 月提出"限塑令"方案，建议禁用塑料吸管等一次性塑料制品，由

更环保、更可持续的材料制成的吸管来代替塑料吸管；德国多家超市已纷纷推出"限塑"计划。德国雷韦集团和连锁超市"利德尔"2018 年 7 月宣布，将在销售门店全面停止提供

塑料吸管制品。连锁超市"埃德卡"也表示要开发可重复使用的物品，以替代一次性塑料制品。面对来势汹汹的"限塑令"，塑制企业将如何接招？

创建于1994年的义乌市双童日用品有限公司（简称"双童"）是一家专业从事饮用吸管研发、生产和销售的有限责任公司，拥有各类吸管生产流水线200多条，年生产各类吸管近万吨（200多亿支），产品主要供应国内外流通领域的商场和超市，部分直供国内外连锁餐饮机构配套使用，是目前全球饮用吸管行业质量好、品种全、

高端创新吸管多、市场覆盖面广的吸管生产企业。从2017年下半年开始，英国女王限塑事件引起全球的关注，传统制塑行业刮起了产业变革之风，也使得吸管行业面临了25年以来最严重的一次产业冲击。但是作为吸管行业的领头羊，该公司在这场"塑战"中如同闲庭信步。

"双童"领航者楼仲平董事长早在2004年就意识到塑料吸管并不是一个环保的产品，一定程度上甚至不利于人类的发展。一方面，他受日本文化的影响，在企业内建设了节能降耗设施，把企业做得更环保；另一方面，他更早地比同行认知企业与社会的关系。"双童"从2005年就开发研制出了一款以玉米淀粉为原料的生物可降解吸管，这种吸管在可堆肥条件下45天就可以分解成水和二氧化碳，解决了塑料可降解问题，源于自然，归于自然。"双童"认为这是今后吸管产业的变革方向，于是它花费了几百万元用来研发的生物可降解吸管，前后历经了12年的"蛰伏"。它的成本是塑料吸管的6~7倍，导致在起先的12年中销量极少，只占企业不到1%的效益。但"双童"没有放弃，一直在坚守，终于在2018年迎来了爆发，当年1~6月的可降解吸管的订单就已经超过过去12年订单量的总和，企业二期智能化工厂也即将投入使用，企业发展迎来了再次的跨越。

讨论分析：1. 你认为"双童"采用的是什么样的营销观念？

2. 本案例中，"双童"通过哪些方面来体现营销观念？

3. "双童"成功的启示是什么？

五、实训实战题

我眼中的市场——市场发展研究分析

【实训目的】

通过了解市场的概念与特点，掌握市场发展的不同阶段的特点和理论支持，运用所学所思对市场的未来发展做出判断与分析。

【实训内容】

组建以 4 人为单位的实训小组，选取虚拟或实体市场为研究对象，思考该市场发展的过去、现在和将来，对今后市场的发展方向和趋势提出自己的设想。

【实训要求】

每组制作 PPT，用五分钟完整陈述市场发展全过程。

【实训步骤】

（1）组建小组；

（2）选择研究的市场；

（3）完成市场发展过程分析，结合当今国内外形势，分析市场发展的未来；

（4）整理报告材料，进行项目分析汇报。

深入分析 环境影响

▶学习目标

◆知识目标

    1. 掌握营销环境的概念与类型

    2. 了解宏观环境的构成要素

    3. 掌握营销微观环境和构成

    4. 掌握市场营销环境分析的方法

◆技能目标

    1. 能够准确描述企业所面临的宏观环境

    2. 能够熟练运用环境分析工具

    3. 能够分析环境变化对营销产生的影响

    4. 能够提出应对营销环境变化的对策

◆思政目标

    1. 正确认知中国市场环境变化的背景与原因

    2. 树立以国内大循环为主体、国内国际双循环相互促进的新发展格局

    3. 提升中国经济发展的自信心和自豪感

▶ 思维导图

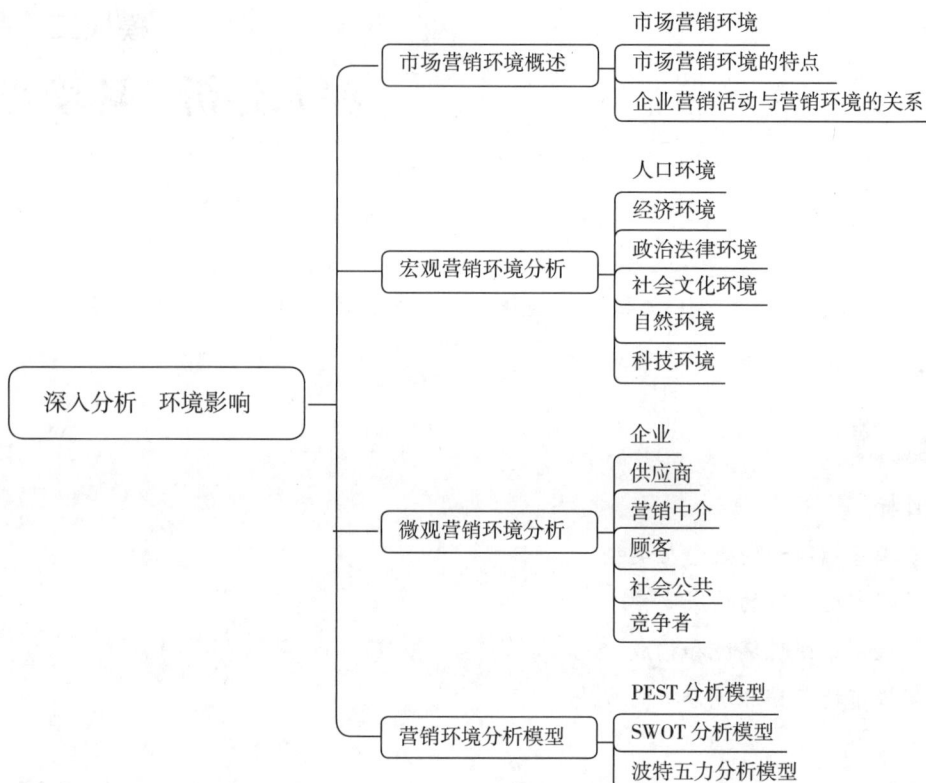

▶ 案例导入

2021 年 1 月 1 日！塑料吸管与你说 "bye-bye"

2021 年 1 月 1 日，是全国塑料吸管禁令生效的第一天。2020 年年初，国家出台《关于进一步加强塑料污染治理的意见》；在 2020 年 7 月国家发展改革委等九部门印发《关于扎实推进塑料污染治理工作的通知》，明确到 2020 年底，全国范围餐饮行业禁止使用不可降解一次性塑料吸管。

塑料吸管禁令第一日，很多大型餐饮企业，包括各品牌奶茶店、咖啡店都已经不再提供一次性塑料吸管，大部分换成了纸质吸管，也有的改成了聚乳酸可降解吸管，还有一部分用可直接饮用的杯盖来代替。

数据显示，2019 年，全国塑料制品累计产量 8184 万吨，其中塑料吸管近 3 万吨，约合 460 亿根。分析人士认为，塑料吸管禁令开始正式实施，这将给可降解吸管的实际需求带来巨大增量，催生了大量可降解吸管的市场需求。目前，市场上普遍推广的可降解吸管主要有两种，一种是纸质吸管，另一种是聚乳酸可降解吸管。对于这两种新型吸管，大部分工厂目前还存在技术上的难题，仍未普及。需求旺盛，总供应不足，让下游的不少吸管经销商不得不面临订单排队的情况。对于可降解吸管的生产企业，接到的订单量则呈现爆发式增长，积极加快产能转换，以应对市场需求。

（资料来源：新浪网 http://k.sina.com.cn/article_2086994143_7c6500df01900zjeh.html）

案例思考：一项法律文件的制定实施会影响一个产业的未来发展，特别是对于产业内的中小企业来说，该如何应对？

案例启示：正如同塑料吸管禁令的出台实施，2020 年新冠肺炎疫情暴发，众多行业市场萧条，订单骤减，数量庞大的中小企业陷入困境，企业处在被迫转型甚至于生死存亡的边缘。然而环境就是如此瞬息万变，中小企业的发展始终是充满困境的，企业无法改变市场环境，而思考如何分析应对不断变化的市场环境，是企业生存发展的关键所在。

项目五 市场营销环境概述

一、市场营销环境

市场营销环境也称市场经营环境，是指处在营销管理职能外部影响市场营销活动的所有不可控制因素的总和。这些因素影响企业营销活动及目标实现的外部条件。美国著名的市场营销专家菲利普·科特勒认为:"营销环境由营销以外的那些能够影响与目标顾客建立与维持成功关系的营销管理能力的参与者和各种力量所组成。"由此,企业的营销环境由在营销之外的影响营销管理能力的所有因素构成,而营销管理能力是指成功地发展和维持同目标用户关系的能力。企业营销活动与其经营环境密不可分,营销环境又给企业发展提供机遇与风险。

营销环境因素对企业营销活动的影响方式有两种:一种是直接影响,另一种是间接影响。环境因素对企业经营活动的直接影响,企业可以立即感受到。而对于间接影响,企业则需要经过一段时间或者经历某些事件才能显现出来。因此,在对市场营销环境进行分析时,不仅要重视环境因素的直接影响,同时也要注意环境因素的间接影响。

企业外部环境随历史、社会的变化而变化,因此,市场营销环境是个不断发展和完善的动态概念。在19世纪,西方工商企业仅仅将市场当作销售环境。到20世纪30年代,又把政府、工会、投资者等与企业有利害关系的关系者加入环境范畴。进入20世纪60年代后,自然生态、科学技术、社会文化等环境因素列入市场营销所必须考虑的内容。从20世纪70年代起,企业开始重视对政治、法律的研究。20世纪80年代后,世界各国对环境保护、生态平衡的重视程度日益提高,通过立法、制定标准等多种途径保护人类的生存环境。这些环境的变化,给企业的经营活动既造成了威胁,又营造了新的市场机会。因此,现代市场营销观念认为,企业的决策者必须采取适当的措施,经常调研和预测市场营销环境的发展变化,并善于分析和鉴别由于环境变化而产生的主要机会和威胁,及时调整市场营销中的各种可控制因素,使其经营管理与市场营销环境的发展变化相适应。

二、市场营销环境的特点

(一)客观性

环境作为企业外在的不以营销者意志为转移的因素,对企业营销活动的影响具有强制性和不可控性的特点。企业总是在特定的社会经济和其他外界环境条件下生存、发展的。

(二)差异性

市场营销环境的差异性不仅表现在不同的企业受不同环境的影响,而且同样一种环境因素的变化对不同企业的影响也不相同。正因为营销环境的差异,企业为适应不同的环境及其变化,必须采用各有特点和针对性的营销策略。

（三）相关性

市场营销环境是一个系统，在这个系统中，各个影响因素是相互依存、相互作用和相互制约的。

（四）动态性

市场营销环境是一个动态系统。营销环境是企业营销活动的基础和条件，这并不意味着营销环境是一成不变的、静止的。营销活动必须适应环境的变化，不断地调整和修正自己的营销策略，否则，将会使其丧失市场机会。

（五）可影响性

企业可以通过对内部环境要素的调整与控制，来对外部环境施加一定的影响，最终促使某些环境要素向预期的方向转化。"适者生存"既是自然界演化的法则，也是企业营销活动的法则。企业应从积极主动的角度出发，能动地去适应营销环境，运用自己的经营资源去影响和改变营销环境，为企业创造一个更有利的活动空间，然后使营销活动与营销环境取得有效的适应。

三、企业营销活动与营销环境的关系

环境是企业营销活动中不可控制、不可改变的因素，企业营销活动只有适应环境、依赖环境，才能够得以正常运行。许多企业之所以能够发展壮大，就是因为善于作出改变以适应市场；而部分企业往往对市场环境变化的预测不及时，或者预测到了却没有找到对策，使企业陷于极大的被动，重者破产倒闭，轻者经济受损。但是，企业营销活动绝非只能被动地接受环境的影响，营销管理者应积极、主动地采取行动去适应营销环境。就企业营销环境而言，企业可以采用不同的方式增强自身适应环境的能力，避免来自环境的威胁，从而有效把握市场机会。在一定条件下，企业也可运用自身资源，积极影响和改变各种因素，创造出更有利于企业营销活动的环境。

经济的转型和产业的更新，中小企业的经营环境也在不断发生变化，机遇和挑战并存，中小企业得到了蓬勃发展的同时也面临着新的管理思想和运作模式的转变。中小企业受制于自身条件的约束，在面临经济结构调整与营销理念从传统营销向现代营销转变的重要阶段，表现出利润下滑，市场不断萎缩，行业提前洗牌，企业寿命周期缩短的趋势。中小企业凭什么优势重新赢得市场青睐，互联网环境下的营销应如何运作，已经成为中小企业正确处理与营销环境之间关系的关键环节。

项目六　宏观营销环境分析

不仅各种微观营销环境因素会对企业的营销活动产生影响，宏观环境因素也会对企业产生影响。与微观营销环境不同，宏观营销环境因素对企业市场营销活动不直接产生影响，或者说不直接对一个特定企业的营销活动产生影响，而是通过那些可以对企业的市场营销活动产生直接影响的微观环境因素起作用，然后对企业的营销活动产生影响。

一、人口环境

构成市场的三要素中最基本的就是人口要素，其核心是那些想要购买，同时又具有购买能力的人。因此，人口的数量与结构直接决定市场规模与潜在容量。但任何企业的产品都不可能面向所有人，因此，除了分析总人口外，还要研究人口的年龄结构、地理分布、人口密度、流动性、出生率、死亡率等人口特性，它们会对市场格局产生深刻影响。企业应密切关注人口环境发展动向，不失时机地抓住市场机会，而当出现威胁时，及时、果断地调整市场营销策略，以适应人口环境的变化。

人口环境主要包括以下三方面。

（一）人口数量与增长率

人口数量与市场规模有直接联系，并影响着企业的营销成本计算。人口是市场的主体，是市场营销活动的直接对象，人口越多，潜在的购买者就越多，市场规模就越大，单位产品的销售成本也就越低。世界跨国公司热衷于来华投资，看中的就是我国拥有世界上最多的人口，也就意味着我国是最大的市场。如果说人口数量体现的是现时的市场规模，那么人口增长率则是预测未来市场规模的依据。人口增长率越高，就意味着将来人口的绝对数量即潜在购买者的数量越多。人口增长率的高低不仅与人口的绝对数量有关，还与人口的年龄结构以及人均收入有关。

国家统计局《中华人民共和国 2019 年国民经济和社会发展统计公报》显示，截至 2019 年底，中国大陆总人口为 140005 亿，比上年末增加 467 万人（统计数据未包括香港特别行政区、澳门特别行政区、台湾省）。2019 年有 1465 万出生人口，出生率为 10.48%。人口虽然还在正增长，但是人口出生率降至 1949 年以来最低水平，自然增长率降至 1961 年以来最低水平。同时，作为目前生育主力的 22 岁到 36 岁的女性，在 2019 年，这个育龄高峰年龄段对应的是 1983 年到 1997 年出生的女性，其出生年份中值为 1990 年。在未来 10 年，处于 22 岁到 36 岁育龄高峰年龄段的女性将锐减 30% 多，中国的出生人口未来将以极快的速度下降。

▶ 思政园地

第七次全国人口普查（2020 年）正在进行中

2019 年 11 月，经李克强总理签批，国务院印发《国务院关于开展第七次全国人口普查的通知》。根据《中华人民共和国统计法》和《全国人口普查条例》规定，国务院决定于 2020 年开展第七次全国人口普查。2020 年 11 月 1 日，第七次全国人口普查入户工作正式开启。普查数据公示、结果汇总阶段为 2020 年 12 月—2022 年 12 月。

人口普查主要调查人口和住户的基本情况，内容包括：姓名、公民身份证号码、性别、年龄、民族、受教育程度、行业、职业、迁移流动、婚姻生育、死亡、住房情况等。第七次全国人口普查是在中国特色社会主义进入新时代开展的重大国情国力调查，将全面查清中国人口数量、结构、分布、城乡住房等方面情况，为完善人口发展战略和政策体系，促进人口长期均衡发展，科学制定国民经济和社会发展规划，推动经济高质量发展，开启全面建设社会主义现代化国家新征程，向第二个百年奋斗目标进军，提供科学准确的统计信息支持。

我国历次人口普查数据统计（不包含港澳台）

人口普查次数	开始时间	普查人口总数（亿人）	间隔时间
第一次人口普查	1953 年 7 月 1 日零时	6.01938035	
第二次人口普查	1964 年 7 月 1 日零时	7.23070269	11 年
第三次人口普查	1982 年 7 月 1 日零时	10.31882511	18 年
第四次人口普查	1990 年 7 月 1 日零时	11.60017381	8 年
第五次人口普查	2000 年 11 月 1 日零时	12.9533	9 年零 4 个月
第六次人口普查	2010 年 11 月 1 日零时	13.39724852	10 年
第七次人口普查	2020 年 11 月 1 日零时	14.11778724	10 年

（资料来源：国家统计局 http://www.stats.gov.cn/ 统计整理）

（二）人口的地理分布及地区间流动

人口的分布受自然条件、经济发展以及社会、历史等因素的综合影响与制约。地区经济发展水平不一致使我国人口的地理分布差异显著，主要表现在：

1. 从东南沿海向西北内陆，人口逐渐稀少。中国的人口分布极不均衡，绝大多数人口集中在东南部地区，西北部人口少而分散。如果从黑龙江漠河到云南腾冲画一条线，可将我国领土分为面积约等的两个半壁。我国东南半壁的人口占总人口的94%，而西北半壁的人口仅占总人口的6%。

2. 平原地区人口稠密，随地势增高人口渐少。中国人口分布除在水平方向上极不均衡外，在垂直方向上也呈现出平原区人口密集，由平原向周围的丘陵、高原和山地，随地势增高存在人口递减的规律。

3. 中国东部地区地势低平，经济发达，农村人口密集；而在西部地区广布山地、少田缺水，农村人口稀疏。但乡村人口呈面状散布则是全国普遍的共同特点。

随着经济生活的活跃，我国人口的地区间流动逐年上升，人口流动的特点是：农村人口大量流入城市或工矿地区；内地人口迁往沿海经济开放地区；经商、学习、观光旅游使人口流动加速。人口流入较多的地方，一方面，由于劳动力增多，就业问题突出，从而使行业竞争加剧；另一方面，人口流入使当地基本需求量增加，并使当地消费结构发生新的变化，继而产生较多的新增与细分市场容量。

（三）人口结构

人口结构主要包括人口的年龄结构、性别结构、教育与职业结构、家庭结构、社会结构、民族结构等。

1. 年龄结构。不同年龄的消费者对商品和服务的需求是不一样的。不同年龄结构形成了具有年龄特色的市场。企业了解不同年龄结构所具有的需求特点，就可以决定企业产品的投向，寻找目标市场。

▶ 阅读思考

我国进入老龄化社会的快车道

联合国将65岁及以上老年人口占比超过7%或60岁及以上人口占比超过10%作为进入老龄化社会的标准。按照这一标准，中国自2000年开始进入老龄化社会，2018年，我国60岁及以上老年人口规模为2.49亿人，占总人口比重达到17.9%，2019年我国60周岁及以上人口25388万人，占总人口的18.1%，65周岁及以上人口17603万人，占总人口的12.6%。从目前的趋势来看，未来中国老龄化速度会呈现较快增速，"十四五"期间中国或进入中度老龄化社会，2030年之后65岁及以上人口占总人口的比重或超过20%，届时中国将进入重度老龄化社会。

（资料来源：华经情报网 https://www.huaon.com/channel/trend/650929.html）

思考：面对老龄化社会，应该如何创造健康、有效的市场机会？

2. 性别结构。国家统计局表示，截至 2019 年底，中国大陆男性人口为 7.527 亿，女性人口为 6.678 亿，总人口性别比为 104.45。性别差异会给人们的消费需求带来显著的差别，反映到市场上就会出现男性用品市场和女性用品市场。企业可以针对不同性别的不同需求，生产适销对路的产品，制定有效的营销策略，开发更大的市场。

3. 教育与职业结构。人口的受教育程度与职业不同，对市场需求表现出不同的倾向。随着高等教育规模的扩大，人口的受教育程度普遍提高，收入水平也逐步增加，因而也会导致消费欲望与能力的提升。

4. 家庭结构。家庭是商品购买和消费的基本单位。一个国家或地区的家庭单位的多少以及家庭平均人员的多少，可以直接影响到某些消费品的需求数量。同时，不同类型的家庭往往有不同的消费需求。

▶ 阅读思考

"421"——重新洗牌的中国家庭结构

"421"家庭结构图

"421"家庭结构即一对独生子女结婚生子后形成的家庭结构，4 个父母长辈、1 个小孩和夫妻 2 人。一对夫妻要面对 4 个老人的养老重任和至少 1 个孩子的家庭压力。长期以来，中国社会最主要的养老模式是家庭式养老，老人的赡养一直都是依靠子孙后代，独生子女所负担的养育小孩与照顾老人的矛盾却越发凸显。

为什么说是重新洗牌？中国四世同堂式的家庭"金字塔"迅速演变成"倒金字塔"的家

庭结构，"421家庭"将成中国社会新的主流家庭。伴随着"新家庭"的出现，整个中国正处于一个从"金字塔"到"倒金字塔"结构的家庭传统架构迅速转换的时代。由此而生，家庭的支出方向变了，消费模式变了，理财投资变了，这些都导致整个市场发展方式与游戏规则深层次的改变。

思考："421"家庭结构已经是一种无法回避的社会现实，请谈一谈这一现实对企业营销的影响。

5. 社会结构。我国绝大部分人口为农业人口，农业人口约占总人口的80%。这样的社会结构要求企业营销应充分考虑到农村这个大市场。

6. 民族结构。我国是一个多民族的国家。民族不同，其文化传统、生活习性也不相同，具体表现在饮食、居住、服饰、礼仪等方面的消费需求都有自己的风俗习惯。企业营销要重视民族市场的特点，开发适合民族特性、受其欢迎的商品。

二、经济环境

所谓经济环境是指构成企业生存和发展的社会经济状况和国家经济政策，是影响消费者购买能力和支出模式的因素。社会经济状况包括经济要素的性质、水平、结构、变动趋势等多方面的内容，涉及国家、社会、市场及自然等多个领域。国家经济政策是国家履行经济管理职能，调控国家宏观经济结构，实施国家经济发展战略的指导方针，对企业经济环境有着重要的影响。

企业的经济环境主要由社会经济结构、经济发展水平、经济体制和宏观经济政策等四个要素构成。

社会经济结构：指国民经济中不同的经济成分、不同的产业部门以及社会再生产各个方面在组成国民经济整体时相互的适应性、量的比例及排列关联的状况。社会经济结构主要包括五方面的内容，即产业结构、分配结构、交换结构、消费结构、技术结构，其中最重要的是产业结构。

经济发展水平：指一个国家经济发展的规模、速度和所达到的水准，反映一个国家经济发展水平的常用指标有国民生产总值、国民收入、人均国民收入、经济发展速度、经济增长速度。

▶ 思政园地

2020年我国经济持续稳定恢复 总量迈上新台阶

2020年，在以习近平同志为核心的党中央坚强领导下，各地区各部门认真贯彻落实党中央、国务院决策部署，统筹疫情防控和经济社会发展取得重大成果，我国经济运行持续稳定恢复，在世界主要经济体中率先实现正增长，经济总量迈上百万亿元新台阶。

2020年，我国GDP为1015986亿元，迈上百万亿元新台阶，比2019年增长2.3%。其中，第一产业增加值77754亿元，增长3.0%；第二产业增加值384255亿元，增长2.6%；第三产业增加值553977亿元，增长2.1%。分季度看，一至四季度GDP增速分别为−6.8%、3.2%、4.9%和6.5%，经济显现出持续恢复的势头，展现出我国经济发展强大的韧性。

新产业、新业态、新商业模式蓬勃发展，新动能保持高速增长。2020年，规模以上工业高技术制造业增加值比上年增长7.1%，明显高于全部规模以上工业增加值增速4.3个百分点。以新技术为引领的相关服务业营业收入保持增长，1—11月，规模以上高技术服务业、科技服务业和战略性新兴服务业营业收入增速分别为12.0%、11.0%和8.6%，增速分别高于全部规模以上服务业营业收入10.4、9.4和7.0个百分点。2020年，网上商品零售保持较快增长，全国实物商品网上零售额比2019年增长14.8%。与此同时，传统零售业加速转型升级，线上线下融合发展加快。

（资料来源：赵同录：经济持续稳定恢复 总量迈上新台阶，中国经济网 http://m.ce.cn/bwzg/202101/19/t20210119_36237018.shtml）

经济体制：指国家经济组织的形式。经济体制规定了国家与企业、企业与企业、企业与各经济部门的关系，并通过一定的管理手段和方法，调控或影响社会经济流动的范围、内容和方式等。

宏观经济政策：指国家、政党制定的一定时期国家经济发展目标实现的战略与策略，它包括综合性的全国经济发展战略和产业政策、国民收入分配政策、价格政策、物资流通政策、金融货币政策、劳动工资政策、对外贸易政策等。

营销中的经济环境主要是指居民的实际收入水平以及受收入水平制约的实际购买水平。市场销售规模不仅取决于人口数量，还受实际收入水平的制约。由于所谓的市场需求是指"有效需求"，即具有购买能力的需求，人们的收入水平在很大程度上决定着对商品的需求量、商品的价格水平、居民的储蓄水平以及消费者的支出模式。影响购买水平的主要因素有收入、储蓄与信贷。

（一）收入

1. 收入分配。评价一个国家的居民富裕程度，经常使用的评价指标是人均国内生产总值（Real GDP per capita）。将一个国家核算期内（通常是一年）实现的国内生产总值与这个国家的常住人口（或户籍人口）相比进行计算，得到人均国内生产总值，是衡量各国人民生活水平的一个标准，为了更加客观地衡量，经常与购买力评价结合。

▶ 思政园地

2020 年，中国人均国内生产总值连续两年超过 1 万美元

2020 年，我国 GDP 总量达到 101.6 万亿元，经济总量突破 100 万亿元大关。经济总量突破 100 万亿元大关意味着我国经济实力、科技实力、综合国力跃上新的台阶。按照目前测算的年平均汇率折算，2020 年我国国内生产总值达到 14.7 万亿美元左右，稳居世界第二，占世界经济的比重预计达到 17% 左右。2020 年，人均国内生产总值连续两年超过 1 万美元，稳居中等偏上收入国家行列，与高收入国家发展的差距继续缩小。这也为我国构建新发展格局奠定了坚实基础。

与此同时，我们要看到，我国仍然是世界上最大的发展中国家，人均 GDP 仍略低于世界平均水平，与主要发达国家相比还有较大差距。我国处于社会主义初级阶段的基本国情没有变，发展不平衡不充分问题依然突出，城乡区域发展差距还比较大，创新能力仍不适应高质量发展的要求。要实现经济社会发展的远景目标，把我国建设成社会主义现代化国家，还需要艰苦奋斗、不懈努力。

（资料来源：网易 https://www.163.com/dy/article/G0KJ5JQ20512D3VJ.html）

按照人均收入的分布情况，可以分为三种基本类型：一是收入分配低水平化。在整个社会的收入分配中，低收入家庭占据消费结构的主要部分，其对低端生活保障品的需求极大。二是收入分配极端化，即不仅存在收入极低的情况，也存在非常富裕的家庭。如此，对普通消费品的需求量极大，对奢侈品也有较多的需求。三是收入分配平均化，其特点为中等收入占多数，而两端较少，这是理想中的社会收入结构类型，整体消费结构呈现多样化和个性化，需求和供给保持相对的稳定。

2. 个人收入。对消费者个人收入变化的分析，主要是分析消费者及其家庭的收入量，首先要区分名义收入与实际收入。名义收入和实际收入都是衡量个人收入的重要指标，两

者之间的变化往往不一致，能形成实际购买力的一般是指实际收入。在现代经济社会中，名义收入具有保持不变或增加的特点（收入刚性）。但是，实际收入受一个国家经济发展的状况、政治力量变化或其他社会因素的影响，有可能减少。同时，因为分析收入指标所能得到的收入统计资料，都是用名义收入数据表示，因此需要将名义收入与物价变化指数对比分析，得到实际收入变化的情况，由此才能对市场需求变化作出符合实际的估计。一般来讲，名义收入的增加幅度如果高于物价或通货膨胀增长指数，则实际收入将上升；反之，则实际收入将下降。

据国家统计局统计，2020 年我国全年全国居民人均可支配收入 32189 元，比上年名义增长 4.7%，扣除价格因素实际增长 2.1%，与经济增长基本同步。按常住地分，城镇居民人均可支配收入 43834 元，比上年名义增长 3.5%，扣除价格因素实际增长 1.2%；农村居民人均可支配收入 17131 元，比上年名义增长 6.9%，扣除价格因素实际增长 3.8%。城乡居民人均收入比值为 2.56，比上年缩小 0.08。

消费者家庭得到的全部实际收入，不可能全部投入消费，首先需要扣除例如个人所得税、住房公积金、社会保险等费用，剩余部分才是消费者及其家庭可用于生活开支和消费的收入，称为可支配收入。在可支配收入中，消费者家庭还要扣除用于生活必需品的开支，余下部分为可任意支配收入。绝大多数产品的市场需求量，都是由可任意支配收入形成的。改革开放以来，中国的人均可支配收入迅猛增长。但可任意支配收入的变化，还要取决于同期的生活必需品的物价变动情况。据国家统计局统计，2020 年全国居民人均可支配收入中位数 27540 元，比上年名义增长 3.8%。按全国居民五等份收入分组，低收入组人均可支配收入 7869 元，中间偏下收入组人均可支配收入 16443 元，中间收入组人均可支配收入 26249 元，中间偏上收入组人均可支配收入 41172 元，高收入组人均可支配收入 80294 元。

3. 消费支出。反映消费者支出方式变化的最主要指标是恩格尔系数。恩格尔（ErnstEngel）是 20 世纪 40 年代德国的统计学家。他在研究消费者家庭开支变化时，发现了一个规律：随着消费者及其家庭收入的增加，用于食品方面的开支占消费支出的比重会越来越小。这也被称作"恩格尔定律"（Engel's law）。恩格尔系数的求法为：

恩格尔系数 =（食品的开支 / 消费的总支出）×100%

国际上目前普遍采用恩格尔系数来描述一个国家或者地区的居民富裕程度，同时，也用恩格尔系数来判断社会消费者的潜在购买力大小。当恩格尔系数 ≥ 50% 时，为贫穷；当恩格尔系数在 30%~50% 时，为较富裕；当恩格尔系数 ≤ 30% 时，为富裕。当然，这种划分也具有一定的相对性，因为不少国家还对国民实行不同的福利制度。消费经济学家将福利制度使居民得到的非货币收入和其他补贴称为消费者的隐性收入。隐性收入会增加消费者的实际收入，同时，现有统计方法一般不能将隐性收入显示出来。

1978 年我国农村家庭的恩格尔系数约 68%，城镇家庭约 59%，平均计算超过 60%，当时我国属于贫困国家，温饱还没有解决。改革开放以后，随着国民经济的发展和人们整体收入水平的提高，我国农村家庭、城镇家庭的恩格尔系数都不断下降。到 2003 年，农村居民家庭恩格尔系数已经下降到 46%，城镇居民家庭约 37%，已经达到小康状态。2015年恩格尔系数平均值已经降为 30.6%，2019 年更是降为 28.2%。

（二）储蓄

储蓄是指每个人或家庭，把节约或暂时不用的钱存到银行或其他金融机构的经济活动。在不考虑消费者储蓄变化影响的情况下，消费者及其家庭的可任意支配收入形成当期全部购买力。但是，一般地说，消费者的储蓄会影响当期消费水平。因为购买力不仅是收入的函数，也是储蓄与信贷的函数，可表示如下：

购买力 = 收入 - 储蓄 + 信贷

储蓄相当于将现在的收入用于将来消费。因此，储蓄对于某些产品形成具有现实意义的购买力；而对另一些产品来说，则会减少当期按收入计算的市场购买力。如对于像住房、汽车以及大型家用电器产品等，如果没有相应的居民储蓄，就没有形成市场购买力的可能。对于当期购买力来说，储蓄是一个减因数（反比关系）。影响储蓄的主要因素有：

（1）收入水平。收入本身就是影响储蓄的因素。收入越高，其他条件不变，消费者越可能多储蓄。

（2）储蓄利率。当储蓄越能得到高的利息时，消费者越愿意储蓄。

（3）对市场物价的预期。当预期将来市场物价会增加时，消费者不愿意储蓄，因为这意味着储蓄货币不能保值。

（4）消费心理或倾向变化。社会越是提倡、追求或崇尚享乐或奢侈的生活方式并形成浪费风气时，消费者就越不愿意储蓄。

（三）信贷

从前述公式可知，信贷相对于储蓄而言，是把将来收入用于当前（提前）消费。因此，信贷对于当期的购买力而言，是一个增量因素。据中国人民银行公布的数据，目前，我国居民消费信贷占全国信贷比例为 20% 左右，其中有将近 75% 是住房贷款，其他消费信贷占比 5%，较国外成熟市场 30% 的比例还有一定的差距。在人群代际的变迁、居民收入的持续增长，消费观念转变、消费金融产品及服务不断丰富下，国内居民消费信贷（除房屋贷款）具备较大的提升空间。

信贷主要受以下一些因素的影响：

（1）借款利率。借款市场利率越高，取得借款的成本越高，愿意借贷的人就会越少。

（2）收入预期。对将来收入预期越高，则消费者认为有较强偿贷能力，就越敢于借贷。

（3）借贷的方便性。借贷时考虑的问题包括提供放贷机构多寡、限制条件如何等。如借贷需要过多、过严的担保和抵押条件，则借贷越缺少方便性，借贷就越少。

另外，还有一些影响借贷的其他因素，比如说消费观念的变化、社会风俗的改变、商品物价的预期，等等。对于企业的营销活动而言，应坚持对经济环境发展的观察与分析，作出正确的判断，制定准确的营销方案与策略。

三、政治法律环境

营销的政治法律环境是指国内外政治形势以及法律法规给企业经营活动带来的影响。现代市场经济是法制经济，是在政府依法进行宏观控制下运行的经济系统。因此，政治法律环境正越来越多地影响着企业市场营销活动。企业的营销活动如果不熟悉或不遵循政治法律环境，将会招致不可逆转的损失。政治与法律环境显示出政府与企业的关系：一方面，反映在国家的方针政策上，它不仅规定了国民经济的发展方向和速度，也直接关系社会购买力的提高和市场消费需求的增长；另一方面，反映在国家的法规上，特别是有关经济的立法，它不仅规范企业的行为，而且会使消费需求的数量、质量和结构发生变化，能鼓励或限制某些产品的生产和消费。

对企业而言，政治法律环境主要包含两个层次。

（一）经济方针政策

政府的经济方针政策一般具有长周期动态性的特点，随政治经济形势的变化而变化，国家在不同的阶段和不同时期，依据不同的经济目标制定和调整方针、政策，这必然对企业的营销产生直接或间接的影响。国家的宏观经济政策主要体现在人口政策、产业政策、能源政策、财政和金融货币政策四个方面。所有这些政策是企业研究经济环境，调整自身的营销目标和产品结构的前提和依据。

（二）经济法规、法令

相对于方针政策而言，法规、法令具有相对的稳定性。各项经济法令、法规的颁布，其目的可以是多方面的。有的意在维护市场运行秩序，保护正当竞争，防止不正当竞争；有的则是维护消费者利益，保护消费者免受不公平商业行为的损害；有的是维护社会利益，保护生态平衡，防止环境污染等。

四、社会文化环境

市场营销中的社会文化环境是指那些影响人们的消费方式、购买行为的传统风俗习惯、行为规范、思维方式和价值观念。简单地说，社会文化实际上就是一种生活方式。生活在同一文化圈内的社会成员都要受某种特定文化的制约，即表现为某种特定的生活方式。而此生活方式又会对消费者的需求和购买行为产生强烈而持续的影响，难以取得预期的效果。因此，企业必须针对不同的社会文化环境制定不同的市场营销策略。

社会文化环境所蕴涵的因素在不同地区、不同阶段是不一样的，具有强烈独特的民族性、区域性，是民族历史文化的延续和发展。但也不可否认，随着经济生活的国际化、世界文化交流的加深和不同民族、地区文化的相互渗透，企业所面临的社会文化环境也在不断地发生变化，其具体反映在以下几个方面。

（一）风俗习惯

世界范围内不同国家或国家内的不同民族在居住、饮食、服饰、礼仪、婚丧等物质文化生活方面各有特点，形成了各具特色的风俗习惯。不同的风俗习惯会产生不同的消费需求，影响消费者的消费行为。

（二）价值观念

价值观念是指人们对于事物的评价标准和崇尚风气，其涉及面较广，对企业营销影响深刻。它反映在阶层观念、财富观念、创新观念、时间观念等方面，这些观念的差异无疑造成了企业所面对不同的营销环境。

（三）宗教信仰

宗教是影响人们消费行为的因素之一，不同的宗教在行为模式和生活方式、宗教活动、禁忌等方面各有其特殊的传统与规定，这将直接影响其消费习惯和消费需求。

（四）教育程度和职业

教育程度和职业差异会导致消费者在生活方式、消费行为与消费需求上的差异。不同的教育程度和职业会影响消费者对商品功能、款式、包装和服务要求，因此企业营销开展的市场开发、产品定价和促销等活动都要考虑到消费者所受教育程度的高低与职业差异，采取不同的策略。

五、自然环境

自然环境是指自然界提供给人类各种形式的物质资料，如阳光、空气、水、森林、土地等，是人类社会一切活动所要依赖的外部条件。随着人类社会进步和科学技术发展，世界各国都加速了工业化进程，这一方面创造了丰富的物质财富，满足了人们日益增长的需求；另一方面，自从进入工业文明以来，人类向自然界的无序索取和破坏，面临着资源短缺、环境污染等问题。从 20 世纪 60 年代起，世界各国开始关注经济发展对自然环境的影响，成立了许多环境保护组织，促使国家政府加强环境保护的立法。这些问题都是对企业营销的挑战。对营销管理者来说，应该关注自然环境变化的趋势，并从中分析企业营销的机会和威胁，制定相应的对策。

（一）自然资源日益短缺

自然资源可分为两类，一类为可再生资源，如森林、农作物等，这类资源是有限的，可以被再次生产出来，但必须防止过度采伐森林和侵占耕地。另一类资源是不可再生资源，如石油、煤炭、银、锡、铀等，这种资源蕴藏量有限，随着人类的大量开采，有的矿产已处于枯竭的边缘。自然资源短缺，一方面使许多企业将面临原材料价格大涨、生产成本大幅度上升的威胁，另一方面又迫使企业研究更合理地利用资源的方法，开发新的资源和代用品，这些又为企业提供了新的资源和营销机会。

（二）环境污染日趋严重

工业化、城镇化的发展对自然环境造成了很大的影响，尤其是环境污染问题日趋严重，许多地区的污染已经严重影响到人们的身体健康和自然生态平衡。环境污染问题已引起各国政府和公众的密切关注，这对企业的发展是一种压力和约束，要求企业为治理环境污染付出一定的代价，但同时也为企业提供了新的营销机会，促使企业研究控制污染技术，兴建绿色工程，生产绿色产品，开发环保材料。

（三）政府干预不断加强

自然资源短缺和环境污染加重的问题，使各国政府加强了对环境保护的干预，颁布了一系列有关环保的政策法规，这将制约一些企业的营销活动。有些企业由于治理污染需要投资，影响扩大再生产，但企业必须以大局为重，要对社会负责，对子孙后代负责，加强环保意识，在营销过程中自觉遵守环保法令，担负起环境保护的社会责任。同时，企业也要制定有效的营销策略，既要消化环境保护所支付的必要成本，还要在营销活动中挖掘潜力，保证营销目标的实现。

六、科技环境

科学技术是社会生产力中最活跃的因素，它影响着人类社会的历史进程和社会生活的方方面面。毛泽东、邓小平、江泽民、胡锦涛等历届国家领导人都对科技发展非常重视。习近平同志更是多次表明和强调"创新是引领发展的第一动力，是建设现代化经济体系的战略支撑"，（来源：新华社 2017-11-8）"中国要强盛、要复兴，就一定要大力发展科学技术，努力成为世界主要科学中心和创新高地"。（《人民日报》，2021-03-16）

▶ 思政园地

创新引领发展，科技赢得未来

党的十八大以来，习近平同志把创新摆在国家发展全局的核心位置，高度重视科技创新，围绕实施创新驱动发展战略，加快推进以科技创新为核心的全面创新，提出了一系列新思想新论断新要求。

一、牢固树立创新发展理念，深刻认识推进科技创新的重大意义

创新是引领发展的第一动力。这是习近平同志提出的一个重大论断，是对创新与发展关系的新认识。坚持科学技术是第一生产力，发挥科技创新在全面创新中的引领作用，形成促进创新的体制架构，塑造更多依靠创新驱动、更多发挥先发优势的引领型发展。

二、坚定不移走中国特色自主创新道路

增强自主创新能力，最重要的就是要坚定不移走中国特色自主创新道路，坚持自主创新、重点跨越、支撑发展、引领未来的方针，加快创新型国家建设步伐。

三、落实"三个牢牢把握"，加快推进科技创新

推进科技创新，必须牢牢把握科技进步大方向，牢牢把握产业革命大趋势，牢牢把握集聚人才大举措。

习近平同志关于科技创新的一系列重要论述，立意高远，内涵丰富，思想深刻，对于深入实施创新驱动发展战略，推动以科技创新为核心的全面创新，以创新引领发展，用科技赢得未来，具有重要的理论意义和实践指导意义。

（资料来源：创新引领发展，科技赢得未来——学习《习近平关于科技创新论述摘编》http://theory.people.com.cn/n1/2016/0218/c40531-28133236.html）

现代科学技术突飞猛进，对企业营销活动的影响更是显而易见。科技发展对企业营销

活动的影响作用表现在以下几个方面。

（一）科技发展促进社会经济结构的调整

每一种新技术的发现、推广都会给一些企业带来新的市场机会，导致新行业的出现。同时，也会给某些行业、企业造成威胁，使这些行业、企业受到冲击甚至被淘汰。例如，电脑的运用代替了传统的打字机，复印机的发明排挤了复写纸，数码相机的出现将夺走胶卷的大部分市场，而智能手机的发展淘汰了多数原有的通讯与显示类产品等等。

（二）科技发展促使消费者购买行为的改变

随着多媒体和网络技术的发展，出现了"电视购物""网上购物"等新型购买方式。人们还可以在家中通过"网络系统"订购车票、飞机票、戏票和球票等。工商企业也可以利用这种系统进行广告宣传、营销调研和推销商品。随着新技术革命的进展，"在家便捷购买、享受服务"的方式还会继续发展。

（三）科技发展影响企业营销组合策略的创新

科技发展使新产品不断涌现，产品寿命周期明显缩短，要求企业必须关注新产品的开发，加速产品的更新换代。科技发展运用降低了产品成本，使产品价格下降，并能快速掌握价格信息，要求企业及时做好价格调整工作。科技发展促进流通方式的现代化，要求企业采用顾客自我服务和各种直销方式。科技发展使广告媒体多样化，信息传播快速化，市场范围广阔化，促销方式灵活化。为此，企业要不断分析科技新发展，创新营销组合策略，适应市场营销的新变化。

（四）科技发展促进企业营销管理的现代化

科技发展为企业营销管理现代化提供了必要的装备，如电脑、传真机、电子扫描装置、光纤通信等设备的广泛运用，对改善企业营销管理，实现现代化起了重要的作用。同时，科技发展对企业营销管理人员也提出了更高要求。

（五）盲目求创新促使营销风险增加

越来越多的中小企业认识到科学技术也是企业最为重要和关键的市场竞争能力。核心技术是核心实力的物质载体。不少中小企业专注于技术创新，并逐步增加在技术研发方面的投资，创新成功者也的确从中获得了极大的市场回报。但是，如果违背现代市场营销观念，违背物质交换活动的规律，以技术为唯一决定性因素，也将使企业在技术开发与创新中面临更多的风险。

▶ **团队协作**

　　2020 年以来，习近平总书记在不同场合多次就形成"以国内大循环为主体、国内国际双循环相互促进的新发展格局"发表重要论述，组织团队成员以"构建新发展格局"为主题开展专题研讨，分析企业营销活动的趋势和机遇。

项目七　微观营销环境分析

　　微观营销环境是指与企业紧密相连，直接影响企业营销能力和效率的各种力量和因素的总和，主要包括供应商、营销中介、消费者、竞争者、社会公众、企业内部环境等。微观环境因素对企业的营销活动有着直接的影响，所以又称直接营销环境。分析企业微观营销环境的目的在于更好协调企业与各项因素的相互关系，以促进企业营销目标的实现。

一、企业

　　企业开展营销活动要充分考虑到企业内部的环境力量和因素。企业是组织生产和经营的经济单位，是一个系统组织。企业内部一般设立计划、技术、采购、生产、营销、质检、财务、后勤等部门。企业内部各职能部门的工作及其相互之间的协调关系，直接影响企业的整个营销活动，是关系到企业经营目标能否最终实现的关键。

　　在企业采用整合营销的思想和观念，建立高效的顾客价值让渡系统，按照市场导向的要求，规定企业中不同部门都必须从职能分工方面为实现企业营销目标做出贡献。但从实际来看，企业各部门由于工作职责分工，其之间既有多方面的合作，也经常发生矛盾。如生产部门关注的是长期生产的定型产品，要求品种规格少、批量大、标准订单、较稳定的质量管理，而营销部门注重的是能适应市场变化，满足目标消费者需求的"短、平、快"产品，则要求多品种规格、少批量、个性化订单、特殊的质量管理。所以，企业在制订营销计划，开展营销活动时，必须协调和处理好各部门之间的矛盾和关系。

二、供应商

供应商是指对企业进行生产所需而提供特定的原材料、辅助材料、设备、能源、劳务、资金等资源的供货单位。这些资源的变化直接影响到企业产品的产量、质量以及利润，从而影响企业营销计划和营销目标的完成。供应商对企业营销活动的影响作用如下。

（一）供应的及时性和稳定性

原材料、零部件、能源及机器设备等货源的保证供应，是企业营销活动顺利进行的前提。企业为了在时间上和连续性上保证得到货源的供应，就必须和供应商保持良好的关系，必须及时了解和掌握供应商的情况，分析其状况和变化。

（二）供应的货物价格变化

供应的货物价格变动会直接影响企业产品的成本。如果供应商提高原材料价格，必然会带来企业的产品成本上升，生产企业如提高产品价格，会影响市场销路；可以使价格不变，但会减少企业的利润。为此，企业必须密切关注和分析供应商的货物价格变动趋势。

（三）供货的质量保证

供应商能否供应质量有保证的生产资料直接影响到企业产品的质量，进一步会影响到销售量、利润及企业信誉。企业必须了解供应商的产品，分析其产品的质量标准，从而保证自己产品的质量，赢得消费者，赢得市场。

三、营销中介

营销中介是指为企业营销活动提供各种服务的企业或部门的总称。营销中介对企业营销产生直接的、重大的影响，只有通过有关营销中介所提供的服务，企业才能把产品顺利地送达到目标消费者手中。营销中介的主要功能是帮助企业推广和分销产品。主要的营销中介有以下几种。

（一）中间商

中间商主要指把产品从生产商流向消费者的中间环节或渠道，它主要包括批发商和零售商两大类。中间商对企业营销具有极其重要的影响，它能帮助企业寻找目标顾客，为产品打开销路，为顾客创造地点效用、时间效用和持有效用。为此，企业需要选择适合自己营销的合格中间商，必须与中间商建立良好的合作关系，必须了解和分析其经营活动，并采取一些激励性措施来推动其业务活动的开展。

（二）营销服务机构

营销服务机构主要指企业营销中提供专业服务的机构，包括广告公司、广告媒介经营公司、市场调研公司、营销咨询公司、财务公司，等等。这些机构对企业的营销活动会产生直接的影响，它们的主要任务是协助企业确立市场定位，进行市场推广，提供活动方便。一些大企业或公司往往有自己的广告和市场调研部门，但大多数企业则以合同方式委托这些专业公司来办理有关事务。为此，企业需要关注、分析这些服务机构，选择最能为本企业提供有效服务的机构。

（三）金融机构

金融机构主要是指企业营销活动中进行资金融通的机构，包括银行、信托公司、保险公司等。金融机构的主要功能是为企业营销活动提供融资及保险服务。金融机构业务活动的变化会影响企业营销活动的可行性与有效性。

（四）物流机构

物流机构指帮助企业进行保管、储存、运输的物流机构，包括仓储公司、运输公司等。物流机构主要任务是协助企业将产品实体运往销售目的地，完成产品空间位置的移动。到达目的地之后，还有一段待售时间，还要协助保管和储存。这些物流机构是否安全、便利、经济，直接影响企业营销效果。

四、顾客

顾客是指使用进入消费领域的最终产品或劳务的消费者和生产者，也是企业营销活动的最终目标市场。顾客是市场的主体，任何企业的产品和服务，只有得到了顾客的认可，才能赢得这个市场，现代营销理念强调把满足顾客需要作为企业营销管理的核心。不同顾客的需求、欲望和偏好直接影响企业营销目标的实现。企业要注重对顾客进行研究，分析顾客的需求规模、需求结构、需求心理以及购买特点，这是企业营销活动的起点和前提。

按照需求将顾客分为以下五类：

（1）消费者市场：指为满足个人或家庭消费需求购买产品或服务的个人和家庭。

（2）生产者市场：指为生产其他产品或服务，以赚取利润而购买产品或服务的组织。

（3）中间商市场：指购买产品或服务以转售，从中盈利的组织。

（4）政府市场：指购买产品或服务，以提供公共服务或把这些产品及服务转让给其他需要的人的政府机构。

（5）国际市场：指国外购买产品或服务的个人及组织，包括外国消费者、生产商、中间商及政府。

五、社会公众

社会公众是企业营销活动中与企业营销活动发生关系的各种群体的总称。公众对企业的态度，会对其营销活动产生巨大的影响，它既可以有助于企业树立良好的形象，也可能影响企业的形象。所以企业必须采取处理好与公众的关系，争取公众的支持和偏爱，为自己营造和谐、宽松的社会环境。

社会公众主要包括：

（1）金融公众：主要包括银行、投资公司、证券公司、股东等，他们对企业的融资能力有重要的影响。

（2）媒介公众：主要包括报纸、杂志、电台、电视台等传播媒介，他们掌握传媒工具，有着广泛的社会联系，能直接影响社会舆论对企业的认识和评价。

（3）政府公众：主要指与企业营销活动有关的各级政府机构部门，他们所制定的方针、政策对企业营销活动或是限制，或是机遇。

（4）社团公众：主要指与企业营销活动有关的非政府机构，如消费者组织、环境保护组织，以及其他群众团体。企业营销活动涉及社会各方面的利益，来自这些社团公众的意见、建议，往往对企业营销决策有着十分重要的影响作用。

（5）社区公众：主要指企业所在地附近的居民和社区团体。社区是企业的邻里，企业保持与社区的良好关系，为社区的发展做出一定的贡献，会受到社区居民的好评，他们的口碑能帮助企业在社会上树立形象。

（6）内部公众：指企业内部的管理人员及一般员工，企业的营销活动离不开内部公众的支持。应该处理好与广大员工的关系，调动他们开展市场营销活动的积极性和创造性。

六、竞争者

竞争是商品经济的必然现象。在商品经济条件下，任何企业在目标市场进行营销活动时，不可避免地会遇到竞争对手的挑战。企业竞争对手的状况将直接影响企业营销活动。如竞争对手的营销策略及营销活动的变化就会直接影响企业营销，最为明显的是竞争对手的产品价格、广告宣传、促销手段的变化，以及产品的开发、销售服务的加强都将直接对企业造成威胁。为此，企业在制定营销策略前必须先分析了解竞争对手，做到知已知彼，有效地开展营销活动。

一般来说，企业在营销活动中需要对竞争对手了解、分析的情况有：

（1）竞争企业的数量有多少；

（2）竞争企业的规模和能力的大小强弱；

（3）竞争企业的对竞争产品的依赖程度；

（4）竞争企业所采取的营销策略及其对其他企业策略的反应程度；

（5）竞争企业能够获取优势的特殊材料来源及供应渠道。

项目八   营销环境分析模型

企业营销环境不仅能给企业经营带来威胁，同时也能产生对企业具有吸引力的领域。对企业来讲，市场营销环境分析是开拓经营新局面的重要基础。为此，企业应加强对环境的分析，当环境机会出现的时候善于捕捉和把握，以求得企业的发展。企业的经营者或者是营销机构的负责人必须熟练掌握营销环境分析模型，有针对性地分析企业所面临的各类宏观、微观环境变化。

PEST 分析模型

一、PEST 分析模型

PEST 分析模型是基于宏观环境的分析方法，其 PEST 是由四个单词的首字母组成。P 是政治（politics），E 是经济（economy），S 是社会（society），T 是技术（technology）（如图 8-1 所示）。其常用在分析一个企业集团所处的宏观发展背景的时候，通常是通过这四个因素来分析企业集团所面临或者应适应的各种状况。进行 PEST 分析时需要掌握大量的、充分的相关研究资料，并且对所分析的企业有着深刻的认识，否则，此种分析很难进行下去。

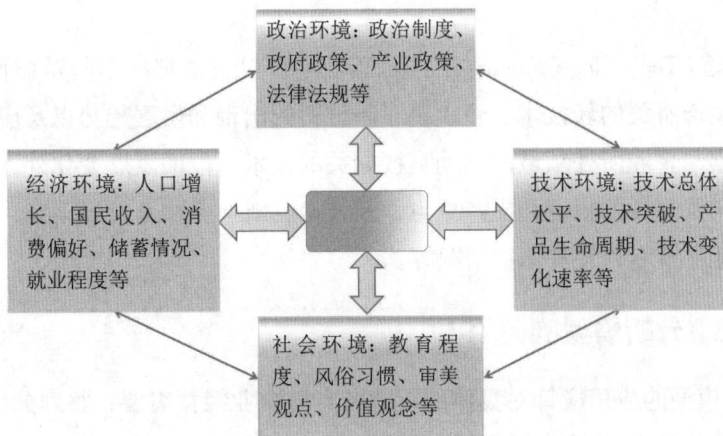

图 8-1　PEST 分析结构

（一）PEST 分析模型的组成

1. 政治因素（Political Factors）：主要包括政治制度、政府政策、国家的产业政策、相关法律及法规等。不同的国家有着不同的社会性质，不同的社会制度对组织活动有着不同的限制和要求。即使社会制度不变的同一国家，在不同时期，其政策方针特点对组织活动的态度和影响也是不断变化的。

政府的政策广泛影响着企业的经营行为。在制定企业战略时，对政府政策的长期性和短期性的判断与预测十分重要，企业战略应对政府发挥长期作用的政策有必要的准备；对短期性的政策则可视其有效时间或有效周期而做出不同的反应。市场运作需要有一套能够保证市场秩序的游戏规则和奖惩制度，这就形成了市场的法律系统。作为国家意志的强制表现，法律法规对于规范市场和企业行为有着直接规范作用。企业在制定战略时，要充分了解既有的法律规定，特别要关注那些正在酝酿之中的法律，这是企业在市场中生存、参与竞争的重要前提。

2. 经济环境（Economy Factors）：主要包括宏观和微观两个方面的内容。宏观经济环境主要指一个国家的人口数量及其增长趋势，国民收入、国民生产总值及其变化情况以及通过这些指标能够反映的国民经济发展水平和发展速度。微观经济环境主要指企业所在地区或所服务地区的消费者的收入水平、消费偏好、储蓄情况、就业程度等因素。这些因素直接决定着企业目前及未来的市场大小。

3. 社会环境（Society Factors）：包括一个国家或地区的居民教育程度和文化水平、宗教信仰、风俗习惯、审美观点、价值观念等。文化水平会影响居民的需求层次；宗教信仰和风俗习惯会禁止或抵制某些活动的进行；价值观念会影响居民对组织目标、组织活动以及组织存在本身的认可与否；审美观点则会影响人们对组织活动内容、活动方式以及活动成果的态度。

4. 技术环境（Technology Factors）：技术环境不仅仅包括那些引起革命性变化的发明，还包括与企业生产有关的新技术、新工艺、新材料的出现和发展趋势以及应用前景。技术环境除了要考察与企业所处领域的活动直接相关的技术手段的发展变化外，还应及时关注与分析国家对科技开发的投资和支持重点，新技术、新业务、新发展动态，技术转移方向和技术商品化速度，专利及其保护情况等。

（二）PEST 分析模型的应用

PEST 分析模型的应用应针对具体的行业特点与企业经营需要，整理分析政治、经济、社会、技术各个因素的常见分析指标，帮助企业检阅其所处的外部宏观环境与宏观力量（如表 8-1 所示）。

表 8-1　PEST 分析模型的部分分析指标

政治环境	经济环境	社会环境	技术环境
政府组织	经济增长	人口统计	政府研究投入
政策稳定性	利率与货币政策	社会结构	产业技术关注
税收政策	财政政策	教育程度	专利创新
环境政策	税收政策	文化与风俗	技术更新与转让
法律法规	物价与通货膨胀	生活方式	循环经济
竞争规则	商业周期	社会福利与保障	信息技术
国际合作	消费者信心	潮流与风尚	互联网技术
贸易规则	储蓄与信贷	宗教信仰	生命周期

基于 PEST 分析模型的宏观环境解读对企业的发展有非常多的价值，它的分析结果能够有效帮助企业辨明外部宏观形势，明晰自身战略的特点以及风险，从而确立企业的未来发展战略。

二、SWOT 分析模型

SWOT 分析，即基于内外部竞争环境和竞争条件下的态势分析，就是将与研究对象密切相关的各种主要内部优势、劣势和外部的机会和威胁等，通过调查列举出来，并依照矩阵形式排列，然后用系统分析的思想，把各种因素相互匹配起来加以分析，从中得出一系列相应的结论，而结论通常带有一定的决策性。运用这种方法，可以对研究对象所处的情景进行全面、系统、准确的研究，从而根据研究结果制定相应的发展战略、计划以及对策等。

SWOT 分析模型

（一）SWOT 分析模型的组成

S（strengths）是优势，W（weaknesses）是劣势，O（opportunities）是机会，T（threats）是威胁。按照企业竞争战略的完整概念，战略应是一个企业"能够做的"（即组织的强项和弱项）和"可能做的"（即环境的机会和威胁）之间的有机组合（如图 8-2 所示）。

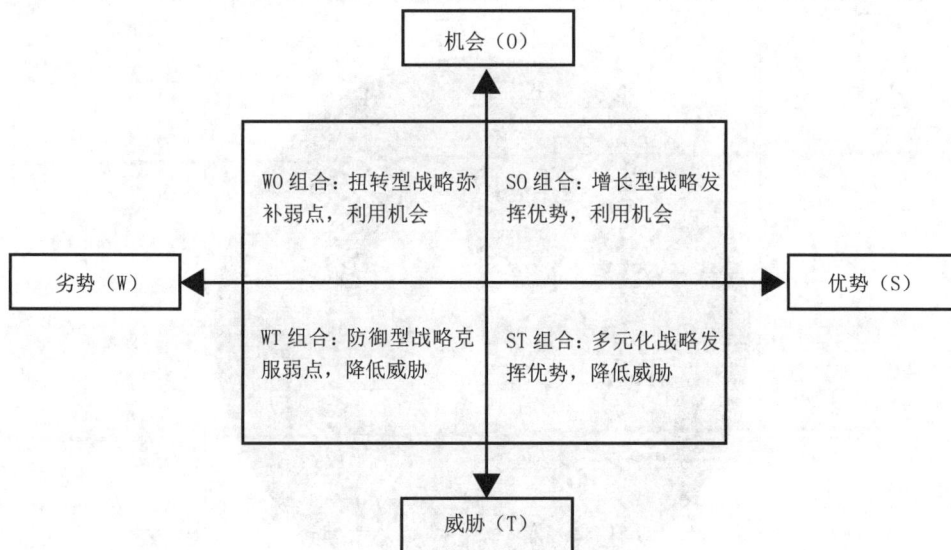

图 8-2　SWOT 分析矩阵

1. 优势（strengths），是组织机构的内部因素，具体包括：有利的竞争态势；充足的财政来源；良好的企业形象；技术力量；规模经济；产品质量；市场份额；成本优势；广告攻势等。

2. 劣势（weaknesses），也是组织机构的内部因素，具体包括：设备老化；管理混乱；缺少关键技术；研究开发落后；资金短缺；经营不善；产品积压；竞争力差等。

3. 机会（opportunities），是组织机构的外部因素，具体包括：新产品；新市场；新需求；外国市场壁垒解除；竞争对手失误等。

4. 威胁（threats），也是组织机构的外部因素，具体包括：新的竞争对手；替代产品增多；市场紧缩；行业政策变化；经济衰退；客户偏好改变；突发事件等。

（二）SWOT 分析模型的应用

1. 构造 SWOT 矩阵

将调查得出的各种因素根据轻重缓急或影响程度等排序方式，构造 SWOT 矩阵。在此过程中，将那些对公司发展有直接的、重要的、大量的、迫切的、久远的影响因素优先排列出来，而将那些间接的、次要的、少许的、不急的、短暂的影响因素排列在后面。

2. 制订行动计划

在完成环境因素分析和 SWOT 矩阵的构造后，便可以制订出相应的行动计划。制定计划的基本思路是：发挥优势因素，克服弱点因素，利用机会因素，化解威胁因素；考虑过去，立足当前，着眼未来。运用系统分析的综合分析方法，将排列与考虑的各种环境因素相互匹配起来加以组合，得出一系列公司未来发展的可选择对策（如图 8-3 所示）。

图 8-3　SWOT 分析结构

（1）优势—机会战略（SO）：是一种发展企业内部优势与利用外部机会的战略，是一种理想的战略模式。当企业具有特定方面的优势，而外部环境又为发挥这种优势提供有利机会时，可以采取该战略。例如良好的产品市场前景、供应商规模扩大和竞争对手有财务危机等外部条件，配以企业市场份额提高等内在优势可成为企业收购竞争对手、扩大生产规模的有利条件。

（2）弱点—机会战略（WO）：是利用外部机会来弥补内部弱点，使企业改劣势而获取优势的战略。存在外部机会，但由于企业存在一些内部弱点而妨碍其利用机会，可采取措施先克服这些弱点。例如，若企业弱点是原材料供应不足和生产能力不够，从成本角度看，前者会导致开工不足、生产能力闲置、单位成本上升，而加班加点会导致一些附加费用。在产品市场前景看好的前提下，企业可利用供应商扩大规模、新技术设备降价、竞争对手财务危机等机会，实现纵向整合战略，重构企业价值链，以保证原材料供应，同时可考虑购置生产线来克服生产能力不足及设备老化等缺点。通过克服这些弱点，企业可能进一步利用各种外部机会，降低成本，取得成本优势，最终赢得竞争优势。

（3）优势—威胁战略（ST）：是指企业利用自身优势，回避或减轻外部威胁所造成的影响。如竞争对手利用新技术大幅度降低成本，给企业很大成本压力；同时材料供应紧张，其价格可能上涨；消费者要求大幅度提高产品质量，等等。这些都会导致企业成本状况进一步恶化，使之在竞争中处于非常不利的地位，但若企业拥有充足的现金、熟练的技术工人和较强的产品开发能力，便可利用这些优势开发新工艺，简化生产工艺过程，提高原材料利用率，从而降低材料消耗和生产成本。另外，开发新技术产品也是企业可选择的战略。新技术、新材料和新工艺的开发与应用是最具潜力的成本降低措施，同时它可提高产品质量，从而回避外部威胁影响。

（4）弱点—威胁战略（WT）：是一种旨在减少内部弱点，回避外部环境威胁的防御性技术。当企业存在内忧外患时，往往面临生存危机，降低成本也许成为改变劣势的主要措施。当企业成本状况恶化，原材料供应不足，生产能力不够，无法实现规模效益，且设备老化，使企业在成本方面难以有大作为，这时将迫使企业采取目标聚集战略或差异化战略，以回避成本方面的劣势，并回避成本原因带来的威胁。

▶ 团队协作

以团队为单位，选取当地社会经济发展支柱产业中的核心企业，采用 SWOT 分析模型，进行企业发展战略分析。

三、波特五力分析模型

波特五力分析模型是迈克尔·波特（Michael Porter）于 20 世纪 80 年代初提出的一种行业（市场）竞争模型。该模型认为行业（市场）中存在着决定竞争规模和程度的五种力量，这五种力量综合起来影响着产业的吸引力以及现有企业的竞争战略决策。波特五力分析模型可以有效地分析客户

波特五力分析模型

的竞争环境，是对一个产业盈利能力和吸引力的静态断面扫描，说明的是该产业中的企业平均具有的盈利空间。五力分析模型也可用于创业能力分析，以揭示本企业在本产业或行业中具有何种盈利空间。

（一）五力分析模型的组成（如图 8-4 所示）

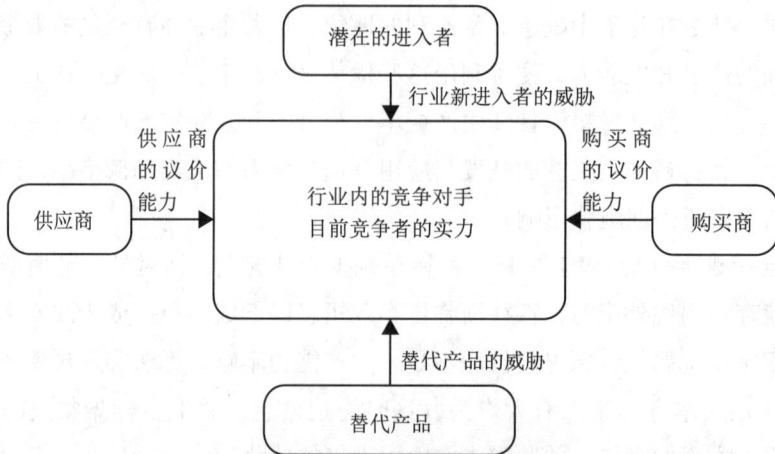

图 8-4　波特五力分析模型结构

1. 供应商的议价能力

供方主要通过其提高投入要素价格与降低单位价值质量的能力，来影响行业中现有企业的盈利能力与产品竞争力。供方力量的强弱主要取决于他们所提供给买主的是什么投入要素，当供方所提供的投入要素其价值构成了买主产品总成本的较大比例，对买主产品生产过程非常重要，或者严重影响买主产品的质量时，供方对于买主的潜在讨价还价力量就会大大增强。

2. 购买者的议价能力

购买者主要通过其压价与要求提供较高的产品或服务质量的能力来影响行业中现有企业的盈利能力。购买者数量多少、卖方规模大小、产品是否标准化、购买者的一体化能力等都将影响购买者的议价能力。

3. 新进入者的威胁

新进入者在给行业带来新生产能力、新资源的同时，希望重新细分市场，这就有可能会与现有企业发生原材料与市场份额的竞争，最终导致行业中现有企业盈利水平降低，严重的话还有可能危及这些企业的生存。竞争性进入威胁的严重程度取决于两方面的因素，这就是进入新领域的障碍大小与预期现有企业对于进入者的反应情况。总之，新企业进入一个行业的可能性大小，取决于进入者主观潜在利益、进入代价与经营风险这三者的相对大小情况。

4. 替代品的威胁

两个处于不同行业中的企业，可能会由于所生产的产品是互为替代品，从而在它们之间产生相互竞争行为，这种源自替代品的竞争会以各种形式影响行业中现有企业的竞争战略。总之，替代品价格越低，质量越好，用户转换成本越低，其所能产生的竞争压力就强，反之则弱。

5. 同业竞争者的竞争

行业中企业相互之间的利益都是紧密联系在一起的，作为企业整体战略一部分的各企业竞争战略，其目标都在于使自己的企业获得相对于竞争对手的优势，所以，在实施中就必然会产生冲突与对抗现象，这些冲突与对抗就构成了现有企业之间的竞争。现有企业之间的竞争常常表现在价格、广告、产品介绍、售后服务等方面，其竞争强度与许多因素有关。

（二）五力分析模型的应用

波特五力分析模型应用的意义在于五种竞争力量的抗争中蕴含着三类成功的企业发展战略：成本领先战略、差异化战略、集中战略（如表 8-2 所示）。

表 8-2 五力分析模型与企业发展战略的关系

行业五种力量	企业发展战略		
	成本领先战略	差异化战略	集中战略
供应商的议价能力	增加供应商可选择数量，抑制供应商的议价能力	能将供应商的议价权转嫁于商品的销售价格	可选择供应商数量少，导致供应商议价能力高，但采用集中战略的企业必须更好地将涨价部分转嫁
购买者的议价能力	分散大宗商品购买者的数量，降低购买者的议价能力	提供差异化产品而减少购买者的选择范围，削弱购买者的谈判能力	商品或服务的特殊性使购买者丧失选择与谈判能力
新进入者的威胁	构建足够的价格优势，阻止潜在竞争对手进入现有的市场	培育顾客忠诚度以挫伤潜在进入者的信心与愿望	通过集中战略建立核心能力以阻止潜在对手进入
替代品的威胁	利用低价抵御功能替代品的威胁	培养顾客习惯于独特的产品或服务，从而降低替代品的威胁	特殊的产品和核心能力能防止替代品的威胁
同业竞争者的竞争	价格竞争是同行竞争最直接的方式	通过功能差异化使消费者更青睐你的产品	竞争对手无法满足对特定需求顾客的需求

波特五力分析模型的建立是在以下三个理论假定基础之上的：

1. 制定战略者可以了解整个行业的信息，但显然是难以实现的；

2. 同行之间只有竞争关系，不存在合作关系。但在现实中，企业之间往往存在着多种合作关系，企业间的竞合关系是现代市场经济的主旋律；

3. 行业整体规模是固定的，如果要扩大资源和市场，只有通过挤压竞争者才能实现。而现实的市场容量是可以通过不断的开发和创新来增大的，企业之间时常联合共同做大市场来获取更多的收益。

因此，波特五力分析模型更多地应用在竞争战略思考层面，发挥理论思考工具的作用，在指导实践战略制定方面缺乏一定的操作性，影响因素较多，值得注意。

▶▶▶ **知识与技能训练** --------------------------------

一、单选题

1. 下列不属于影响购买水平的主要因素是（　　　）。

A. 收入　　　　　　B. 支出　　　　　C. 储蓄　　　　　D. 信贷

2. 下列属于有限但可以更新的资源是（　　　）。

A. 水　　　　　　　B. 森林　　　　　C. 石油　　　　　D. 煤

3. （　　　）是指人们对社会生活各种事物的态度和看法。

A. 社会习俗　　　　B. 消费心理　　　C. 价值观念　　　D. 营销道德

4. 与企业紧密相连的直接影响企业营销能力的各种参与者，被称为（　　　）。

A. 营销环境　　　　　　　　　　B. 宏观营销环境

C. 微观营销环境　　　　　　　　D. 营销组合

5. 以下哪项是影响消费者需求变化最活跃的因素（　　　）。

A. 人均国民生产总值　　　　　　B. 个人收入

C. 个人可支配收入　　　　　　　D. 个人可任意支配收入

二、多选题

1. 市场营销环境主要呈现（　　　）的特点。

A. 客观性　　　　B. 差异性　　　C. 相关性　　　D. 动态性　　　E. 可影响性

2. 人口结构主要包括（　　　）。

A. 年龄结构　　　B. 家庭结构　　　C. 社会结构　　　D. 受教育程度　E. 地区分布

3. 企业的经济环境主要由（　　　）要素构成。

A. 社会经济结构　　　　　　B. 经济发展水平　　　　　C. 经济体制

D. 宏观经济政策　　　　　　E. 企业发展阶段

4. 企业所面临的社会文化环境主要反映在（　　　）方面。

A. 风俗习惯　　　　　　　　B. 价值观念　　　　　　　　C. 宗教信仰

D. 行为模式　　　　　　　　E. 教育程度和职业

5. 按照需求将顾客分为（　　　）。

A. 消费者市场　　B. 生产者市场　　C. 中间商市场

D. 政府市场　　E. 国际市场

三、简答题

1. 简述企业营销活动与营销环境的关系。

2. 简述恩格尔系数的计算和描述方法。

3. 简述影响储蓄的主要因素。

4. 简述科技发展对企业营销活动的影响。

四、案例分析题

1990 年李宁公司正式成立，并快速崛起。李宁的崛起离不开中国宏观经济的影响，1990—2003 年社会消费品零售总额的同比增长率由 2.5% 提升到了 9.1%，其中鞋服针织品的零售额也迅速提高。良好的宏观经济表现为李宁的诞生和发展提供了广阔的社会市场。改革开放以来，我国经济逐渐市场化，体育产业也得到更加自由的发展，市场化程度明显提高，受到国家的重点支持。李宁品牌在 1990 年首次赞助亚运会中国代表队队服，就此李宁的品牌形象在大型国际体育赛事曝光且在国内流行开来。在品牌管理方面，李宁在 1993 年和 1997 年分别建立起自己的特许专卖营销体系和自营分销网络并且率先实施 ERP 技术，实现对销售网络更好的管理，初步建成了自营＋特许专卖的销售网络体系，大大提高了品牌的销售能力。品牌营销战略体系逐渐成形的背景下，在 2002 年确立全新品牌定位："李宁，一切皆有可能"，全新的品牌形象对公司的使命、愿景以及价值观产生巨大的革新。这句口号也成为一条线索贯穿李宁品牌 30 年营销史的兴衰变迁。李宁品牌在营销上的扩张型战略使得李宁一直保持国产运动品牌第一的高位，并且市占率超越阿迪达斯成为全国第二。李宁先生在 2008 年北京奥运会上飞天一跃标志李宁品牌达到了这个阶段的顶峰。

但是从 2009 年开始，品牌转型定位模糊，粗放式营销等问题，导致李宁公司连年亏损，市场规模增速下降，其他国产品牌像特步、安踏以及 361° 纷纷崛起，安踏的市占率超越李宁。

请运用 PEST、SWOT 或者波特五力分析模型尝试对李宁公司的发展进行各维度的分析，并提出可选择的企业发展战略。

五、实训实战题

运用 PEST 模型进行宏观营销环境分析。

【实训目的】

掌握运用 PEST 模型，以政治、经济、社会和技术等因素对市场进行分析，确定这些因素的变化对某一行业营销战略的影响。

【实训内容】

组建以 4 人为单位的实训小组，选取以老龄化社会为背景的某行业或者特征市场，运用 PEST 分析模型进行分析，并在 PEST 分析的基础上探讨解决问题的思路。

【实训要求】

每组制作 PPT，用五分钟完整陈述 PEST 模型的分析与运用。

【实训步骤】

（1）组建小组；

（2）选择研究行业或者市场；

（3）完成行业或者市场的分析，提出发展对策；

（4）整理报告材料，进行项目分析汇报。

把握市场　精准预测

▶学习目标

◆知识目标

1. 了解中小企业市场机会的成因

2. 掌握市场调研的基本概念、基本步骤和方法

3. 熟悉消费者购买行为特点和类型

4. 认识消费者需求，了解消费者购买决策过程

5. 明确影响消费者购买行为的主要因素

◆技能目标

1. 能够理解各种调研方法的特点并能够进行实际调研操作

2. 能够利用消费者行为的基本模式观察消费者行为特征

3. 能够根据市场调研识别影响消费者购买行为的主要因素

4. 能够科学实施市场调研并对调研数据进行分析和利用

◆思政目标

1. 培育"没有调查就没有发言权"的价值观念

2. 培养学做结合、知行合一的职业道德

3. 增强职业认识，遵守职业规范

▶ 思维导图

```
                                              ┌─ 市场机会的概念
                                              ├─ 市场机会的类型
                            ┌─ 识别市场与需求 ─┼─ 市场机会的特征
                            │                 ├─ 市场机会的来源
                            │                 └─ 市场机会的识别
                            │
                            │                 ┌─ 消费者市场概述
  把握市场　精准预测 ────────┼─ 分析消费者购买行为 ─┼─ 消费者购买决策过程
                            │                 └─ 影响消费者购买的主要因素
                            │
                            │                 ┌─ 市场营销调研的基本步骤
                            └─ 市场调研与分析 ─┼─ 市场营销调研的常用方法
                                              └─ 通过调研进行需求预测
```

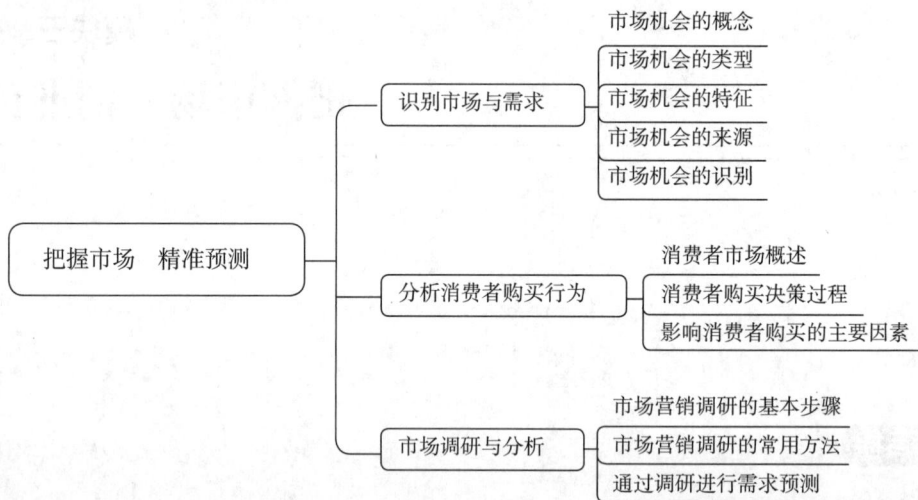

项目九　识别市场与需求

▶ 案例导入

淘宝大数据的精准营销

在这个时代能够存活下来的，不是最强大的企业，而是能够随环境变化而迅速做出调整的企业。

很多人有这样的体验。有一天在一个 B2C 商城中选剃须刀，发现没有合适的。第二天，浏览其他新闻网站的时候，看到了很多这类产品的大数据精准营销推荐广告，于是忍不住点击浏览，甚至购买。

这项反复跟踪推荐技术，就是营销公司开发的"到访定位"技术，针对目标用户进行再次营销，其精准的效果要大大优于其他定向技术。而这背后则是数据分析在起作用，将数据运用于营销正改变着传统的传播方式和消费者洞察方式。

2013 年是大数据爆发年，以数据和技术为驱动力的互联网营销，大数据为其带来了巨大的应用价值，同时也会在广告营销层面上帮助企业做得更好。

　　无论是百度、腾讯还是淘宝网、新浪，每个平台上都有海量的数据，即使是一个单一的媒体平台，其数据也反映着网民的各种行为，例如百度的平台上呈现的是网民的各种与搜索有关的行为，而淘宝网上则显示着网民的购买行为，新浪的平台上则可以看到网民的阅读行为。从商业本质上说，营销的过程就是满足需求、提供价值、完成交易、实现利润的过程，互联网的迅速发展，改变了消费者的消费模式和行为习惯，也飞速改变着传统的商业模式。"这是最好的时代，这是最坏的时代"，狄更斯的这句话，用在今天再合适不过。"巨变"是这时代的特点，而企业要做出调整的，最重要的是一种思维模式。

　　在"大数据"时代之前，企业多从哪些平台提取数据，提取哪些营销数据呢？一般是CRM 或 BI 系统中的顾客信息、市场促销、广告活动、展览等结构化数据以及企业官网的一些数据。但这些信息只能达到企业正常营销管理需求的 10% 的量能，并不足够给出一个重要洞察或发现规律。

　　而其他 90% 的数据，诸如社交媒体数据、邮件数据、地理位置、音视频等不断增加的信息数据，以及包括数据量更大，逐渐被广泛应用，以传感器为主的物联网信息，还有风起云涌的移动 5G 互联网信息等，这些就是大数据所指的非结构性或者叫作多元结构性所需的数据，它们更多地以图片、视频等方式呈现，几年前它们可能被置之度外，不会被运用，而今大数据能进一步提高算法及其分析的作用，这类数据在如今竞争激烈的市场上日显宝贵，且作用更突出，并能被大数据技术所充分挖掘和运用。

一、市场机会的概念

　　市场机会，是指对企业富有吸引力的，能给企业营销活动带来良好机遇和盈利的需求领域，通常是指市场中尚未被满足的需要。市场机会一般存在于两种情况：一是为了现有产品和服务找到新的或潜在需求顾客，启动开发一个新市场，或者发现现有产品的新功能和新用途，引导人们使用它；二是创造开发、设计生产出具有新功能的产品，以满足人们变化的需求。

　　可见，市场机会的实质就是需求，作为企业，尤其是中小型企业，受制于自身规模实力等多方面的制约，在激烈的竞争环境中更有必要也必须不断地寻求能够促进其发展和进步的有利的市场机会。一个企业对市场机会寻找、发掘、识别及其利用能力的大小将直接决定其发展机会的多少。

　　中小企业置身于瞬息万变、腹背遭受夹击的市场营销环境中，必须具备善于挖掘利用创造市场机会的能力，才能为其生存和发展带来有力的推动。抓住了市场机会，就会给企业带来生机，反之，如果丧失市场机会，就会使企业处于不利的地位。因此，识别和寻求市场营销机会是开拓和发展市场的关键所在。

二、市场机会的类型

（一）环境机会与企业机会

按照是否具有可利用性，市场机会分为环境机会与企业机会。在环境变化中需求也随之发生变化，客观上存在着许多未完全满足的需要，这些市场机会是环境变化客观形成的，因此，就称之为环境机会。但环境机会对不同的企业来说，并不一定都是最佳机会，因为这些环境机会不一定都符合企业的目标和能力，不一定能取得最大竞争优势。只有环境机会中那些符合企业目标与能力，有利于发挥企业优势的市场机会，才是企业机会。

▶ 思政园地

近年来，国家投入大量资金进行能源、交通、水利等基础设施建设，这首先给建筑业和建材业带来了极好的市场机会。随着基础设施不断完善，又会给运输业、农业和工业等部门的发展创造良好的市场机会，企业应及时抓住这一发展契机，通过分析研究，找到适合自身发展的企业市场机会。政府从国民经济均衡发展的角度出发，制定国家在某一时期经济发展的方针和政策，这些方针和政策会促进某些地区或某些行业的经济快速发展。对于这些方针和政策，企业应十分重视，并进行深入的研究。因为新的经济政策意味着新的市场机会的出现，但这种市场机会对不同的企业来说，并不一定都是最佳机会，只有那些符合企业目标，有利于发挥企业优势的市场机会，才是企业市场机会。

（二）潜在市场机会与表面市场机会

按照是否具有显在性，市场机会分为潜在机会与表面机会。表面市场机会是指在市场机会中明显的未被满足的市场需求。这种显在的市场机会容易被企业寻找和识别，挖掘难度较低，但也正因如此，这样的市场机会所吸引的企业也较多，所形成的供应会相对比较大，而供应一旦超过这个市场的容纳度，就会形成供过于求的局面，这种局面对所有的供应企业都是不利的，使得企业难以获得机会效益，最终这一市场机会就失去了它本身的价值。

而另一种隐藏在现有某种需求后面的未被满足的市场需求，称之为潜在市场机会。潜在市场机会相对于表面市场机会来说，不容易被发现，寻找和识别的难度系数大。但正由于其不易识别，企业如果能够识别并把握住了这种市场机会，其竞争对手要比表面市场机会少，由此机会效益也比较高。

（三）目前市场机会与未来市场机会

按照时间性特征，市场机会分为目前机会与未来机会。通常所讲的市场机会是指目前市场上存在的未被完全满足的需求，而这些在目前环境变化中出现的市场机会，都称之为目前市场机会。对于目前市场机会，一些企业已进行了较深入的开发并形成了有效的市场供给。如果再有企业进入，势必加剧市场竞争，各方的机会效益均会下降，不利于企业未来的发展。

从环境变化的动态性视角来看，还有一种未来市场机会的存在。这种市场机会，在目前的市场上并未表现为大量需求，仅仅表现为一部分人的消费意向或极少量的需求，但通过市场研究和预测分析，它将在未来某一时间内表现为大量的需求或大多数人的消费倾向，成为在未来某一时期内现实的市场机会。重视未来市场机会的企业提前预见未来，积极准备，当这种未来市场机会变为目前市场机会时，有利于将准备好的产品抢先推入市场，取得市场主动权，获得领先地位。

（四）全面市场机会与局部市场机会

按照市场机会产生的空间范围分为全面机会与局部机会。全面市场机会是在大范围市场（如国际市场、全国市场）出现的未满足的需求。局部市场机会则是在一个局部的市场（如某个省或某个特定地区）出现的未满足的要求。全面市场机会对参与市场经营的企业有普遍意义，深受企业关注。局部市场机会则对该地区从事市场经营的企业和打算进入该局部市场的企业有其特殊意义，该地区环境变化有别于其他市场的特殊发展趋势，若企业重视这种机会的存在，并研究和利用这个机会，则会得到很高的市场回报。

（五）本行业内市场机会和行业外市场机会

按照所处的行业位置将市场机会分为行业内机会与行业外机会。一般来说，各行业拥有着不同的技术、资源和经营条件，在整个市场营销系统中所承担着不同的职能，通常都有特定的经营领域。出现在本行业经营领域内的市场机会，即行业市场机会，企业能充分利用自身优势和经验，去寻找和识别行业市场机会。但行业市场机会在本行业的企业之间竞争激烈，从而会减少或失去机会效益。

边缘市场机会是指在不同行业之间的交叉与结合部出现的市场机会，这种市场机会大多发生在行业与行业之间交界的边缘地带，一般企业容易忽视。而在这些区域，消费者的需求不能得到充分的满足，甚至还会产生一些新的消费需求。边缘市场机会可以利用企业原有的部分优势，但由于它比较隐蔽，难以发现，寻找和识别的难度较高，因而企业一旦发现并加以开发，极易取得机会效益。

三、市场机会的特征

市场机会具有公开性、时间性和理论上的平等性及实践上的不平等性。为此，企业在分析评价市场机会时，结合其特点，既要考虑竞争的存在，敢于参加竞争，又要选择对企业竞争结果有利的市场机会。

（一）客观存在性

在企业的生存环境中，各种环境因素不断发生着变化、组合，促成了诸多普遍存在各种市场机会，企业可以借助对环境的分析，收集相关信息资料，及时发现和挖掘有利的市场机会。

（二）相对公开性

市场机会在一定意义上对所有企业而言是公开存在的。对于每一个从事生产经营的企业，都可以借助一定的方法获得客观存在的市场机会。虽然有些市场机会是潜在的隐含的，但是只要方法得当，企业就能够挖掘出有利的市场机会。从这个意义上来说，市场机会是公开的，它不会因为地域、时间以及企业自身条件的制约而有所隐藏。

（三）时间性

市场机会的存在不是永恒不变的，只有在特定时间段且机缘成熟的情况下才会产生并随着时间的延续发生变迁、转化，进而消失。如果企业不能及时捕捉并把握住市场机会，就会丧失发展的机会和可能。

（四）理论上的平等性

从理论角度分析，市场机会的存在对每一个经营主体而言都是公平的，所有从事生产经营的企业都可以利用开发市场机会，抓住有利的经营机会，建立竞争优势，从而实现企业的经营目标，达到可持续发展的良性循环。

（五）实践上的不平等性

市场机会虽然在理论上对每个企业而言是公平的，但是在实践中企业之间在规模、实力等方面存在明显的差异性，必然造成企业在挖掘和把握市场机会的能力方面有很大的差别，因此市场机会的存在对不同企业在实践应用中又是不平等的。

四、市场机会的来源

在激烈的市场竞争中，许多企业感到自身的生存与发展遇到了极大的挑战，似乎很难找到合适的市场机会。其实，市场机会可以说是无处不在的，它是一种客观存在，而且随着社会的发展，这种机会将越来越多。从宏观角度看市场机会，来源于以下几个方面。

（一）科技发展带来的市场机会

马克思认为社会再生产包括四个环节：生产、分配、交换和消费，生产力的具体体现就是这四个环节的良性循环。在市场经济条件下，处在买方市场时代，消费已成为市场的主要制约因素。消费需求，产生于人的基本需要，马斯洛将人类的基本需要划分为五个层次，或者说五种类型。尽管人类的基本需要是相同的，但满足需要的方式会因科学技术的进步而不断创新。而人类追求以新的方式满足自己的基本需要，正是人类社会进步的动力之一，因此科学技术的发展动力来源于人类的需要。由于人类追求新的方式来满足需要的动机永远不会消失，因此可以说，科技的发展永远没有尽头，它所带来的新的满足方式，就成为一种市场机会。比如，电子科技的发展给我们带来了无数的市场机会，像当前的光纤通信、互联网、音像产品等，都是靠科技创新所创造的巨大市场机会，像现在的航天科技、生物科技、新能源、新材料等方面的科技成果，都已经开始呈现巨大的市场机会。我国由于科技实力与西方发达国家存在着一定的差距，因此我国许多企业丧失了许多市场机会，或者说，由于科技实力不如人，企业吃了许多亏。就 VCD 和 DVD 来说，我们自己的创造发明却要向西方的企业缴纳专利费。另外由于我们的科技差距，我国的许多产品在国际市场上还要遭遇一些发达国家的技术壁垒。因此可以说，那些拥有先进科技的企业在国际市场上将拥有更多的市场机会。邓小平同志早就说过"科学技术是第一生产力"。

▶协作创新

分小组讨论，科学技术的进步在哪些方面为我们提供了市场机会？

（二）政策环境变化带来的市场机会

这是一种十分重要的市场机会。一个国家在不同的时期会有不同的社会经济发展政策，这些政策的变化将给相关行业带来许多市场机会。如我国的西部大开发政策、加强东北老工业基地的建设政策的出台，就给许多相关行业带来了无数的市场机会；加入 WTO，为我国企业进入国际市场扫除了许多障碍；另外，国家越来越重视环境保护，这也给环保行业带来了巨大的发展机会；产业结构调整政策，给传统产业的生存与发展也指明了方向，等等，这些来自国家政策环境方面的变化说明，企业只要密切关注国家和地区相关政策的变化，就会发现相当多的市场机会，进一步对相关机会加以适时适当的分析、评估和利用，必然会给中小企业的发展带来良好前景。

（三）市场半径扩大带来的市场机会

过去由于交通通讯的限制，企业的产品只能在半径相对狭小的范围内寻找市场，如今得益信息时代的交通、通讯的迅速发展，企业经营的空间空前扩大，对于资金实力有限的中小企业来说无疑是展现了新的发展空间，产品的销售半径几乎可以无限扩大，有利于发现更有利的机会。例如河北的蔬菜就远销到了日本，蔬菜的销售半径已突破了当地市场的范围，找到了更为广阔的市场。而温州人有 160 万在全国乃至全球经商办厂，获得了极大的成功，可以说温州的成功就在于他们将产品的销售半径延伸到全球。信息时代商品经营的突出特点是全球经济一体化，由此所带来的是市场的扩大和机会的增加，为企业发展提供了更多的空间。

（四）诚信经营带来的市场机会

市场经济是一种法治经济，它呼唤市场主体依法经营、诚信经营。我们已进入一个品牌时代，品牌的威力来源于企业的诚信经营。美国市场营销协会在 80 年代曾作过一项调查，调查认为，吸引一个新的客户所花费的成本是保住一个老客户的成本的五倍，而开罪一个顾客，意味着直接或间接开罪于 250~300 个潜在的顾客。所以一个失去诚信的企业将难以获得市场机会的青睐。

总之，任何客观存在的市场机会都是公开的，每个企业通过努力都有可能发现，但在发现市场机会的同时，也要考虑竞争对手的存在，发现并不意味着独占，因此企业应及时根据自身的经营领域、技术、经验等条件，对该机会的成功条件和企业所具备的竞争优势进行分析和评价，以利于企业选择能取得最大竞争优势和机会利益的市场机会。

五、市场机会的识别

（一）寻找现存的市场机会

已存在的市场机会，企业要从被人们忽略和丢弃的未被满足的市场需求中寻找市场机会，其方法识别有：

第一，寻找供需缺口

某类产品在市场上供不应求的状况体现在可供产品数量、品种方面的短缺，反映了消费者的需求尚未得到满足，这种供需缺口对于企业来说就是一种市场机会。寻求供需缺口可采用以下方法：

1. 需求差额法。即从市场需求总量与供应总量的差额来识别市场机会，可用公式表示：

需求差额＝市场需求量—产品供应量

产品供应量＝国内产量＋进口产量＋库存量

2. 结构差异法。即从市场供应的产品结构与市场需求结构的差异找寻市场机会。产品的结构包括品种、规格、款式、花色等。有时供需总量平衡，但供需结构不平衡，仍然会留下需求空缺，分析供需结构差异，企业便可从中发现市场机会。

3. 层次填补法。即从需求层次方面来寻求市场机会。根据马斯洛的需求层次理论，消费者的需求分为生理需要、安全需要、社交需要、尊重需要和自我满足需要五个等级，可以通过分析各层次需求满足的情况，找出未被满足的"空档"，并生产相应产品予以填补。

第二，进行市场细分

从细分市场中寻找市场机会的主要方法有：

1. 深度细分。即把某项细分标准的细分程度加深拉长。如按服装型号可分为小、中、大号。但如果采用延伸法把细分度拉长，则可分为：特小号、小号、中号、大号、特大号和特型号等，也可将细分度加深，如特型号中分宽长型、宽短型、窄短型等。深度细分，照顾了消费者复杂的需求差异，通过这种细分，可以发现未被满足的市场。

2. 交叉细分。即采用两个标准细分。例如家具可以用收入、年龄两个标准细分市场，可以把市场分成若干个次市场。

3. 立体细分法。即采用三个细分法。如按收入、年龄、人口三个标准细分，可以把市场分成27（3×3×3）个次市场，这27个市场各不相干。

4. 多维细分法。即采用多种标准对市场进行细分，如按文化程度、购买动机、生活方式、年龄、职业、收入等细分市场，可以细分出更多的市场，从中发现被他人忽略的市场机会。

总之，市场细分法可以帮助中小企业找到为大企业所忽略的小的细分市场，有效避开激烈的竞争，获得较好的发展空间。

第三，寻找产品缺陷

产品缺陷往往影响消费者的购买兴趣及两次购买的可能，不断弥补产品的缺陷则可能给企业带来新的生机。例如：照相机最初投放市场时机型复杂、笨重、不易操作，后来针对上述缺陷，研制推出的快速自动照相机，弥补了原有照相机的不足，产品一上市大受欢迎。之后为了克服经常更换电池给消费者带来麻烦，科研人员研制出弥补上述缺陷的超小型、匣式、不用电池的新型照相机，新式相机很快行销市场。产品的缺陷就是新产品的良好的构思，也构成了企业的新的机会和利润增长点。

▶ 协作创新

小组讨论，市场上有哪些产品是通过完善产品缺陷找到市场机会的？

第四，发现竞争对手的弱点

研究竞争对手，从中找出竞争对手产品的弱点及营销的薄弱环节，对缺乏科研资金的中小企业是寻找机会的节约而有效的方法。例如某小电器公司，以"取竞争者之长，补竞争者之短"的方式，参与市场竞争。在竞争对手成功地开发出自动洗碗机之后，就把这种洗碗机带回实验室，从产品功率、性能、零件数量和种类及成本构成等逐一进行评估，该公司将机器拆散，对每个零件加以研究，以发现弱点加以改进。这样，这家公司很快地开发出一种性能更好，价格更低的全自动洗碗机，从而更好地满足了消费者的需求，在竞争中取得了有利的市场地位。

（二）创造新的市场机会

创造新的市场机会一般比发现现存的市场机会要难，需要企业对营销环境变化做出敏捷的反应，要善于在许多寻常事物中迸发灵感，还要巧于利用技术优势开发出新产品。这些要求对中小企业来说虽然有一定的困难，但是并不表示没有可能，创新是企业发展的永恒动力，只有不断超越自我，不断开拓新的领域，才能为企业的可持续发展创造可能和机会。因此追求不断成长的中小企业，可以应用以下方法来创造新的市场机会：

第一，从市场发展趋势中创造市场机会

市场发展趋势包含两方面内容：一是指某类产品市场（包括销售、消费、需求）增长比率；二是指市场客观环境的变化动向。

1. 增长比率法

市场增长比率的正变化，表明了未来市场需求的增长，企业应以超前的眼光，创造市场机会。例如据科威特有关机构预计，今后 5 年科威特电讯设备需求量平均增长率为22%~25%，电讯辅助设备需求量将平均增长 11%~15%，空调冷藏设备需求量平均增长18%~23%，而上述三种产品的 60% 需要进口。这是企业电子产品进入科威特市场的良机。

2. 环境变化法

即从市场宏观环境变化中创造机会。环境往往使机会与挑战并存，经营者既要以敏锐的眼光从变化动向中预测未来，把握市场机会，还要以非凡的创造力，善于把挑战转化为机会。例如：在我国大中城市中，人口出现老龄化趋势，这意味着老年人市场逐步扩大，企业可把握此动向，深入细分老年人市场，开发出能最大限度地满足他们要求的各种产品。

第二，从社会时代潮流中创造市场机会

社会发展的各个时代都会形成流行的风尚，例如当今时代的潮流是回归大自然。在这种社会大潮的冲击下，许多企业，尤其是中小企业要顺应潮流，把握机遇，推出"自然产品"，如用植物原料制造出的药品、化妆品、饮料；开发出"绿色产品"（即减少环境污染、保护生态环境、节约使用自然资源的产品）。尽量克服企业在技术、在资源利用等方面的劣势，使产品迎合当代人们的心态和要求，从而激发消费者新的需求。

第三，用科学技术创造市场机会

科学技术是推动创新的重要源泉，虽然中小企业与大型企业相比，在科技创新方面处于不利地位，但是并不表示中小企业没有作为，只要善于挖掘和发现，掌握现代科学技术的发展趋势，同样有可能利用创新创造出良好的市场机会。现代科学技术主要表现出三大特征。

1. 新材料的应用

2018 年全球新材料产业规模为 25597.0 亿美元，同比增长 10.5%。2018 年全球先进基础材料产值比重占 49%，关键战略材料产值比重占 43%，3D 打印材料、石墨烯、超导新兴产业技术不断突破，前沿新材料比重较上年有所上升，达到 8%。目前，我国新材料整体产业初具规模，已建成门类最为齐全的新材料研发和生产体系，稀土功能材料、先进储能材料、光伏材料、有机硅、超硬材料、特种不锈钢、玻璃纤维及其复合材料等产能居世界前列。如半导体照明产业规模超过 5000 亿元，节能玻璃材料产业规模达 300 亿元，稀土功能材料产量约占全球份额的 80%。

2. 新能源的利用

新能源的利用即用新的能源取代旧的能源。如国际鉴于石油资源的短缺，正在研制新的能源汽车等，如电动汽车、甲醇汽车、天然气汽车、太阳能汽车和氢气汽车等。 近十年，我国新能源产业取得超常规速度的发展主要得益于财政补贴的强力支持。短短十年期间，我国新能源产业利用后发优势，实现了从起步到全球第一的跨越式发展：截至 2017 年底，我国累计光伏发电装机容量已达到了 131GW，占全球光伏发电装机容量份额的 32.8%；累计风力发电装机容量达到了 164.1GW，占全球风力发电装机容量份额的 31.9%。

光电与风电累计装机容量均已稳居世界第一，并远远超过传统可再生能源强国德国（光电与风电累计装机容量分别为 42.4GW 和 55.9GW）和美国（光电与风电累计装机容量分别为 51GW 和 87.5GW）。

▶ 思政园地

　　早在 2014 年 6 月，习近平总书记在其主持召开的中央财经领导小组第六次会议上就提出：要积极推动我国能源生产与消费革命，以绿色低碳为方向，着力发展非煤能源，形成煤、油、气、新能源多轮驱动的能源供应体系。2016 年 12 月国家发展改革委员会、国家能源局联合发布的《能源生产和消费革命战略（2016—2030）》（下文简称《战略》）则进一步阐述了当前我国能源问题的严峻性与紧迫性，提出了在未来 15 年我国能源发展的重点领域和目标要求。《战略》提出要实现非石化能源的跨越式发展，降低煤炭在我国能源结构中的比重，大幅提高新能源和可再生能源比重，使清洁能源能够基本满足未来新增能源需求。到 2020 年，能源结构调整过程中的清洁能源将成为能源增量主体；非化石能源在能源消费总量中的占比将达到 15%；可再生能源电力的大规模布局和邻近消纳将会成为城乡电气化发展的主要动力；到 2030 年，可再生能源、天然气和核能利用将持续增长，非化石能源占能源消费总量比重将达到 20% 左右，非化石能源发电量占全部发电量的比重将有望达到 50%；到 2050 年能源展望时，非化石能源和化石能源在能源消费总量中的比重将会是平分秋色的局面。2017 年 10 月，壮大清洁能源产业、推进能源生产和消费革命的发展要求更是被写入了党的十九大报告，这对于全面深化能源领域改革，完善能源体制建设，正确指导我国能源产业，特别是新能源产业的发展具有里程碑式的重要意义。

▶ 行业观察

　　2020 年 10 月，国家财政部发布了《关于提前下达 2021 年节能减排补助资金预算（第一批）的通知》，2021 年节能减排补助资金总共高达 375.8529 亿元，其中包含新能源公交车运营补助的 156.89 亿元，以及 2016-2018 年新能源汽车推广应用补贴的 218.96 亿元。这些补贴实际上是购置补贴，由相关部门直接发放给车企。根据此前的标准，2020 年财政部下达的各省市区的 2015-2018 年度新能源汽车补贴预拨 112.5766 亿元，也就是说，2021 年的补贴总额相当于 2020 年的 3 倍有余。

　　根据各地区的补助资金汇总表可以看到，河南、山东、广东三地是补贴最高的地区，这与当地大力推行新能源汽车发展有直接联系。若去掉新能源公交车运营补助，2016 年至 2018 年间，几乎每个地区的新能源汽车推广应用补助呈递增状态，有的地区甚至呈现爆发式增长。

3. 新技术的应用

技术进步是经济长期持续增长的源泉。习近平总书记曾指出："纵观工业革命以来的世界历史，每一次科学技术的大飞跃都推动了经济社会的大发展"，"我们正处在新一轮科技革命和产业变革蓄势待发的时期，以互联网、大数据、人工智能为代表的新一代信息技术日新月异"。当前，物理世界和数字世界加速融合，产业互联网孕育兴起，各行各业开始在"云端用人工智能处理大数据"，以数字化、网络化、智能化为特征的数字经济风起云涌，气势浩荡。21 世纪新技术广泛地应用到生产领域可以创造新的市场机会。总之，随时关注世界科学技术发展动态，及时地将这些技术引入生产领域，将给企业带来无限生机。

▶ 行业观察

2020 年，5G 建设以 SA 架构为主。中国移动已建成全球规模最大的 5G SA 商用核心网络。截至 11 月初，中国移动实际开通 5G SA 基站总数已经高达 38.5 万，337 个城市 5G 具备 SA 商用能力。全面而系统的测试也是 5G 成功商用的"探路者"，我国端到端网络切片测试进展顺利。华为完成基于 SPN 和 IPRAN 承载方式的同厂家 E2E 网络切片测试；中兴完成基于 SPN、部分完成基于 IP RAN 承载的同厂家 E2E 网络切片测试；中国信科部分完成基于 SPN 承载的同厂家 E2E 网络切片测试。SA 芯片和终端也是 2020 年测试的重点。在芯片方面，芯片—系统互操作重点验证 5GC 互操作、4G/5G 互操作、5G 语音方案、SA 物理层关键技术等与 5G SA 相关的技术特性。芯片支持能力较好，部分系统厂家在 4G/5G 互操作、异频切换等方面仍需完善到试验要求。在终端方面，NSA/SA 手机测试侧重于基于商用终端功能、业务、运行稳定性（峰值、呼叫成功率、长保）等方面的测试。

第四，用营销手段创造市场机会

技术创新的要求对中小企业而言是较高的，但是通过采用创新的营销手段，创造新的市场机会则更为有利。因为在资金和成本比较上，中小企业可以有更多的作为。例如，日本阿托搬家中心，改变过去搬家方式，别出心裁，决意要将"烦恼的搬家"变为"愉快的旅行"，由此设计出一种命名为"21 世纪的梦"的搬家用车，这种车分为上下两层，上层前半部是豪华客厅和休息场所，娱乐设备齐全，下层是驾驶室，车的后半部为行李车厢。阿托中心还同时提供 3000 多项与搬家有关的服务，此车一推出，预约搬家者蜂拥而至。

这是通过创新的服务来创造新的市场机会。此时还可通过预报商品流行，来引发消费者的需求，如预报服装家具流行款式、流行色；还可以利用广告宣传、新闻报道等创造市场机会。只要利用得当，新的营销手段就会为企业创造新的需求发展空间。企业一旦识别和寻求到恰当的市场机会，必将为企业的经营与发展带来勃勃生机。

▶ 协作创新

小组讨论：请在十分钟内利用杯子、影子、蚊子这三个要素构思一个营销方案。

项目十　分析消费者购买行为

一、消费者市场概述

市场是企业营销活动的出发点和归宿点。按照顾客购买目的或用途的不同，市场可分为消费者市场和生产者市场两大类。在日常生活中，我们每个人都是消费者市场中的一分子，每天都在进行各种各样的消费活动。对于消费品的生产经营而言，企业深刻认识消费者市场的特点，准确把握消费者的购买行为，才能科学地确定产品的销售对象，有针对性地制定产品、价格、渠道和促销策略，提高市场营销的效率，在充分满足消费者需要的前提下实现企业的发展目标。

（一）消费者市场的含义

消费者市场是指为满足个人或家庭消费需要而购买产品和服务的个人和家庭所构成的市场。由于产品和服务进入消费领域意味着进入流通的终点，所以消费者市场也称为最终产品市场。消费者市场是现代市场体系的基础，是现代营销理论的主要研究对象。

（二）消费者市场的特点

消费者市场具有广泛性、分散性、差异性、易变性、发展性、替代性、地区性、季节性等特点，这些特点令消费者市场错综复杂、扑朔迷离。

▶行业观察

大众点评。传统的城市生活消费指南网站多是为广大商家提供一个免费的信息发布平台，目的是为商家降低推广宣传费用，优化商家的营销效果。而从消费者角度考虑，真正实用的信息几乎没有。大众点评网观察到消费指南类网站信息不对称的短板，反其道而行之，把消费者放在主导地位，主张致力于做消费者自己互相分享信息的平台，重点突出中立的第三方点评模式，这一模式虽然不是大众点评网首创，但被其发扬光大。

相比于传统商家自卖自夸的营销模式，这一主张无疑获得了更多新消费者群体的认可和喜爱。大众点评网鼓励消费者分享自己的消费经历和体验，推荐自己觉得好的店铺、酒店、景点、美食等。它让消费者在此找到了一个开放交流的平台，也为消费者潜在的消费决策起到一定的参考和推动作用。

据不完全统计，大众点评网第三方点评模式的信息覆盖范围在不断地快速扩大和自主更新中，由用户点评的对象包含了餐饮、休闲、娱乐等生活服务，已经覆盖全国300多个城市，且不定期推出美食榜、生活服务排行榜等榜单，供消费者更加明了、直观地了解本地最佳消费场所的相关信息。

二、消费者购买决策过程

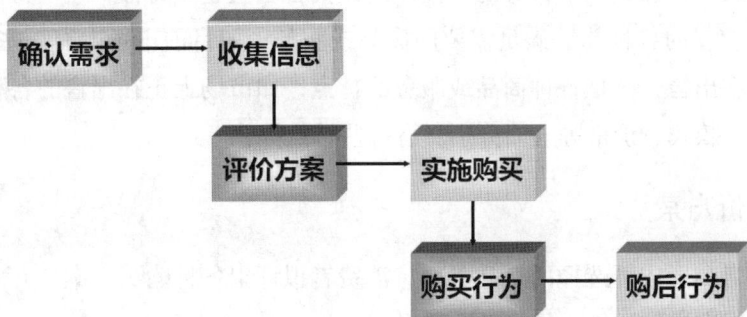

消费者对产品和服务的偏好是经常变化的。为了把握这种经常变化的状态并为所定义的市场制定正确的营销组合，需要对消费者的购买决策过程进行研究分析，以便正确引导消费，促进企业的营销。购买决策过程一般经历确认需求、收集信息、评价方案、实施购买和购后行为五个步骤（如图10-1所示）。

消费者购买决策过程

图 10-1　消费者购买决策过程

（一）确认需求

消费者需要是消费者购买决策行为的开始，当需要强化到一定程度，如果不被满足，会使消费者产生一种强烈的不适感，当达到一定阈值时就变成一种驱动力，促使消费者采取行动满足这种需求。确认需求是指消费者自己确认自己的需要是什么，这种需要可能是由内在的生理活动引起的，也可能是受外界的某种刺激引起的。例如，饥饿会驱使人们购买食物，而鲜美的食物也会刺激人们的食欲，从而促使人们发生购买行为。可见，市场营销活动不仅应当进行缜密的市场调查，了解人们的需要并根据人们的需要提供合适的商品，还应通过产品创新来唤起人们的需要。

日本索尼公司的一位高级工程师曾说："我们的产品开发不涉及市场调查，公司开发的产品只迎合设计者自己的要求。"索尼公司的创始人盛田昭夫说："市场调查都装在我的大脑里，你瞧，市场由我们来创造。"其实，他们都没有否定企业的产品必须适应市场需要，只是他们强调了引发人们需要的另一个方面，即外界的刺激引发人们的需要。当一种产品能为人们提供某种新的效用时，就能激发人们新的需要，从而可以创造新的市场。

（二）收集信息

有些需要可以随时随地得到满足，有些需要则属于有限制的或者非常广泛的，不能随时得到满足。这时，消费者一旦确认了自己最先希望得到满足的需要以后，便会促使消费者积极收集有关的信息。信息来源主要有以下 4 个方面：

（1）个人来源——朋友、邻居、同事；

（2）商业来源——广告、推销员、经销商、产品说明书、展销会等；

（3）公共来源——大众传播媒介、消费者组织等；

（4）经验来源——产品的实验、比较和使用等。

从信息收集的内容来看，消费者比较关心三个方面：一是评价标准，即能够满足自己需要的商品或服务应当具有哪些基本特征，这些基本特征便是评价标准。例如，消费者打算购买一台微波炉，那么，一台好的微波炉应该具备哪些基本特征，这些特征便是评价标准。二是已经存在的各种能够满足需要的商品或服务，如目前市场上有哪些型号、功能、款式的微波炉在出售。三是各种商品或服务的特点，如市场上正在出售的各种不同型号的微波炉在功能、款式、价格等方面分别具有哪些特点等。

（三）评价方案

在获得信息和形成可选择的产品群后，消费者拟订出各种购买方案，并对这些方案按照一定的评价标准进行评价，最终做出选择。

消费者在对不同的购买方案进行评价时，对同一种商品往往有不同的评价方法，一般来说有以下几种情况：

（1）单因素评价：消费者根据自己需要的具体情况，只按照自己认为最重要的某一个标准作出评价。通常人们在购买一些廉价易耗品时往往采用这种评价方法。

（2）多因素综合评价：消费者同时根据多个标准而不是某一个标准对购买方案进行评价。通常人们在购买一些高价商品时，总是要采用多个评价标准对购买方案作出评价。

（3）排除式评价：消费者在选择商品时，首先确定一个认为最起码的标准，根据这个标准排除那些不符合要求的商品，缩小评价范围；然后对人选的商品确定一个最低标准，再把那些不符合最低标准的商品排除在外，以此类推，直到满意为止。

（4）互补式评价：消费者不是根据某几个因素决定取舍，也不是按照最低标准决定取舍，而是综合考虑商品的各个特性，取长补短选择一个最满意的商品。比如，在选购彩电时，虽然事先也确定了一些标准，如价格、大小、外观造型等，但在具体评价时，不是固执地坚持这些标准，而是综合各种因素，如价格虽然比原来标准高了一些，但外观造型比原来设想得更加美观，美观的造型弥补了价格上的缺憾，因而也能被消费者接受。

（四）实施购买

经过上述评价、选择过程后，即进入了实施购买阶段。但并非所有的消费者经过了上述各个阶段后都必然会做出购买决策。从购买决定到购买之间，还受到许多其他因素的影响，其中最主要的两个因素是他人的反对态度和意外情况。在这些情况下，有些消费者有可能修改购买方案，推迟购买甚至取消购买。因此，作为市场营销人员，在消费者的购买决策阶段，一方面，要向消费者提供更多有关产品的信息，使消费者对产品有更全面的了解；另一方面，则应通过各种服务，创造便于消费者购买的条件，强化消费者的购买欲望，促使其发生实际购买行为。

（五）购后行为

消费者购买商品后，往往会通过使用、与他人交流等，对自己的购买选择进行检验，评价自己的购买行为。消费者对所购买的商品是否满意以及会采取什么样的反应和行为对企业目前和以后的营销活动都会产生很大的影响。如果消费者对其所购买的商品或消费的服务的感知价值高于消费者的期待，则会感到满意，并会对企业及其产品产生信赖，甚至有可能积极地向他人宣传和推荐该企业的产品，无形中促进了企业的产品营销。

如果购买的商品或消费的服务不能让消费者得到预期的满足，甚至产生失望或在使用过程中遇到困难，消费者就会改变他们对商品或服务的态度，不仅今后自己不会再次购买，而且还会向他人传播所购买商品或服务的消极信息，影响他人购买。如果不满意的程度很高，可能还会要求退换，向有关消费者保护机构或传播媒介投诉，甚至诉诸法律，这些对企业的信誉都会造成很大的不利影响。因此，企业必须重视消费者购买后的感受和行为，注重信誉，注重口碑传播，以诚信的原则和战略的眼光进行营销，善待消费者。

三、影响消费者购买的主要因素

无论是在线上还是在线下消费，消费者由于年龄、性别、教育水平、收入状况、性格、心理特征等方面存在很大的差异，而且所处的外部环境也不尽相同，因此消费者购买行为的因素主要有文化因素、社会因素、个人因素和心理因素，如图 10-2 所示。

消费者购买的影响因素

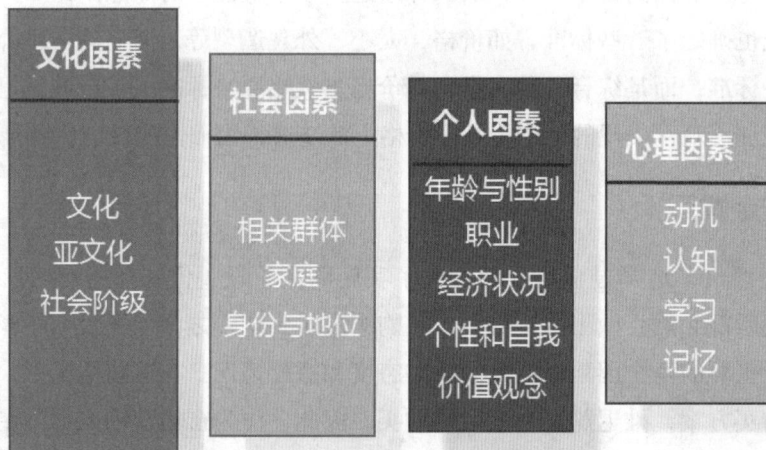

图 10-2　影响消费者购买的主要因素

（一）文化因素

文化、亚文化和社会阶层对购买行为起到了重要作用。

1. 文化

文化，就是特定的生活方式，而消费是生活方式的主要内容，每个人都在一定的社会文化环境中成长，通过家庭和其他主要机构的社会化过程学到和形成基本的文化观念。例如，在美国长大的儿童往往信奉以下价值观念：成就与功名、活跃、效率与实践、上进心、物质享受、个人主义、自由、形式完美、博爱主义和富有朝气。我们还需要注意，尽管中国的传统文化支持将男性作为社会的主导，但当今的中国现实发生了翻天覆地的变化。因此，企业在考虑传统文化背景的同时，也必须考虑到时代的变迁。

2. 亚文化

在主流文化的基础上，依据具体的文化因素又可以细分为若干不同的文化分支，即亚文化。亚文化包括民族、宗教、种族团体和地理区域的文化。具有亚文化特征的人群被称作亚文化群，如民族亚文化群、宗教亚文化群、种族亚文化群、地理亚文化群、特殊亚文化群等。

亚文化群共同遵守较大的文化规范，但也保持着自己独特的信仰、态度和生活方式，由此会表现出消费行为的差异，企业在选择目标市场和制定营销决策时，必须注意亚文化差异以及由此导致的消费者购买行为差异。

3. 社会阶层

任何人类社会都存在社会阶层。社会阶层就是社会学家根据职业、收入来源、教育水平、财产数量和居住区域等因素对人们进行的一种社会分类。社会阶层是按层次排列的、具有同质性和持久性的群体，每一阶层的成员具有类似的价值观、兴趣爱好和行为方式。营销大师菲利普·科特勒认为，社会阶层有以下几个特点：

来自同一社会阶层的消费者的行为要比来自不同阶层的更加相似；

人们往往以自己所处的社会阶层来判断各自在社会中占有的地位的高低；

一个人所处的社会阶层并不仅仅由一个变量决定，会受到职业、收入、教育、价值观念等多种变量的制约；

一个人的社会阶层并不是一成不变的，人在一生中可以改变自己所处的社会阶层，既可以迈向高阶层，也可以跌至低阶层，这种升降变化的程度随着所处社会的阶层森严程度的不同而不同。

（二）社会因素

消费者的购买行为不仅会受到文化因素的影响，还会受到社会因素的影响。

1. 相关群体

相关群体是指那些直接或间接影响消费者的态度、意见和行为的群体。有营销学者认为，相关群体有两种基本类型：成员群体和非成员群体。相关群体为消费者提供了行为标准，主要通过信息性影响、规范性影响和价值表现影响三种方式体现出来。

（1）信息性影响。信息性影响是指相关群体的价值观和行为被消费者作为有用的信息加以参考。比如，消费者想要购买一台笔记本电脑，他们通常会提前做一番调查，观察朋友、同事、同学都在使用什么品牌的电脑，或者直接询问他们，并在做出购买决策时把所获得的信息作为重要的参考资料。

（2）规范性影响。规范性影响是指消费者接受了相关群体的价值观和行为方式后可以获得奖赏或者避免惩罚。比如在日本，高中女生经常为她们在资生堂化妆品上的巨大开支而借债。尽管如此，她们依然乐此不疲，因为她们觉得这样会受到同学圈子的认同。如果消费者觉得他购买某个品牌的产品会受到圈子里的人嘲笑，那么他往往会避免这种购买行为的发生，比如成功人士不会购买低端产品。

（3）价值表现影响。价值表现影响是指相关群体的价值观和行为方式被消费者内化，不需要任何外在的奖惩就会依据群体的价值观或规范行事。这时，群体的价值观和行为规范已经完全被个体接受，成为个体价值观和行为规范。

▶拓展阅读

营销中名人效应的运用

名人一般是指公众人物，他们的形象为社会公众所熟知，普通大众一般对有名望的人十分崇敬。于是在营销活动中，企业经营者会利用消费者对名人的敬慕心理来扩大销售量。美国就有一个非常成功的例子，普通的布娃娃一个卖20美元左右，而椰菜娃娃的设计者在布娃娃上签名后，最高可卖到300美元一个。

从心理学角度来说，名人效应是现代公关心理的表现。在当今社会，名人已经成为一种宝贵的资源，可以通过合适的方式转化成物质财富。名人效应的积极影响有以下几个方面。

第一，提高产品或企业的知名度。最常见的名人效应营销方式就是广告，在网络时代，微博、微信等营销方式中所应用的名人效应能有效提高产品的知名度。在广告中，名人通过自身的知名度引起受众的注意，然后利用受众喜爱名人、崇拜名人、模仿名人的心理吸引广告受众，激发受众的购买欲，从而发挥良好的广告效果。企业可以利用受众对名人的敬慕心理，使受众爱屋及乌，增加产品的美誉度。在现实生活中，许多人都倾向于购买自己喜爱的名人代言的产品，这就是名人广告的另一个重要作用：影响消费者的观念和行为。

第二，通过名人魅力强化品牌形象。名人的特殊地位和富足的生活水平往往使得其代言的日常生活用品被认为是高档消费品，从而使得产品的信誉度和名誉度有所提升。

第三，引领潮流，增加社会正能量。名人作为公众人物，受到广大人民群众的关注，当名人积极从善时，就会给公众产生一种与人为善的心理暗示，从而使得社会上的从善者增加，正能量就会越多。比如，公益广告就是非常普遍地体现出名人从善的一种营销方式，普通公众会在潜意识里按照公益广告中的内容改变自己的一些行为方式和为人处世准则，从而促进文明、和谐社会的发展。

（资料来源：钟涵，郑昱. 微博营销中名人效应的运用形式及案例分析 [J]. 新闻传播，2014(02).）

2. 家庭

根据营销人员对家庭成员在各种商品和服务采购中所起的不同作用和相互之间的影响的研究，在传统的认知中夫妻在产品购买行为和购买决策作用方面分工不同。一般来说，妻子主要购买家庭的生活用品，特别是像食物、日用百货和服装等商品。但需要注意的是，现在传统的消费角色正在发生转变，对聪明的营销人员来说，不管是男性还是女性都可以成为他们的目标顾客。

研究表明，在耐用品的购买决策中，性别也起着决定的作用。一般来说，丈夫主要在汽车、电视等商品的购买决策中更具影响力，而妻子则对洗衣机、厨卫用具及地毯等商品的购买决策更有影响。在住房、家具等商品的购买决策中，双方的影响力相当。丈夫一般在是否购买、购买时间、购买地点等方面影响较大，妻子则一般对所购商品的款式、颜色等方面更有影响。

▶ 行业观察

数据库销售如何拼装家庭消费

良好的数据库销售是节约大量营销成本的一种手段，家庭消费一直是数据库销售的重点，全家消费一种时尚品牌成为一种消费趋向。我们可以看到在日用品、健康品领域，全家同用一种商品是非常普遍的现象。所以企业在销售产品的同时应按照不同年龄、消费方式等确立新的产品设计与组合。有了数据库，如何拼装家庭消费成为关键，如果拼装得不合理就变成了搭配销售。怎样做到被家庭整体消费接受？这就需要在拼装上有一个主题，或者说有一个价值导向。

（1）目标装。通过数据库的运作，基本上可以掌握消费者的信息动态，围绕消费者的家庭数据信息拼装的家庭消费是目标装的最大卖点，家庭信息包括生活需求、家庭伦理、兴趣爱好、特定庆贺等。目标装的价值导向比较高，因此价格也比较理想，销售以批状现象出现，特别是针对家庭的特定需求而设计的套装具有很强的市场适应能力，比如亲子装、老年金婚装、全家旅行装、儿女孝顺装等，根据家庭的不同对象和产品的特性来拼装。

（2）行为装。行为是一种动感的消费，行为装的核心是强力需求的产品、每天必须使用的产品或者使用周期很短的产品，产品以类别相区别，其中需要产品品种多而全，适合家庭整天使用，比如食品类、保健类、工具类等。行为装分为多个品项，运动类与消耗类属于非常适合的对象，家庭行为装的消费目标对象明确。

（3）功效装。家庭功效装的拼装以全家使用与单人使用相区分，把功能型的单人使用归结到全家使用，功效装的拼装比较简单，按照什么样的家庭需要什么样的产品来制定即可。产品的功效的作用能够满足市场与消费者的愿望就可以拼装。

（资料来源：htt://www.boraid.cn/article/html/82/82473.asp#.）

3. 社会角色地位

角色是由一个人应该进行的各项活动组成，每一个角色都伴随着一种地位。人购买商品时往往会结合自己在社会中所处的地位和角色来考虑。例如，公司的总经理会坐高级轿车，穿昂贵的西服，喝价值不菲的葡萄酒。销售人员必须意识到产品和品牌成为地位标志的潜力。

（三）个人因素

个人因素包括年龄和家庭生命周期阶段、个性和自我观念以及生活方式和价值等。

1. 年龄和家庭生命周期

从年龄上看，处在不同年龄阶段的消费者具有不同的消费特征。儿童是玩具的主要消费者，青少年是文体用品的主流市场，成年人是家具和住房的主要购买者，老年人则是保健品的最大市场之一。青少年受广告的影响较大，购买决策的随意性和模仿性强；老年人则较少受广告影响，购买决策比较理性。

消费者所处的家庭生命周期阶段对消费行为也有很大的影响，西方营销学家把家庭生命周期划分为 6 个阶段，处在单身阶段的消费者几乎没有经济负担，是新观念的带头人，追求自我表现，对时装和从事文体、娱乐活动有很大的需求；处在新婚无子女阶段的消费者，经济状况较好、购买力强，是电器、家具、汽车、旅游产品的主力购买者；而满巢阶段Ⅰ的消费者子女不到 6 岁，处在家庭用品采购的高峰期，更注重产品的实用价值，对广告宣传敏感，倾向购买大包装商品，是婴儿用品的主要需求者；处于满巢阶段Ⅱ的消费者，子女在 6 岁以上但尚未独立，经济状况较好，对耐用品及日常用品的购买力强，对生活必需品、教育、医疗保健、旅游和娱乐产品有巨大需求；到了空巢阶段，子女已经独立，经济状况良好且有储蓄，对旅游用品、礼品奢侈品、保健品有一定的需求；处于鳏寡阶段的消费者多数已退休，失去配偶，主要购买特殊食品、保健用品和医疗服务。

2. 个性和自我观念

个性是指一个人所特有的心理特征，会导致一个人对他所处的环境有相对一致和持续不断的反应。保守的人往往不容易接受新产品，自信的人购买决策过程较短，控制欲强的人喜欢在决策中居于支配地位。

此外，消费者在选择品牌时，会尽量使品牌个性与自我概念相一致。人的实际自我概念（即他人如何看待自己）与理想自我概念（即希望他人如何看待自己）和他人自我概念（即他认为别人是如何看待自己）截然不同。一些对他人看法比较敏感的消费者，很可能会选择一些符合消费趋势的品牌。

3. 生活方式和价值

在现实生活中，我们可能会接触到具有不同生活方式的群体，如节俭型、奢华型、守旧型、革新性、高成就型、自我主义型等。具有不同生活方式的群体对产品和品牌会有不同的需求，如节俭型消费者很少有对奢侈品的需求，守旧型消费者不太会对创新产品感兴趣。营销人员需要深入了解产品与不同生活方式群体的关系，从而有针对性地开发和推广产品。

▶ 行业观察

从豆浆到维他奶

豆浆改名维他奶，是我国香港一家有几十年历史的豆品公司为了把街坊饮品变成国际饮品，顺应不断变化的价值观和现代人的生活方式，不断改善其产品形象而采取的策略。维他奶的名称来源于拉丁文 Vita，英文为 Vitamin，意为生命、营养、活力等，而舍浆取奶，则来自 Soybean Milk(豆奶，即豆浆) 的概念。

很多年前，香港人的生活不富裕，营养不良，各种疾病普遍。当时生产维他奶就是要为营养不良的人们提供一种既廉价又有营养价值的牛奶替代品。由于维他奶推出时一直标榜自己的健康形象，因此不少校规比较严的学校也破例容许维他奶在学校小卖部寄卖。在寒冷的冬季，喝小卖部出售的热维他奶，是不少香港人的童年回忆。

到了 20 世纪 70 年代，香港人的生活水平大大提高，对产品的需求也随之改变。豆奶公司观察发现，在汽水摊前喝汽水特别是外国汽水的人"大模大样"，十分潇洒，而喝维他奶的人，就在一旁遮遮掩掩，怕被人看见。于是豆奶公司对维他奶重新定位，相应的广告诉求也与该定位相吻合。例如，当时的一则电视广告，背景为现代化城市，一群年轻人拿着维他奶随着明快的音乐跳舞……

到了 20 世纪 80 年代，香港的年轻人对维他奶的"休闲饮品"定位已经不再满足。于是从 1988 年开始，广告重点突出维他奶亲切、温情的一面。对许多香港人来说，维他奶伴随着个人成长，是香港本土文化的一个组成部分，是香港饮食文化的代表作之一。维他奶对香港人而言就像可口可乐对美国人一样。

针对美国等国际市场上的消费者脂肪过多的问题，维他奶的定位转为高档的"天然饮品"，即没有加入色素和添加剂等人工成分，脂肪含量低，这一定位大受国际市场的欢迎，结果，维他奶演绎了历史性的趣事，从低价格的穷人"牛奶"到高价格的低脂健康"牛奶"。

同一种产品，在不同的时代或者社会中，应该随着人们的价值观和生活方式的变化而不断调整其市场定位，以不同的产品形象和营销沟通来满足消费者的需求，从而长期占领市场。

（资料来源：http://baike.1688.com/market/answer/d148922.html.）

研究表明，一个有趣的现象是，生活方式部分取决于消费者是比较在乎钱还是在乎时间。对于在乎钱的消费者，他们喜欢低成本的产品和服务。而那些缺少时间的消费者更倾向于多任务处理，即在同一时间做两样或更多的事情，比如在开车的时候吃饭，或者骑车上班顺便锻炼身体。他们更愿意付钱让别人替他们做事，因为他们的时间比金钱更宝贵。

（四）心理因素

心理因素是影响消费者行为的重要因素之一，四个关键的心理过程——动机、认知、学习和记忆，从根本上影响着消费者对外界刺激的反应，如图 10-3 所示。

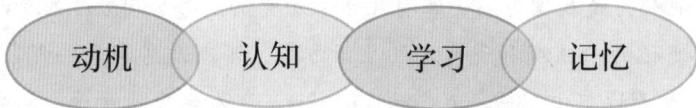

图 10-3　影响消费者行为的心理因素

1. 动机

动机就是人们为了满足某种需要，而采取某种行为的欲望和意念。在任何时期，每个人总有很多需要。有些需要是生理性的，诸如饥饿、口渴、焦虑不安等；有些需要则是心理性的，它是由心理紧张而引起的，例如尊重和归属等。当需要升华到一定的强度水平时，这种需要会变为动机。动机也是一种需要，它能够产生足够的压力去驱使人行动，如图 10-4 所示。

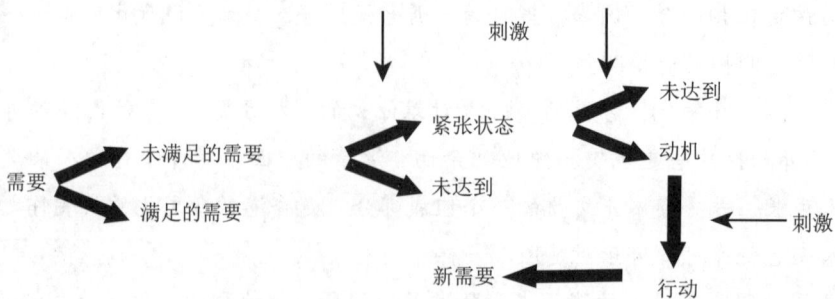

图 10-4　动机与行为

简·卡列波特确定了产品能满足人的各种动机。例如，不同的威士忌品牌能够使人获得放松感、地位或者快乐。另一位动机调查者克洛拉·拉贝利致力于破译隐藏在很多产品行为背后的密码，深层次的原因则是保护家人健康的本能欲望。

▶ 行业观察

速溶咖啡畅销的奥秘

20世纪40年代初，速溶咖啡首先在美国市场问世。它方便、省时，不会发生配料错误，而且价格低于新鲜咖啡。于是，厂家踌躇满志，以为该产品一定会大受欢迎，广告制作者也觉得只要刻意宣传其价廉与方便，一定能拨动消费者的心弦而大获成功。结果销售状况大大出乎他们的意料，速溶咖啡不受欢迎！公司请来消费心理学家调查其中的奥秘。初期的调查结果是，速溶咖啡的味道比新鲜咖啡要差，但消费者又说不出速溶咖啡和新鲜咖啡在味道上到底有何区别。在进行了进一步的调查研究之后，消费者拒绝购买速溶咖啡的深层原因被揭示出来。原来，当时美国消费者的社会心态是，购买速溶咖啡的人被看作懒汉，是一个生活无计划的、邋遢的，可能没有贤妻照顾的人，而购买新鲜咖啡的顾客，则是有经验的、勤俭的、讲究生活质量的、有家庭观念和喜欢烹调的人。有谁愿意被冠以懒汉的称号呢？有哪个家庭主妇愿意被他人看成是不能很好地照顾丈夫和家庭的妻子呢？广告制作者刻意宣扬的"方便"特征并没有与消费者的需求相契合，反而与消费者的精神需求相抵触。不难想象，这样的宣传越卖力，则越能引起消费者的反感与厌恶，正可谓事与愿违。在痛切地认识到这一点后，广告制作者便改变了策略，不再强调速溶咖啡方便的特点，而是着力宣传新鲜咖啡所具有的美味、芳香和质地醇厚等特点，速溶咖啡也同样具备。他们在杂志的整版广告上画了这样一幅图画：一杯美味的咖啡，在它后面很大的褐色咖啡豆堆得高高的，并在速溶咖啡罐头上写上"100% 真正咖啡"的标签，很快消极印象被消除了，速溶咖啡成为西方咖啡中最受欢迎的产品。

上述实例表明，当未能了解消费者的需求倾向，仅凭主观想象盲目行事之时，公关宣传就是失败的。一旦掌握了消费者的需求倾向，并采取了相应的、有效的策略予以满足时，同样的商品便能大受欢迎。

（资料来源：http://www.wenkuxiazai.com/doc/0af1790009bed5b9f3f90f1cee.html）

2. 认知

当消费者产生购买动机之后，就会采取行动，他们的行动取决于其认知过程。营销大师菲利普·科特勒认为，在产品营销中消费者的认知比真实更重要。人们会对同一刺激物产生三种认知过程。

（1）选择性注意

在日常生活中，人们每天都要面对众多的刺激物，但一个人不可能对所有刺激物都加以注意，其中多数被过滤掉，这个过程被称为选择性注意。研究表明：

①消费者会更多地注意那些与当前需要有关的刺激物；

②消费者会更多地注意他们期待的刺激物；

③消费者会更多地注意与一般刺激物相比有较大差异的刺激物。

（2）选择性扭曲

即使是消费者注意到的刺激物，也并不一定能与营销人员的预期相一致。选择性扭曲就是人们将信息加以扭曲，使之合乎自己意思的倾向。消费者对自己喜爱的品牌产品的忠诚，无形中往往改变了他们对于产品的认知。一项研究表明，当消费者被蒙住眼睛的时候，他们根本分不出自己喝的是可口可乐还是百事可乐。然而，在被指示品牌以后，他们就会觉得自己喜欢的品牌的可乐更好喝，尽管两种可乐基本上没什么区别。更有趣的是，人们往往感到，有品牌的啤酒似乎味道更好，有品牌的汽车开起来似乎更平稳，有品牌的化妆品似乎效果更好，甚至有品牌的银行连排队也会短一些等，尽管事实并非如此，但这些认知都是由选择性扭曲导致的。很多假冒伪劣产品就是利用选择性扭曲来误导消费者的。

（3）选择性保留

选择性保留是指人们会忘记他们知道的许多信息，但会倾向于保留那些能够支持其观念和态度的信息。由于选择性保留，因此我们很可能因为记住一个产品的优点，而忘记了其竞争对手同类产品的优点。选择性保留对强势品牌很有用，这也解释了为什么很多营销人员都在不断地向目标市场传递消息——这是为了确保自己的品牌被消费者关注。

3. 学习

学习是指由于经验而引起的个人行为的改变。学习过程是驱动力、刺激物、诱因反应和强化等因素相互影响和相互作用的结果，如图 10-5 所示。比如，我们购买某品牌的卧室家具，对其设计、质量以及售后服务都很满意，那么这种经验经过学习后就会被强化，以至于我们以后再有购买其他家具的需要时，就会联想到该品牌。

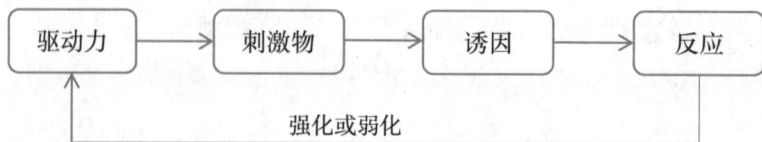

```
驱动力 ──→ 刺激物 ──→ 诱因 ──→ 反应
   ↑                              │
   └──────── 强化或弱化 ──────────┘
```

图 10-5　学习的模式

4. 记忆

在日常生活中，人们累积的信息和经验都可以发展成为他们长期的记忆。营销人员必须确保消费者对于产品和服务有正确的认识和评价，这样正确的品牌知识结构才能在他们的记忆中形成与维持。西方营销学家把记忆处理过程分为记忆编码与记忆恢复两个部分。

（1）记忆编码

记忆编码解释了知识是怎样和在哪里进入记忆中的。一般来说，在编码的过程中对于信息内容的关注程度越大，最终的记忆就会越强烈。当一个消费者主动去了解产品和服务的详细信息时，较强的关联性就会在记忆中产生。另一个对关联性起重要作用的因素是已经存在于记忆中的关于该信息的内容、结构和强度。如果消费者的记忆中已经对该信息有了一定的认识并组成了框架，那么再建立新信息的联系就很容易了。

（2）记忆恢复

记忆恢复是指信息是怎样从记忆中回想起来的。但消费者成功回忆起来信息不仅仅取决于存在记忆中的信息的强度，还取决于三个重要因素。

①记忆中其他产品的信息，特别是竞争对手产品的信息，会对记忆中的信息产生干扰，这会使得记忆中的信息变得混乱和模糊。

②所编码信息在头脑中的时间会对这种关联性的强度产生影响时间越长，关联性越弱。在一般情况下，记忆强度从最后一次接受该信息开始就慢慢地在衰退。

③信息可能存在于记忆中，但没有适当的暗示或提示未必能够被回想起来。提示越多，就越有可能回忆起这些信息。

这些因素都从一定程度上说明了为什么各种广告铺天盖地地冲击我们的视听感官，为什么超市里有那么多的信息出现在产品包装上或是醒目的标牌上，从而提示我们各种产品的特色以及特价信息。

项目十一　市场调研与分析

市场营销调研就是企业为了达到特定的经营目标，运用科学的方法，通过各种途径、手段收集、整理、分析有关市场营销方面的情报资料，从而掌握市场的现状及发展趋势，以便对企业经营方面的问题提出解决方案或建议，供企业决策人员进行科学的决策时作为参考的一种活动。市场营销调研是从市场环

市场调研

境、市场参与、市场运营、市场行为、市场消费几个方面来层层逼近、刻画市场真实状况的活动，所以说无论是宏观市场环境还是微观市场环境，都是市场调研的研究对象和内容。

一、市场营销调研的基本步骤

市场营销调研的任务就是为管理和决策部门提供相关的、准确的、可靠的、有效的信息。正确的决策不是通过直觉和猜测得到的，缺乏充分依据的信息很可能导致错误的决策。那么，该如何开展市场营销调研呢？营销人员可以按照以下五个步骤展开市场营销调研（如图 11-1 所示）。

確定问题和调研目标 → 制订调研计划 → 收集信息 → 分析信息 → 提出调查结论

图 11-1　市场营销的调研程序

（一）确定问题和调研目标

市场营销调研的第一个步骤是确定所要调研的问题及调研工作所要达到的目标。在任何一个问题上都存在许多可以进行调研的内容。例如，当某企业需要了解某种新型化妆品有多大市场时，可以提出如下问题："消费者喜欢什么样的化妆品""消费者使用化妆品的目的是什么""消费者愿意花多少钱购买化妆品"等，市场营销调研的侧重点可以有很多。这就要求企业营销管理者必须善于把握问题，对问题的规定要适当。

在组织每次营销活动时，营销人员应当首先提出需要解决的最着急、最迫切的问题，选定调研的专题，明确调研活动要完成的任务、实现的目标。调研专题的界定不能太宽、太空泛，避免调研专题不明确、不具体的现象。例如，"研究怎样才能使我们的顾客感到满意"就是一个过于空泛模糊的调研专题。因为对于任何一家企业来说，影响顾客满意程度的因素太多了，绝不是借助一两次市场营销调研就能真正弄清楚的。调研专题如果界定得太宽将会使调研人员无所适从，在大量的不必要信息面前迷失方向，反而不能让调研人员发现真正重要的信息。反之，如果调研专题界定得过窄，也不能充分反映市场营销的情况，使调研不能起到应有的作用。

（二）制订调研计划

市场营销调研的第二个阶段是制订一个最有效的调研计划，营销调研计划应由专业人员设计。营销管理人员必须具有充分的营销调研知识，以便能够审批该计划和分析调研结果。营销调研计划的内容应包括组织本次市场营销调研的目的、总体范围、搜集资料和信息的方法，确定调研人员，明确调研步骤的进度与工作内容，拟定调研提纲，审核本次调研的必要性，提出调研过程中可能遇到的问题及解决办法，同时还要确定调研资料的处理与分析方法，制定调研预算并报批等。

（三）收集信息

根据企业需要调查的问题和要求，调研人员必须寻找到科学、准确的调研资料。这是一个花费最高也最容易出错的阶段。调研人员在进行调研时应注意以下主要问题：如果未能拜访到被调查者，那么调研人员必须再度访问；如果被调查者拒绝合作，那么调研人员应重新设计问卷或对拒绝理由做深入追踪；如果被调查者的回答带有偏见或不够真实，调研人员应尽量使被调查者正确理解问题的原意，并对被调查者回答的准确性和可靠性做出判断。在现代通信和电子技术的影响下，数据收集的方法正在迅速改变。计算机辅助电话调查在发达国家的应用日益广泛，企业可以使用中心网络终端，在一个集中的地点进行它们的访问工作。

（四）分析信息

对于所收集到的各种信息，调研人员还需要进行整理分析，包括将资料分类编号并进行统计分析和整理，对实地调查得来的资料要检查误差，发现记录不完整和数据前后矛盾的地方，应审核情报资料的根据是否充分、推理是否严谨、阐述是否全面、结论是否正确。

调研人员可以把数据列成表格，还可以对主要变量计算其平均数和衡量数据分布特征，以期最大限度地利用收集到的信息，得出更多的调查结果，为营销决策提供更为有效的依据。一般来讲，按信息分析的性质不同，可以分为定性分析与定量分析；按信息分析方式的不同，可以分为经验分析与数学分析。当前的趋势是，越来越多的企业借助数学分析方法对调研资料进行定量分析。人们通常认为，利用先进的统计学方法和决策数学模型，辅之以经验分析与判断，可以较好地保证调查分析的科学性与正确性。

（五）提出调查结论

在对调查资料分析处理的基础上，调研人员必须得出调研结论，通常以调研报告的形式总结汇报调研结果。调研报告要简明扼要，避免占用营销决策人员太多的时间，并能使其抓住要点。调研报告一般包括以下几个部分。

1. 引言。引言包括标题和前言。在前言中应阐述调研的目的、时间、地点、对象、范围、采用的调研方法、样本的分配及调研的局限性（如问卷的回收率、有效率）等。

2. 正文。这是调研报告的主体。正文包括调研结果的描述和分析、提出的结论和建议等。

3. 结尾。这是调研报告的结束部分。结尾包括样本误差的说明，要和调研报告前言相照应，还可重申有关论点以加强认识。

4. 附件。附件包括所有与研究结果有关但不宜放在正文中的资料，如图表、附录、问卷、抽样设计的详细说明、决定样本大小的统计方法等。

▶ 行业观察

吉利公司市场调查的成功案例

男人长胡子，因而要刮胡子；女人不长胡子，自然也就不必刮胡子。然而，美国的吉利公司却把"刮胡刀"推销给女人，居然大获成功。

吉利公司创建于 1901 年，其产品因使男人刮胡子变得方便、舒适、安全而大受欢迎。进入 20 世纪 70 年代，吉利公司的销售额已达 20 亿美元，成为世界著名的跨国公司。然而吉利公司的领导者并不以此满足，而是想方设法继续拓展市场，争取更多用户。就在 1974 年，公司提出了面向妇女的专用"刮毛刀"。

这一决策看似荒谬，却是建立在坚实可靠的基础之上的。

吉利公司先用一年的时间进行了周密的市场调查，发现在美国 30 岁以上的妇女中，有 65% 的人为保持美好形象，要定期刮除腿毛和腋毛。这些妇女之中，除使用电动刮胡刀和脱毛剂之外，主要靠购买各种男用刮胡刀来满足此项需要，一年在这方面的花费高达 7500 万美元。相比之下，美国妇女一年花在眉笔和眼影上的钱仅有 6300 万美元，染发剂 5500 万美元。毫无疑问，这是一个极有潜力的市场。

根据结果，吉利公司精心设计了新产品，它的刀头部分和男用刮胡刀并无两样，采用一次性使用的双层刀片，但是刀架则选用了色彩鲜艳的塑料，并将握柄改为弧形以利于妇女使用，握柄上还印压了一朵雏菊图案。这样一来，新产品立即显示了女性的特点。

为了使雏菊刮毛刀迅速占领市场，吉利公司还拟定几种不同的"定位观念"到消费者之中征求意见。这些定位观念包括：突出刮毛刀的"双刀刮毛"；突出其创造性的"完全适合女性需求"；强调价格的"不到 50 美分"；以及表明产品使用安全的"不伤玉腿"等等。

最后，公司根据多数妇女的意见，选择了"不伤玉腿"作为推销时突出的重点，刊登广告进行刻意宣传。结果，雏菊刮毛刀一炮打响，迅速畅销全球。

这个案例说明，市场调查研究是经营决策的前提，只有充分认识市场，了解市场需求，对市场做出科学的分析判断，决策才具有针对性，从而拓展市场，使企业兴旺发达。

（资料来源：https://www.docin.com/p-366264907.html.）

二、市场营销调研的常用方法

市场调研的方法有很多，选用的方法是否得当，对调研结果的功效影响极大。一般有以下几种方法。

（一）询问法

询问法是以询问的方式了解情况、搜集资料，并将所要调查的问题，以面谈、电话、会议、书面等形式向被调查者提出询问，从而获得所需的各种情况和资料。这是一种最常用的市场营销调研方法，也可以说是一种特殊的人际关系或现代公共关系。正因如此，调研人员应清楚地认识到，通过调查不仅要收集到调查所期望的资料，而且还应在调查过程中给调查对象留下良好的印象，树立公司的形象，可能时应将被调查者作为潜在的用户，以进一步说服成为自己的用户。按调查者与被调查者的接触方式和问题传递方式的不同，询问法可分为访问调查、电话调查和邮寄调查三种，企业可以根据自身的财力、物力、人力以及调查的时间限制情况加以综合选择。

调查问卷设计

（二）观察法

观察法是在不向当事人提问的条件下，通过各种方式对调查对象进行直接观察，在不知不觉中，观察和记录被调查者的行为、反应或感受。常用的方法有以下几种。

1.直接观察法。直接观察法即在现场由调查人员直接对调查对象进行观察。例如，调查消费者对品牌、商标的爱好与反应，可派人到零售商店的柜台前观察购买者的选购行为。若要调查销售人员的工作表现，可派人员对调查对象的服务态度、方法、效率进行直接观察。

2.间接观察法。间接观察法也称痕迹观察法，就是通过对现场遗留下来的实物或痕迹进行观察以了解或推断过去市场的行为。例如，美国汽车经销商都同时经营汽车修理业务。它们为了了解在哪一个广播电台做广告的效果最好，对开过来修理的汽车，要做的第一件事情，就是派人看一看汽车里的收音机的指针对准哪一个电台，从这里他们就可以了解到哪一个电台的听众最多，下一次就可以选择在这个电台做广告。

3.亲身经历法。亲身经历即调查人员亲自参与某种活动从而收集有关的资料信息。

4.行为记录法。行为记录法就是通过使用仪器设备来搜集有关信息。这方面最典型的案例是美国钢柜公司利用调查信息设计出别具一格的新办公家具。为了掌握办公室人员实际如何工作的第一手资料，该公司在不同的企业设置了录像机，并通过研究录像带，寻找顾客自身可能也未注意到的动作与行为方式。该公司发现办公室工作的最佳方法就是大家既能一起做某项工作，又具有独立性，所以钢柜公司成功地设计出了组合办公家具"个人港湾"。

▶ 行业观察

Netflix 成功的秘密

Netflix 是现今最知名的会员订阅制的流媒体播放平台。用户在这个网站上每天会产生成千上万条的行为数据，例如收藏、回放、暂停等。通过长期的积累，该网站已积累了海量的用户行为数据。这家公司利用大数据分析了用户最喜欢的情节、最喜欢的演员组合、最喜欢的编剧等因素，将收视率最高的题材搭配上最受欢迎的演员，这些因素组合起来之后就生产出了一部非常热播的电视剧。

观察法的优点是可以比较客观地搜集资料，直接记录调查事实和被调查者在现场的行为，调查结果更接近实际；缺点是不易观察到内在因素，只能报告事实的发生，不能说明其原因，调查的花费较大，时间较长，所以观察法常与其他方法结合起来使用。

（三）实验法

实验法是指从影响调查问题的许多可变因素中选出一个或两个因素，将它们置于同条件下进行小规模的实验，然后对实验结果进行分析，确定研究结果是否值得大规模推广，它是研究产生问题的各因素之间的因果关系的一种有效手段。实验法应用范围十分广泛，例如，改变某种产品的设计、质量、包装、价格、广告、陈设或改变该产品的销售渠道后，销售量会发生哪些变化，都可以先在一个小规模的市场范围内进行实验。通过观察顾客的反应和市场变化的结果，企业再决定是否推广该产品。常用的实验法有以下几种。

1. 实验室实验法，指在因素可以控制或消除的环境下进行实验而获得调研资料的方法。这种方法在研究广告效果和选择广告媒体时常常被使用。例如，某工厂为了了解什么样的广告信息最吸引人，就可以找一些人到一个地方，给每人发一本杂志，让他们从头到尾翻一翻，问他们在每本杂志里哪几个广告对他们最具吸引力，以便为本厂在设计产品广告时提供一些有用的参考。

实验室实验法可以在较短的时间内完成，能有效地控制外来因素，还能持续地进行观察，并多次进行同种实验。正因为它对外来因素的高度控制，因而具有较高的内部有效性，即实验结果与刺激措施有关而与外来因素基本无关，但它的外部有效性，即实验结果应用于现实市场中的有效性相对较低。

2.现场实验法,指在选定的有代表性的市场环境中进行实验的方法。如将产品在选定的具有可比性的几个市场上以不同的价格进行试销,从而测量价格对产品销量的影响,以确定产品的最终价格。这种方法是在正常情况下进行的,因而具有较高的外部有效性,但由于在现场实验法中实验人员对外来因素不能实现高度控制,因而它的内部有效性较低,即不能认为实验结果完全是由刺激措施所引起的。

实验法的优点是:实验结果具有较大的客观性和实用性,可以按照调查需要,进行实验过程设计,有效地控制实验环境和调研过程,提高调查的精确性。另外,实验法具有主动性和可控性,这是其他几种调查方法无法做到的。

实验法的缺点是:实验时间长、费用大,只能掌握因果变量之间的关系,容易暴露企业的营销计划。此外,由于市场现象与自然现象相比,随机因素、不可控因素更多,政治、经济、社会、自然等各种因素都会对市场产生作用,因此这些因素必然会对实验结果产生影响,完全相同的条件是不存在的。

除询问法、观察法和实验法外,新兴的网络技术也为市场营销调研提供了现代化的技术工具,为企业快速充分地获得市场信息提供了巨大帮助。网络调研是一种通过网络来进行问卷设计和填写从而获得所需市场信息的方法。互联网给市场调查人员提供了个全新的,具有很多先天优势的问卷调查工具。我们每天打开网页,几乎都能看到一些网络问卷。网络调研具有费用低廉,简单高效,不受时空、地域限制等优点,一般可以通过网站调研、电子邮件调研以及软件下载调研等方式进行。随着互联网的发展,网络调研会越来越被市场调研人员重视,它将在市场调研中发挥更加重要的作用。

▶行业观察

吉利公司市场调查的成功案例

在线问卷调查系统:问卷星

问卷星是一个专业的在线问卷调查、测评、投票平台,专注于为用户提供功能强大,人性化的在线设计问卷、采集数据、自定义报表、调查结果分析系列服务。与传统调查方式和其他调查网站或调查系统相比,问卷星具有快捷、易用、低成本的明显优势,已经被大量企业和个人广泛使用,可实现如下功能。

(1)在线设计问卷。问卷星提供了所见即所得的设计问卷界面,支持多种题型以及信息栏和分页栏,并可以给选项设置分数(可用于量表题或者测试问卷),可以设置跳转逻辑,同时还提供了数十种专业问卷模板。

（2）发布问卷并设置属性。问卷设计好以后可以直接发布并设置相关属性，例如问卷分类、说明、公开级别、访问密码等。

（3）发送问卷。通过发送邀请邮件，或者用 Flash 等方式嵌入需调研公司的网站或者通过 QQ、微博、邮件等方式将问卷链接发给好友填写。

（4）查看调查结果。可以通过网站自动生成的柱状图和饼状图查看统计图表，卡片式查看答卷详情，分析答卷来源的时间段、地区和网站。

（5）创建自定义报表。在自定义报表中可以设置一系列筛选条件，不仅可以根据答案来做交叉分析和分类统计，还可以根据填写问卷所用时间、来源地区和网站等筛选出符合条件的答卷集合。

（6）下载调查数据。调查完成后，调研人员可以下载统计图表到 Word 文件中保存打印，或者下载原始数据到 Excel，导入 SPSS 等调查分析软件做进一步的分析。

三、通过调研进行需求预测

市场需求预测就是运用科学的预测理论与方法，对影响市场需求变化因素进行调查研究，分析和预见其发展趋势，掌握市场需求变化的规律，为市场营销决策提供可靠的依据。企业为了使自己的产品最大限度地适应市场需要，不仅要运用市场营销原理对市场需求进行各种定性分析，而且必须运用科学方法，从量的角度分析研究市场，估计目前和未来市场需求规模的大小。

企业要想在激烈的竞争环境下凸显其竞争力，捕捉客户需求要精确到个体，依据个体需求提供定制化服务。而企业想要知道客户需要什么，就要像医生给病人看病一样，学会望、闻、问、切。

（一）望：用数据察言观色

用数据察言观色就是用数据对客户进行全方位的分析和大致的定位，通过观察客户的所处环境和行为特点来对客户进行判断。

（1）环境信息包含客户的爱好、品位以及周围的环境，例如，某一商场的会员信息显示的是该会员住在高档小区，那么该会员的消费水平应该是很高的。

（2）行为特点是指客户的一举一动都是有特殊意义的，例如，某一客户经常在互联网上搜索某种化妆品，那么互联网的另一端就能对这位客户进行简单的刻画：她应该是一名女性，需要的是某种化妆品。

（二）闻：听数据告诉你的信息

数据带来的信息量的多少在于企业对用户进行了多少分析、倾听，目的是开始深入了解用户。例如，一家超市的会员购买记录显示在 5 月 14 日、5 月 28 日、6 月 10 日和 6 月 22 日，该会员除了购买日常生活用品，还购买了纸尿裤和奶粉。由此可以很容易得出结论，该会员的家里有婴儿。但是如果仔细分析，她下次购买用品的时间大概为 7 月 5 日，那么商场就可以在 7 月 5 日之前向这位会员发送促销短信，这就是深度分析数据带来的重要信息。

（三）问：挖掘数据的核心价值

数据最核心的价值不会主动浮出水面，可能需要更多的数据来佐证其是否为核心价值，而"问"的方法是挖掘数据核心价值的重要途径。还是以上述超市的会员购物为例，通过对该会员半年的消费记录进行分析，商场发现她前两次购买了 A 品牌纸尿裤，而之后每次都用 B 品牌纸尿裤，这就说明该会员逐渐偏向使用 B 品牌纸尿裤，那么商场在推荐时就尽量避免对 A 品牌的推荐。

（四）切：为客户"私人定制"

当分析并掌握了这些数据之后，企业就可以将客户精准定位到某一坐标点上，接下来要做的就是围绕这一坐标点对客户进行"私人定制"。例如，上面说到该会员放弃使用 A 品牌纸尿裤，那么 A 品牌纸尿裤肯定是有什么原因导致该会员放弃购买，因此就要找到 A 品牌纸尿裤的缺点，通过比较两种品牌，找到该会员想要的那种类型的纸尿裤，再通过类比的方式找到该会员对于其他商品的选择态度，帮助商家和企业推出更贴合客户实际需要的产品。

▶▶▶ **知识与技能训练**

一、单选题

1. 在复杂的购买行为中，消费者购买决策过程的第一阶段是（　　）。

A. 信息收集　　　B. 评估选择　　　C. 确认需要　　　D. 购买行为

2. 影响消费者购买行为的因素包括（　　）。

A. 心理因素　　　B. 盈利因素　　　C. 低成本因素　　　D. 法律因素

3. 影响消费者行为的外在因素之一是（　　）。

A. 需要　　　B. 学习　　　C. 相关群体　　　D. 态度

4.市场调研信息的使用者主要是（　　）。

A.政府　　　　　　 B.媒体或大众　　　 C.企业　　　　　　 D.调研公司或机构

5.对于一些复杂产品的使用效果进行评价，较为适合的调查方式是（　　）。

A.观察与实验　　　 B.座谈会　　　　　 C.深入访谈　　　　 D.问卷调查

二、判断题

1.消费者的态度影响消费者的购买行为，但消费者态度和购买行为也会存在不一致。

（　　）

2.搜集信息主要就是为了规避知识的不确定性，消费者试图搜寻足够而且准确有效的信息为自己的决策提供依据。（　　）

3.提交调查成果以后，调查就宣告结束。（　　）

4.观察法的调查结果往往与观察人员的素质无关。（　　）

5.实验方法的缺点在于实验结果不易比较，限制性比较大（　　）

三、简答题

1.简述消费者行为的影响因素。

2.简述消费者在购买产品或服务的过程中经历的几个阶段。

3.简述市场调研的基本步骤。

4.简述如何通过调研进行市场需求预测。

四、案例分析

消费心理是消费者在满足消费需要活动中的思想意识，它支配着消费者的购买行为。进入老年后，生理器官发生变化，必然地引起心理上的变化。研究老年人的心理特征，有助于了解老年消费者的消费心理，有助于了解和掌握老年人消费心理，为企业的营销决策提供依据。

某服装企业在为老年人提供服装时采用了以下一些营销措施：

1.在广告宣传策略上，着重宣传产品的大方实用，易洗易脱，轻便、宽松；

2.在媒体的选择上，主要是电视和报纸杂志；

3.在信息沟通的方式方法上，主要是介绍、提示、理性说服，而力求避免炫耀性、夸张性广告，不邀请名人明星；

4.在促销手段上，他们主要是价格折扣，展销会；

5.在销售现场，生产厂商派出中年促销人员，为老年消费者提供热情周到的服务，为他们详细介绍商品的特点和用途，若有需要，就送货上门；

6. 在销售渠道的选择上，他们主要选择大商场，靠近居民区，并设立了老年专柜或老年店中店；

7. 在产品的款式、价格、面料的选择上，分别采用了以庄重、淡雅、民族性为主，以中低档价格为主，以轻薄、柔软为主，适当地配以福、寿等喜庆寓意的图案；

8. 在老年顾客的接待上，厂家再三要求销售人员在接待过程中要不徐不疾，以介绍质量可靠、方便健康、经济实用为主，在介绍品牌、包装时注意顾客的神色、身体语言，适可而止，不硬性推销。

某一天，在该厂设立的老年服装店里来了四五位消费者，从他们亲密无间的关系上可以推测出这是一家子，并可能是专为老爷子来买衣服的。老爷子手拉一位十来岁的孩子，面色红润、气定神闲、怡然自得，走在前面，后面是一对中年夫妇。中年妇女转了一圈，很快就选中了一件较高档的上装，要老爷子试穿，可老爷子不愿意，理由是价格太高、款式太新，中年男子说反正是我们出钱，你管价钱高不高呢。可老爷子并不领情，脸色也有点难看。营业员见状，连忙说，老爷子你可真是好福气，儿孙如此孝顺，你就别难为他们了。小男孩也摇着老人的手说好的好的，就买这件好了。老爷子说小孩子懂什么好坏。但脸上已露出了笑容。营业员见此情景，很快把衣服包扎好，交给了中年妇女，一家人高高兴兴地走出了店门。

经过这八个方面的努力，该厂家生产的老年服装很快被老年消费者所接受，销售量急剧上升，企业得到了很好的经济效益。

分析讨论：

1. 这八个方面体现了老年消费者怎样的消费心理和购买行为，企业这样做的营销依据是什么，他们和青年人、妇女等在消费心理、购买行为上有什么区别，这样的心理和行为是怎样形成的？

2. 请用刺激一反应模式和需求层次理论分析老年人的购买行为。

3. 请分析这户人家不同的购买角色和营业员的销售技巧。

模块四 ●●●

知己知彼　产品创新

▶ **学习目标**

◆ **知识目标**

1. 熟悉产品整体的概念，了解产品的分类

2. 掌握基本的产品组合策略

3. 了解新产品概念和分类以及开发风险和流程

4. 掌握产品生命周期以及相应营销策略

5. 掌握判断中小企业应该如何选择营销组合策略

◆ **技能目标**

1. 能够结合实例分析企业的产品组合策略的运用

2. 能够根据产品生命周期判断的基本方法分析企业产品的生命周期所处的阶段并提出相应的营销策略

3. 能够阐述企业开发新产品的完整程序

4. 能够科学实施市场调研并对调研数据进行分析和利用

◆ **思政目标**

1. 培育民族自豪感，增强民族自信心

2. 培养绿色经济发展理念，打造绿色产品生命周期

3. 与时俱进打造新时期企业思政水平新高度

▶ 思维导图

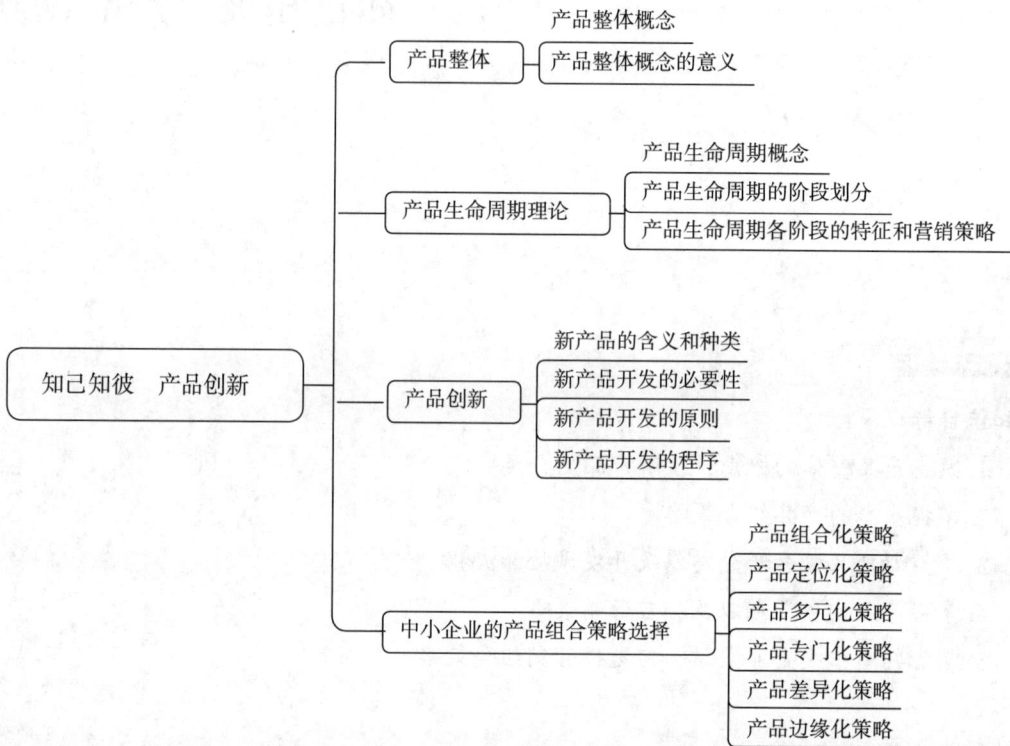

知己知彼　产品创新

- 产品整体
  - 产品整体概念
  - 产品整体概念的意义

- 产品生命周期理论
  - 产品生命周期概念
  - 产品生命周期的阶段划分
  - 产品生命周期各阶段的特征和营销策略

- 产品创新
  - 新产品的含义和种类
  - 新产品开发的必要性
  - 新产品开发的原则
  - 新产品开发的程序

- 中小企业的产品组合策略选择
  - 产品组合化策略
  - 产品定位化策略
  - 产品多元化策略
  - 产品专门化策略
  - 产品差异化策略
  - 产品边缘化策略

▶案例导入

农夫山泉如何营销创造 140 亿元年销售额？

农夫山泉的营销方式，一直以来为人称道。无论农夫山泉是与网易云音乐联手推出限量款"乐瓶"，与故宫文化服务中心推出"故宫瓶"；还是独家冠名现象级综艺节目《中国有嘻哈》《偶像练习生》，与现象级手游"阴阳师"合作，又或者是强势跨界推出桦树汁面膜、大米，借助产品核心创意包装的瓶身设计和因时制宜的广告投放，农夫山泉的营销无疑是成功的。据浙江省百强企业排行榜显示，农夫山泉以 141.39 亿元的年销售额榜上有名。

农夫山泉将传统和新兴的两种品牌营销方式做到了极致。

在传统营销方式上：打造耳熟能详传统基调广告。很少有真正击中消费者情怀诉求，让用户念念不忘的广告语；但是农夫山泉真正做到将"农夫山泉有点甜""我们不生产水，我们只是大自然的搬运工""什么样的水源，孕育什么样的生命""好水，才能煮好饭"的广告语深入人心。

农夫山泉打造自然、质朴的广告宣传片，大打情怀牌，有很大的情感张力，在这物欲横流、商品拜物教的消费时代中，显得尤为可贵。

在新的营销方式上：强势跨界。农夫山泉不仅仅满足于饮用水行业，而跨界橙子、苹果、大米的农产品行业，甚至推出了面膜。品牌跨界已经不是新鲜事，借助品牌本身的影响力和体系化营销方式，限量出售跨界产品，往往能够提升品牌调性和品牌吸引力。

思考题：农夫山泉的品牌策略有什么特点？

项目十二　产品整体

一、产品整体概念

现代市场营销学认为，产品是指提供给市场，用于满足人们某种欲望和需要的任何事物，包括实物、服务、场所、组织、人员、观念等。产品既包括实体商品，如服装、汽车、电器等，也包括无形产品，如服务、经验、信息、创意等。

产品整体概念包含核心产品、形式产品、期望产品、延伸产品和潜在产品五个层次，如图 12-1 所示。

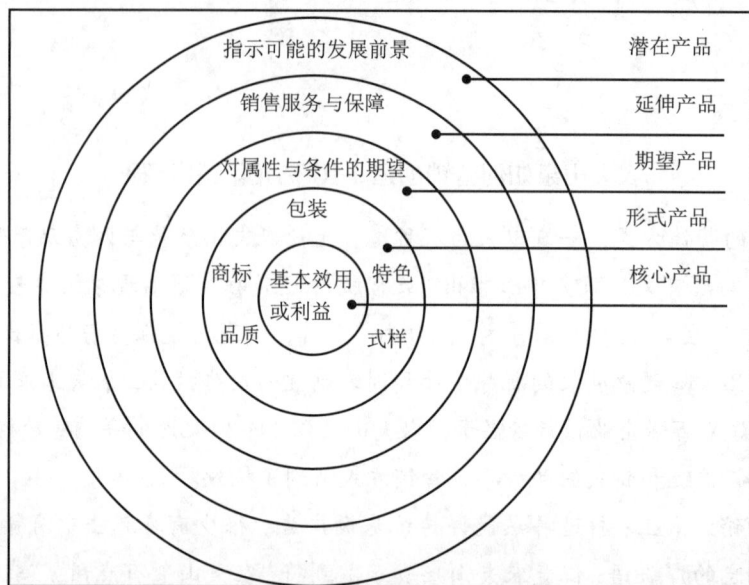

图 12-1　产品整体五层次

（一）核心产品（Core Benefit）

核心产品是最基本的层次，也称实质产品，是指产品的实用价值（基本效用或利益），也就是顾客真正要购买的服务或利益。它能为消费者提供直接的利益，以某种使用价值满足消费者的需要。消费者购买某种产品，并不是为了获得产品本身，占有该种产品，而是通过对产品的消费来满足某种需要。例如，买汽车是为了代步；买面包是为了充饥；女士买化妆品并不是为了获得化妆品本身，而是要满足爱美的需求。合格的营销人员应当具有善于发现购买者购买产品时所追求的真正的实际利益的本领，这方面做得好将会由此产生出无数的对企业新产品的"创意"，发掘有利的市场机会。

（二）形式产品（Basic Product）

形式产品是指实质产品借以实现的形状、方式。实质产品所描述的仅仅是一种概念，效用或利益要通过一定的形体才能得以体现。形式产品主要表现在五个方面：品质、特色、式样、品牌及包装，如电视机的画面、音质的好坏、款式的新颖、品牌的知名度等。

（三）期望产品（Expected Product）

期望产品是指顾客购买产品时通常希望和默认的一组属性和条件，如旅客期望入住的旅馆有干净的床、新的毛巾、安静的环境等。

（四）延伸产品（Augmented Product）

延伸产品指顾客购买产品时所得到的附带服务或利益，如提供信贷，免费送货，安装、维修及其他售后服务。顾客往往希望一次购买能满足某一方面的全部需要。IBM公司还由此产生了"系统销售"的概念，它出售的不仅仅是计算机的硬件设备，而是整个操作系统。

（五）潜在产品（Potential Product）

潜在产品是指产品最终可能会实现的全部附加部分和将来会转换的部分，如未来全套家庭服务式旅馆的出现取代传统旅馆，还有现在很流行的民宿也在冲击着传统酒店模式。

在产品的整体概念中，随着生活水平的提高，消费的升级，企业市场营销的重点逐渐地由内层转向外层。过去人们购买产品时看重的是它的使用价值。今天，消费者已不仅仅满足于产品品质的优良、款式的新颖，而更在乎这件产品的使用所给人带来的心灵愉悦。可以预料，产品概念的外延还将会随着社会的进步，消费需求的发展而进一步扩展。企业所提供的附加服务与利益在现代市场竞争中的地位也愈加重要。

▶ **行业观察**

宝洁公司是一家国际著名企业。它的成功离不开产品的营销。它的经营特点一是种类多，满足消费者的多样需求。从香皂、牙膏、漱口水、洗头膏、护发剂、柔软剂、洗涤剂，到咖啡、橙汁、烘焙油、蛋糕粉、土豆片，到感冒药、胃药，横跨了清洁用品、食品、药品等多种行业。二是许多产品大都是一种产品多个牌子，又可以满足不同各类消费群体的需求。以洗衣粉为例，他们推出的牌子就有汰渍、洗好、欧喜朵、波特等近10种品牌。在中国市场上，香皂用的是舒肤佳，牙膏用的是佳洁士，仅洗头膏就有"飘柔""潘婷""海飞丝"三种品牌。要问世界上哪个公司的牌子最多，恐怕是非宝洁莫属。

二、产品整体概念的意义

产品整体概念是对市场经济条件下产品概念的完整、系统、科学的表述。它对市场营销管理的意义表现如下。

产品整体概念

（一）它以消费者基本利益为核心，指导整个市场营销管理活动，是企业贯彻市场营销观念的基础

企业市场营销管理的根本目的就是保证消费者的基本利益。消费者购买电视机是希望业余时间充实和快乐；消费者购买计算机是为了提高生产和管理效率；消费者购买服装是要满足舒适、风度和美感的要求，等等。概括起来，消费者追求的基本利益大致包括功能和非功能两方面的要求。消费者对前者的要求是出于实际使用的需要，而对后者的要求则往往是出于社会心理动机，而且，这两方面的需要又往往交织在一起，并且非功能需求所占的比重越来越大。而产品整体概念，正是明确地向产品的生产经营者指出，要竭尽全力地通过有形产品和附加产品去满足核心产品所包含的一切功能和非功能的要求，充分满足消费者的需求。可以断言，不懂得产品整体概念的企业不可能真正贯彻市场营销观念。

（二）只有通过产品五层次的最佳组合才能确立产品的市场地位

营销人员要把对消费者提供的各种服务看作是产品实体的统一体。科学技术在今天的社会中能以更快的速度扩散，也由于消费者对切身利益关切度的提高，使得营销者的产品以独特形式出现越来越困难，消费者也就越来越以营销者产品的整体效果来确认哪个厂家、哪种品牌的产品是自己喜爱和满意的。尤其是，国内消费者在购买家电产品时，往往对有两层包装纸盒的产品（"双包装产品"）更为相信，对于不少缺乏电器专业知识的消费者来说，判别家电产品的质量可靠性，往往是以包装好坏作为决策的依据。对于营销者来说，产品越能以一种消费者易察觉的形式来体现消费者购物选择时所关心的因素，越能获得好的产品形象，进而确立有利的市场地位。

（三）产品差异构成企业特色的主体

企业要在激烈的市场竞争中取胜，就必须致力于创造自身产品的特色。不同产品之间的差异是非常明显的，因此企业要把自己的产品特色化。

▶ 协作创新

如何理解产品的整体概念？请举一个产品的例子来说明。

中国经济奇迹——浙江义乌成为全球最大的小商品集散中心

改革开放后，随着国家对市场的逐步开放，义乌人重拾"敲糖帮"的"鸡毛换糖"经商传统，使当地批发贸易迅速繁荣起来。1981年，义乌稠城镇北门街小百货市场经商者已多达200多人，小商品市场雏形初现。经过近40年的发展，义乌已成为全球最大的小商品集散中心。

"千淘万漉虽辛苦，吹尽狂沙始得金。"70年来，从"一贫如洗"到"中国奇迹"惊美全球，从"洋火洋钉"到"中国制造"风靡世界，我国经济实现了巨大腾飞，取得了世所罕见的发展成就，让世界为之惊叹，引发了世人的探究热情。

项目十三　产品生命周期理论

一、产品生命周期概念

产品如同人一样，也有一个出生、成长、成熟、衰亡的过程。产品生命周期（Product Life Cycle,PLC），是指产品从准备进入市场到最后被淘汰退出市场所经历的市场生命循环过程。随着周期性的变化过程，企业的营销策略也作相应的改变，以维持并伺机延长产品在市场上的寿命。

产品生命周期和产品使用寿命期是两个完全不同的概念。产品从投入市场到最终被市场淘汰的时间过程，就是产品的生命周期。而产品的使用寿命期是指产品的耐用时间，也就是产品从投入使用到损坏报废的时间。有些产品的使用寿命期很短，但生命周期很长，最典型的如纸巾等；有些产品生命周期很短，但使用寿命期很长，如时尚衣服等。

二、产品生命周期的阶段划分

（一）一般形态

产品生命周期一般以产品的销售量和所获利润额来衡量，一般产品在其整个生命周期的销售和利润变化表现为一条 S 形曲线，如图 13-1 所示。

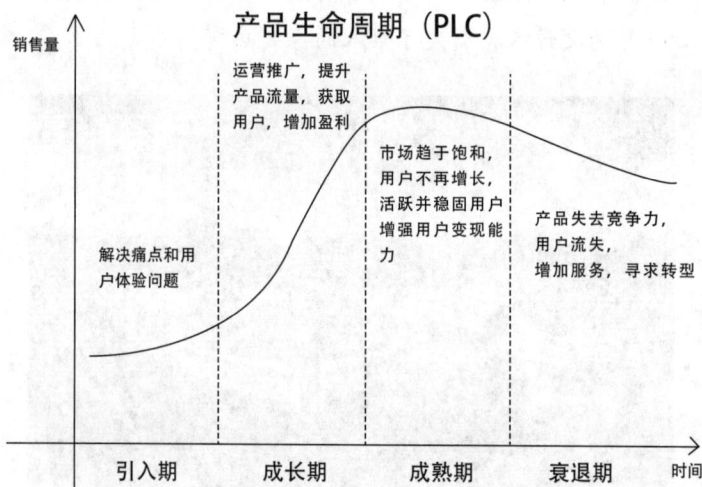

产品生命周期（PLC）

销售量

运营推广，提升产品流量，获取用户，增加盈利

市场趋于饱和，用户不再增长，活跃并稳固用户增强用户变现能力

产品失去竞争力，用户流失，增加服务，寻求转型

解决痛点和用户体验问题

引入期　成长期　成熟期　衰退期　时间

图 13-1　典型的产品生命周期曲线

1.引入期。新产品刚刚进入市场，人们对新产品缺乏了解，销售量少，销售增长缓慢，产品还有待进一步完善。产品生产成本和营销费用较高，一般没有利润或只有极少利润。竞争者也很少或没有。

2.成长期。新产品逐渐被广大消费者了解和接受，销售量迅速增长，利润也相应增加，但也因此引得新的竞争者纷纷加入。

3.成熟期。大部分消费者已购买了此产品，销售增长趋缓，市场趋向饱和，利润在达到顶点后开始下降。由于要应付激烈的竞争，企业需要投入大量的营销费用。

4.衰退期。销售量显著减少，利润也大幅滑落，竞争者纷纷退出，原产品被更新的产品所取代。

（二）其他形态

S型产品生命周期曲线是一种理想化的曲线，并不是所有的产品都遵循上述四个生命周期形态，在实际经济活动中，不同的产品，其生命周期曲线也不尽相同。以下是比较常见的其他形态的生命周期曲线，如图13-2所示。

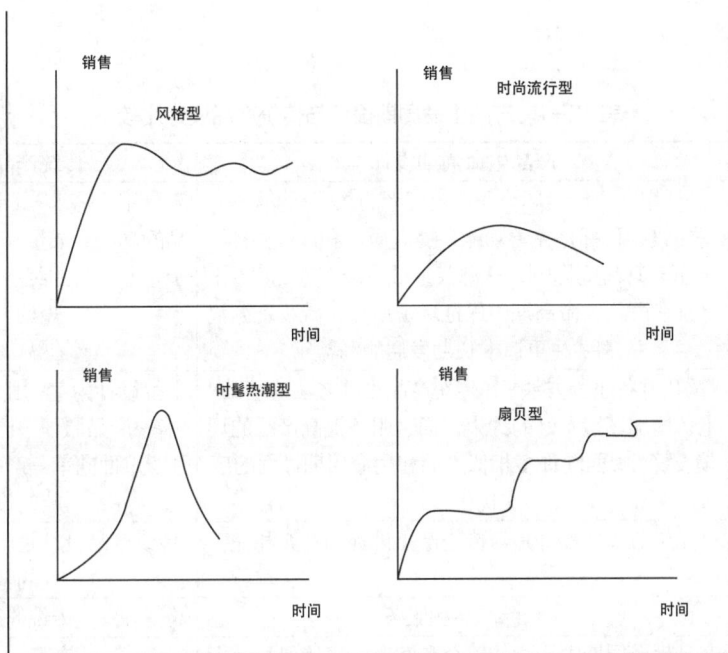

图 13-2　不同的产品生命周期类型

1. 循环型。循环型又称风格型。这种类型的代表是医药产品。新药品退出时，企业通过大力推销，使产品销售出现第一个高峰，然后销售量下降，于是企业再次发起推销，使产品销量出现第二个高峰。一般地说，第二次高峰的规模和持续时间都小于第一次。

2. 流行型。流行型产品刚上市时只有少数人接纳，然后随着少数人的使用和消费，其他消费者也发生兴趣，纷纷模仿，进入模仿阶段。终于产品被大众广为接受，进入全面流行阶段。最后，产品缓慢衰退。因此，流行型的特征是成长缓慢，流行后保持一段时间，然后又缓慢下降。

3. 时髦型。时髦型产品的生命周期则是快速成长又快速衰退，其时间较短，如电视卡通玩具等。原因在于时髦品只是满足人们一时的好奇心或标新立异，并非人们的必需需求。

4. 扇贝型。这种产品生命周期的特点是不断延伸再延伸。原因是产品不断创新或发现新的用途、新的市场，因此有连续不断的生命周期。如尼龙的生命周期就呈扇贝型，因为尼龙不仅可作降落伞，还可用来做袜子、衬衫、地毯等，从而使其生命周期一再延伸。

尽管不同产品的生命周期不尽相同，但为了方便起见，这里讨论的仅是有代表性的 S 型产品生命周期曲线。

▶ 拓展阅读

表 13-1　产品生命周期设计与传统产品设计比较

	产品生命周期设计	传统产品设计
设计目的	满足用户、自然环境和社会三者的共同利益和需求：设计目标是完善功能，提高质量和保证性能，降低对环境的影响，从源头上减少废弃物的产生，并且在产品生命周期中保证环境质量，减少资源消耗；注重追求长期发展的利益	满足用户需求；设计目标是优化产品的功能、质量和交货期等；局限于企业本身的经济利益；往往追求短期利益
设计方法	采用并行工程方法：在传统产品设计方法的基础上，增加环境友好的约束，通过服务提高产品的环境友好性；面向许多相似产品和生命周期过程的广义优化设计	平行设计为主：用户需求→产品功能→产品原理→产品结构→产品工艺；面向单一产品设计；面向性能的设计
相互关系	产品生命周期设计是对传统产品设计的补充和完善	传统产品设计是产品生命周期设计的基础
设计结果	绿色产品和服务	传统的产品
设计视野	产品生命周期中用户的安全和健康、环境保护、人类的持续发展；用户的用户；供应商的供应商；全价值链	产品、用户
产品生命周期特点	从"摇篮"到"再生"的过程	从"摇篮"到"坟墓"的过程
对员工的要求	知识面宽、社会责任感和环境意识强	传统的设计技能
设计的可控性	处于发展阶段，可控性和可观察性较弱	具有较强的可控性和可观察性
设计指标	多维、模糊、难以测定	单一、明确、必须满足
设计流程	断续的、模糊的、不可测的、不可控的和难操作的流程	系统的、清晰的、可测的、可控的可操作的流程

▶ 思政园地

产品生命周期设计——中国制造绿色发展的必由之路

2015 年 5 月 8 日，国务院颁布《中国制造 2025》，这是党中央、国务院总揽国内国际发展大势，站在增强我国综合国力，提升国际竞争力，保障国家安全的战略高度做出的重大战略部署，其核心是加快推进制造业创新发展，实现从制造大国向制造强国转变。目前我国经济发展进入新常态，制造业发展面临新挑战。资源和环境约束不断强化，劳动力等生产要素成本不断上升，投资和出口增速明显放缓，国际竞争新优势其重点在制造业，难点在制造业，出路也在制造业。因此，《中国制造2025》提出制造强国战略，其基本方针是"创新驱动、质量为先、绿色发展、结构优化、人才为本"。这二十字方针都与绿色制造有关。

创新驱动。创新包括产品和制造过程的创新。产品创新的特点是高端化、智能化、新颖化和绿色化等；制造过程创新的特点是高效化、智能化和绿色化等。

质量为先。其方向是提质增效。提质，即提高产品质量，减少资源浪费，体现产品的环境友好性。增效，即提高产品的工作效率和能源使用效率等。高效节能性是产品质量的主要指标，也是绿色产品的重要指标。

绿色发展。《中国制造2025》提出，将可持续发展作为建设制造强国的重要着力点，加强节能环保技术、工艺和装备的推广应用，全面推行清洁生产。发展循环经济，提高资源回收利用效率，构建绿色制造体系，走建设生态文明的绿色发展道路，主要依靠资源要素投入、规模扩张的粗放型发展模式难以为继，调整结构、转型升级、提质增效刻不容缓。形成经济增长新动力，塑造开展透明公平的产品生命周期设计，提高中国企业的绿色制造能力，实现创新、协调、开放、共享的绿色发展。

三、产品生命周期各阶段的特征和营销策略

在产品生命周期的不同阶段，产品的销售额、利润呈现着很大的不同。在每一阶段都对企业提出了不同的挑战，企业需要根据产品所处的阶段去制定相应的营销策略、财务计划、人员配置等。

产品生命周期各阶段的营销策略

（一）引入期

引入期是新产品上市的最初阶段，其市场特点主要是：顾客对产品不太了解，销售量小。生产技术尚不稳定，产品的生产成本较高，分销和促销的费用高，企业经常会处于微利甚至亏损状态。在这一阶段，一般没有同行竞争。

根据引入期的特点，管理层所需要确定的营销策略主要从促销和价格两方面考虑。为了建立新产品的知名度，需要大力促销；为了支付高额促销费用，产品的定价不能太低。把这两个因素结合起来考虑，营销策略要突出一个"快"字，即新产品能够尽快走进消费者的视野，被消费者所接受。为此，市场营销管理者应该做好整合营销策划，采取行之有效的组合策略，如图13-3所示。

快速掠取	缓慢掠取
快速渗透	缓慢渗透

图 13-3　产品引入期营销策略

1. 快速掠取策略，即双高策略。以高价和搞促销水平的方式推出产品。高价是为了在每单位产品中获得更多的利润，大力促销是为了引起顾客的注意，加快新产品占领市场的力度。这一策略一般适合于：潜在市场的大部分人还没有了解到该产品，知道它的人渴望得到该产品并且有能力照价付款，公司面临着潜在竞争并想树立品牌。一些高新技术产品和时尚型产品会采用。

2. 缓慢掠取策略，是企业以高价格和低促销费用推出新产品。这一策略可以降低促销成本，为企业带来更多的利润。这一策略一般适合于：市场规模有限，大多数的顾客已经知晓这种产品，购买者愿意出高价购买，潜在竞争并不激烈。如一些技术垄断性产品（专用设备）和部分高档消费品（进口名酒）等采用。

3. 快速渗透策略，以低价和搞促销水平方式推出新产品。低价和搞促销可以使企业以最快的速度渗透市场，占有较高的市场份额。这一策略适合于：市场规模大，顾客对产品不太了解，购买者对价格的敏感度高，潜在的竞争很激烈，随着企业销路迅速打开，生产规模扩大，产品的单位成本会下降。一部分日用消费品如饮料采用此策略较为常见。

4. 缓慢渗透策略，以低价和低促销水平推出新产品的策略。这一策略适用于：市场规模大，该产品知名度高，购买者对价格敏感，有一些潜在竞争者。部分低价日用消费品（低值易耗品，如纸巾等）采用。

（二）成长期

成长期是该产品在市场上迅速为消费者所接受，销售量稳步上升的阶段。成长期的特点：产品处于成长期，消费者对产品已经比较熟悉，消费习惯已形成，销量迅速增加，利润迅速提高；随着销量的增大，企业生产规模也逐步扩大，单位产品生产成本下降，产品设计和工艺已基本定型，产品成本显著下降；为了适应竞争或维持市场的继续成长，需要保持或稍微增加促销费用，但单位产品的促销费用大幅度下降；有利的市场前景吸引了大批竞争者加入，市场竞争加剧，使同类产品供给量增加，市场价格下降；已建立起较稳定的分销渠道，并继续扩大。根据此阶段特点，营销的重点要突出一个"好"字，应大力组织生产，继续致力于扩大市场，提高市场占有率，尽可能地延长产品的成长阶段。

成长期的营销策略：

1. 改善产品品质。在保持或提高产品质量的基础上，努力增加产品的款式、花色、型号和功能，以提高产品的竞争能力。

2. 改变促销的重点。企业要适时开展第二轮广告攻势，广告宣传促销的重点要从介绍产品、提高产品知名度转移到建立企业产品形象、突出产品特色、建立消费者的品牌偏好，从而维系老顾客，吸引新顾客。

3. 巩固和发展分销渠道。在巩固现有渠道的基础上，增加新的分销渠道，扩大商业网点，开拓新的市场。

4. 适当地降低价格。这一阶段成本呈下降趋势，降价可使产品增强竞争力。可选择适当的时机，适当地降低价格，激发那些对价格较敏感的消费者产生购买动机和采取购买行为。

（三）成熟期

成熟期是指大多数消费者已经接受该项产品，销售量达到高峰，市场销售额缓慢增长或下降的阶段。

成熟期的主要特点：产品销售逐步达到最高峰，并逐渐出现下降的趋势，利润也从最高点开始下滑，但上升和下降速度缓慢；绝大多数属于现有顾客的重复购买，只有少数迟缓购买者进入市场；生产成本逐步降到最低点，但销售费用不断增加；市场上竞争者增多，竞争非常激烈，甚至达到"白热化"程度，各种品牌、各种款式的同类产品不断出现。

成熟期的营销策略：

1. 市场改良，即发现产品的新用途或改良促销方式等来开发新市场，寻找新用户，以使产品销量得以扩大。例如，强生公司将婴儿爽身粉、婴儿润肤乳等婴儿护肤用品扩展到母亲市场，成功地做大了市场"蛋糕"。

2. 产品改良，即以产品自身的改变来满足顾客的不同需求，从而吸引他们购买其产品。产品整体概念的任何一个变量的改变都可以视为产品改良，如产品品质的改进、性能的改进、式样的改进、包装的改进和服务的改进等。

3. 其他市场营销组合因素改良，即改变价格、渠道和促销等。例如，以购买折扣、运费补贴、付款延期等方法来降价让利；扩大分销渠道，增设销售网点；调整促销组合，变换广告，加强人员推销，强化公共关系等。多管齐下，渗透市场，扩大影响，争取更多的顾客。

（四）衰退期

衰退期是产品销售额急剧下降，逐渐被新产品取代而退出市场的阶段。

衰退期的主要特点：

产品销量由成熟期的缓慢下降变为迅速下降；消费者的兴趣和消费习惯完全发生转变或持币待购，转向新产品或期待新产品上市；销售利润大幅度下降，降到微利甚至负利，不少企业由于无利可图而被迫退出市场；生产能力过剩，市场竞争突出地表现为价格竞争，价格不断被迫下跌，已降至最低水平。

衰退期的市场营销策略：

在产品生命周期的衰退期，消费者需求偏好发生变化，或者由于替代品出现，导致生产过剩，使得销售额、利润下降，还造成了企业许多其他损失：如营销者管理费用、经营费用的增加；影响企业形象和新产品的开发；破坏市场组合的协调，削弱企业在未来市场上的竞争能力等。因此，企业市场营销的目标应是选择有利时机尽快予以淘汰。在这个阶段，企业营销策略应突出一个"转"字，具体策略如下：

1. 继续策略。它是继续沿用过去的策略，仍按照现在的细分市场，使用相同的价格、渠道和促销方式，直到其产品完全退出市场。采用这种策略的企业，它的产品仍有盈利，在市场上竞争力较强，并且企业仍有其他处于成熟期的产品。

2. 集中策略。它是把企业的资源集中使用在销售最佳产品品种、最有利的细分市场、最有效的分销渠道和最合适的促销方式上，以其优势赢得更可能多的利润。

3. 收缩策略。它是企业尽量减少各方面的投入，如厂房设备、维修服务等，大幅度降低促销水平，尽量减少市场营销费用，以增加目前的利润，通常作为停产前的过渡策略。

4. 放弃策略。它是对于衰退比较迅速的产品，应当机立断，放弃经营，转向其他产品。可以采取完全放弃的形式，如把产品完全转移出去或立即停止生产；也可以采取逐步放弃的方式，使其所占用的资源逐步转向其他产品。

▶ 案例阅读

广告强势密集轰炸引导消费（产品导入期快速渗透）

消费者每天接触的广告数以万计，但并不是每一个广告都深入人心，促使消费者产生购买行为。其原因之一就是没有满足消费者的心理诉求，即接触率高但注目率低、阅读率高但好感率低。单纯从广告的台词、音乐、表演上看，脑白金的广告并不算上乘。无论广告中的卡通人物换上唐装、草裙还是洋服，他们重复的始终是同样的一句话。然而正是这一句俗不可耐的广告语——"今年过年不收礼，收礼只收脑白金"，让脑白金这一品牌变得家喻户晓，让史玉柱赚了个盆满钵盈（推出当年就完成2.5亿元的销售收入，2000年10.9亿元）的同时，自2005年以来也一直居于"十大恶俗广告"之首。这则广告画面不唯美，台词也不隽永，然而就是这一跳就是八年的老头老太，使得全中国消费者认准了"脑白金"这个品牌，使"送礼就是送健康"的意念从广告层面深入心理层面。

"消费大众并不真正知道自己要什么。直到那些创意以商品方式呈现在他们的面前。"（广告大师李奥贝纳）黄金时段密集的广告造势使脑白金广告的声音、画面、词语等牢牢地铭刻在消费者心中，无论如何反感，大家还是记住了在保健品行业、在礼品清单中有这样一个品牌。而这些，正是脑白金所追求的效果。"我明知大家都很厌烦脑白金广告，但仍将维持广告轰炸。"上海健特生物科技公司营销总监刘雄说。姑且不论脑白金的广告语是否误导了社会价值观，是否助长了送礼风气；也不论"今年过年不收礼，收礼还收脑白金"还是"今年爸妈不收礼，收礼只收脑白金"的广告语是否挑战了消费者的认知底线，令更多的听众崩溃，当中国的保健品行业在短命怪圈里挣扎的时候，脑白金却创造了奇迹，这一点毋庸置疑。而其一掷千金、密集强力造势的广告营销策略无疑是成功的。

▶协作创新

分小组讨论，请每组分享一个印象深刻的新产品推广案例，并分析其主要采取什么营销策略。

项目十四　产品创新

▶案例导入

创新赋予品牌新生命力
——中国厨卫第一品牌宁波帅康集团

2008年，经济危机席卷全球，中国大多数企业面临前所未有的危险。未雨绸缪的邹国营对此早有所警觉，面对全新特征的全球金融危机，帅康集团将未来的"蓝海战略"置于经济危机的大背景下谋划，启动新的品牌战略，实施品牌延伸、体制创新、价值创新等一系列创新策略，不仅赋予企业创新发展的新动力，而且使企业销售业绩节节攀高。其中值得一提的是其实行的体制创新打造品牌战略。

当今，产品生命周期在缩短，而技术进步、信息流在加快，相对的市场空间在不断缩小，价格战、促销战频频，企业常常陷于行业内的恶性竞争。事实告诉我们，企业要想通过传统的管理模式和营销思维去维持长久的品牌差异优势，已越来越难。一位哲人说过："在大海上航行的船只，如果没有方向，那么无论哪个方向吹来的风都是逆风。"因此，企业需要转换思路，需要战略性的眼光，明确目标，通过体制创新、价值创新实现品牌创新。"动态的市场不存在一个永久不变的品牌，特别是在经济低谷的环境下，每一次创新轨迹的前行，都既体现产品自身的核心价值和个性，也代表消费者的需求和企业的发展方向。"邹国营说，"企业要正视相对减少的市场需求，在激烈的市场竞争中，找出品牌营销的个性，通过体制创新，才能在经济危机的大背景下实现'蓝海战略'。"在管理创新上，2008年年初，帅康集团在制造、营销、财务三个方面通过更智能和人性化的国际先进信息化系统，提升公司信息化程度。在内部管控上，帅康集团紧紧围绕"转型发展、绿色崛起"的主题，通过挖掘内部潜力，进行工艺技术和设备改造，优化工序和人员的组合，开发新型模具工艺，调整工段，并通过积极的采购政策，降低原材料的成本。同时采取更深层次的节能降耗措施，鼓励生产一线的员工进改革。通过体制创新，帅康集团成功缔造了现代企业反应迅速、信息共享、优化流程、人才储备的高附加值商业模式，给予了帅康更多活力，增加了帅康的灵活性，让年轻的帅康轻装上阵，开疆扩土，昂首迈向"蓝海战略"的转型之路。

十年创业，一路辉煌，帅康集团从蹒跚起步到今天全国著名的大型集团，创造了民营企业发展的奇迹，作为帅康集团的创始人和决策者，总裁邹国营高瞻远瞩，审时度势，勇于创新，把帅康集团打造成一颗民营企业的璀璨明珠。展望未来，帅康人踌躇满志；实现愿景，帅康人充满信心。

（资料来源：宁波市场经济委员会：《中国品牌之都——宁波品牌发展蓝皮书》宁波出版社 2008 年版）

在当代竞争激烈的市场上，产品日新月异。企业要想持久地占领市场，光靠现有产品是远远不够的，必须不断更新换代、推陈出新，才能适应经常变化的市场需求以及科学技术迅速发展的趋势。否则，很容易被市场所淘汰。求新、好奇是消费者的普遍心理，因此研发出新产品或者是在原有产品上做改良进行创新是吸引消费者的关键。不断研究和开发新产品，也是企业战胜竞争者的秘密武器。

一、新产品的含义和种类

从市场营销角度看，新产品的是一个广义的概念，它是指在某个目标市场上首次出现的或者是企业首次向市场提供的能满足某种消费需求的产品，既指绝对新产品，又指相对新产品。只要产品整体概念中任何一部分具有创新、变革和改变，都可以理解为一种新产品。

（一）全新新产品

全新新产品是指采用新原理、新结构、新技术和新材料研究出来的市场上从未有过的产品，是科学技术的新成果，也称技术新产品、绝对新产品或无可置疑新产品。它们的出现往往能改变消费者或用户的生产方式和生活方式，有些还能引起科技史上的革命，如飞机、火车、激光设备、超导材料、集成电路、电子计算机等。这类产品的研制往往要经历一个相当长的时间。对绝大多数企业来说，独立自主开发全新产品十分困难，需要耗费较长的时间、巨大的人力和资金投入，成功率较低，风险很大。

（二）换代新产品

换代新产品是指采用新材料、新元件或新技术，使原有产品的性能有飞跃性提高的产品。开发换代新产品相对容易，并且不需要花费巨额资金，企业风险不大。

（三）改进新产品

改进新产品是指从不同侧面对原有产品进行改革创新的产品。例如，采用新设计、新材料改变原有产品的品质、降低成本，但产品用途不变；采用新式样、新包装、新商标改变原有产品的外观而不改变其用途；把原有产品与其他产品或原材料加以组合，使其增加新功能；采用新设计、新结构、新零件，增加其新用途。例如，普通牙膏改为药物牙膏；风扇一档变多档设置等。改进新产品与换代新产品都是以原有产品为基础进行研制与开发，对企业各方面要求不高，风险较小，开发出的新产品容易为市场所接受，是广大企业特别是中小企业开发新产品的重点。

（四）仿制新产品

仿制新产品是指企业仿制市场上已有的产品而自己首次生产，仿制时可能有局部的改进和创新，但基本原理和结构是仿制的。这类产品对社会来说是老产品，而对企业来说是新产品。

二、新产品开发的必要性

（一）新产品开发是企业发展的生命线

任何产品都有"寿终正寝"的那一天，而且随着科技的发展和生活水平的提高，产品的生命周期越来越短，新产品开发势在必行，而且要求新产品开发的速度越来越快。

（二）新产品开发是企业保持竞争优势的重要条件

20 世纪 80 年代末，百事可乐对可口可乐发动了一场"可乐战役"，结果百事可乐凭借十几种不同口味的新型可乐打破了可口可乐一统天下的局面，可口可乐从此陷入被动之中。而百事可乐声名鹊起，异军突进。

（三）新产品开发是提高企业经济效益的重要途径

产品生命周期理论告诉我们，企业要想持续高效发展，各种产品在其生命周期的各阶段应该平衡发展，而要保持平衡发展，就要有新产品的开发。

三、新产品开发的原则

（一）新产品必须有市场潜力

判断一项新产品是否有市场潜力，最重要的是看产品的质量、特点、使用价值。根据库伯和克兰斯密特总结得出结论，在这方面有很大优势的，98% 取得成功；有中等优势的，53% 成功；有少量优势的，18% 成功。

（二）企业必须具有开发和生产新产品的能力

在风云突变的市场中，新产品开发是有很大风险的，若没有开发能力，将必败无疑，若没有生产能力，将会使经济效益大打折扣。

（三）新产品开发必须开发与开发管理并重

开发需要大量的人力、物力、财力，而开发管理可以使人、财、物得到最有效的利用。

四、新产品开发的程序

新产品的开发程序是指运用国内外在基础研究与应用研究中所发现的科学知识及其成果，转变为新产品、新材料、新生产过程等一切非常规性质的技术工作。新产品开发是企业在激烈的竞争中赖以生存和发展的命脉，是实现"生产一代、试制一代、研究一代、开拓新构思一代"的产品升级换代宗旨的重要阶段，它对企业产品发展方向、产品优势、开拓新市场和提高经济效

产品创新

益等方面起着决定性的作用。因此，新产品开发必须严格遵循产品开发的科学过程，如图14-1 所示。

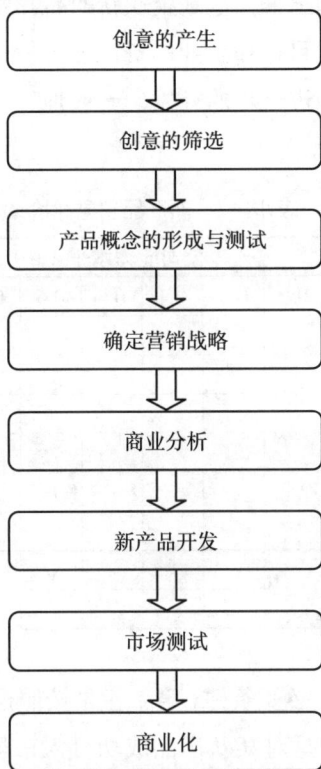

```
┌─────────────────────┐
│     创意的产生        │
└─────────────────────┘
          ↓
┌─────────────────────┐
│     创意的筛选        │
└─────────────────────┘
          ↓
┌─────────────────────┐
│   产品概念的形成与测试  │
└─────────────────────┘
          ↓
┌─────────────────────┐
│    确定营销战略       │
└─────────────────────┘
          ↓
┌─────────────────────┐
│     商业分析         │
└─────────────────────┘
          ↓
┌─────────────────────┐
│    新产品开发        │
└─────────────────────┘
          ↓
┌─────────────────────┐
│     市场测试         │
└─────────────────────┘
          ↓
┌─────────────────────┐
│     商业化          │
└─────────────────────┘
```

图 14-1　新产品开发的程序

（一）创意的产生

新产品开发过程中第一个阶段是寻找产品创意。创意一方面应该围绕着客户的欲望来进行设想，否则再好的创意也不能转成现实需求；另一方面应该有特色，很多新产品缺少特色，难以提供超额利润，无法使消费者满意及企业应付激烈的竞争。可见创意的来源主要是顾客，许多最好的创意来自向顾客询问现行产品的问题而获得的，所以说顾客是企业最好的老师。索尼总裁中钵良治认为"用户才是真正的产品评判者"。创意的来源还可以是企业内部的员工和高层管理者、竞争者、经销商等，此外还可以通过发明家、专利代理人、咨询公司、大学和科研院所等获得创意。

（二）创意的筛选

企业往往产生大量的创意，随后在众多的创意中进行筛选，获得有吸引力、可行性强的创意。在筛选阶段，企业必须避免犯两种错误。一是误舍，指企业错过了某一有缺点但能改正的好创意；二是误用，指企业容许一个错误的创意投入开发和商品化阶段。如何避免犯这两种错误，使真正好的创意能脱颖而出，企业必须明确筛选的原则，坚持效益性和可行性准则，把最优的创意筛选出来，这是企业新产品开发成功的基础。

　　创意的筛选主要考虑企业的目标和企业的资源能力，即要选择那些与企业目标相符而企业又有能力开发的创意，以作进一步的开发。一般地，企业可以用新用户创意评价表来进行分析、选择（见表14-1所示）。

表14-1　新产品创意评价

产品成功的必要条件	权重（A）	公司能力水平（B）											得分数（A）×（B）
		0.0	0.1	0.2	0.3	0.4	0.5	0.6	0.7	0.8	0.9	1.0	
1. 企业目标	0.20										√		0.18
2. 营销能力	0.20							√					0.12
3. 技术水平	0.20									√			0.16
4. 资金来源	0.15									√			0.12
5. 生产能力	0.10								√				0.07
6. 人事配置	0.10									√			0.08
7. 原料供应	0.05							√					0.03
总　　计	1.00												0.76

　　表上第一栏是新产品成功的必要条件；第二栏是按照这些条件在进入市场时的重要程度分别给予不同的权重；第三栏是对某新产品成功打入市场的能力给予不同的评分；最后汇兑，即（A）×（B），得数相加，表示这个产品投入市场是否符合本企业的目标和战略的综合评分。分数等级0.00～0.40为"劣"；0.41～0.75为"中"；0.76～1.00为"良"。根据经营，可以接受的最低分数为0.70。本项新产品创意评价得分0.76，则属于可进一步开发的范畴。

（三）概念的形成和测试

　　产品创意（Product Idea）本质上是一个产品设想，对消费者来说往往是抽象、专业、难以理解的，因此为了便于消费者理解和引起注意，要把产品创意转化成产品概念（Product Concept），概念是简洁、清晰的消费者术语，即文字、图像、模型等表达的详细构思。

　　一个产品创意往往可转换成几个产品概念，企业应该通过对产品概念进行商业测试，从中选择最受目标市场欢迎的产品概念。如某乳品公司拟开发一种与牛奶混合使用的增加营养与美味的粉状食品，这是创意，但仅凭创意，消费者无法辨别该产品的具体特征，企业也不能进行生产，创意必须进一步具体化，发展成产品概念。上述产品创意可形成多个概念，如"供学生用的替代早餐的速食饮料""供学生健身用的饮料"等具体产品概念，企业可用文字把速食饮料描述为：粉状，与牛奶冲饮，营养，方便，含巧克力口味，袋装，每小袋45克，售价0.80元等。为检验概念是否明确，企业要进行产品概念测试，征求消费者意见，对产品概念进行修正。

（四）初拟营销战略计划

产品概念测试之后，必须制定一个把这种产品引入市场的初步营销规划，并在未来的发展阶段中不断完善。初拟的营销战略规划包括三部分：一是描述目标市场的规模、结构、消费者购买行为、产品定位、销售量、市场份额、利润等。如上述饮料以此6~22岁学生为消费对象，是一种营养更高、定价便宜的产品，预计第一年销售50万袋，亏损不超过2万元，第二年80万袋，赢利10万元。二是描述产品的计划价格、分销策略和第一年的营销预算。如每小袋0.80元，6袋一个包装4.8元，采用包括批发商、零售商在内的渠道，采用电视广告、报纸、杂志、网络等为促销媒体，第一年促销费用为25万元。三是描述长期销售量、目标利润，及不同时间的营销战略组合。

（五）商业分析

新产品的营销战略明确之后，就要对新产品概念从财务上进一步分析判断它是否符合企业财务目标。为此，企业要估计总销售量、成本和利润。

（六）新产品开发

如果产品通过了商业分析，能够达到企业的财务目标，新产品就要进入研究开发阶段，把它发展成实体产品。在这一阶段企业需要大量的资金和时间投入，面临风险也较大。

（七）市场测试

新产品成功开发研制出来之后，企业不能冒险把产品推向市场，新产品能否获得消费者的认可，企业只有通过市场测试才能真正了解该产品的市场前景。市场测试是对新产品的全面检验，可为新产品全面上市提供系统的决策依据，也为新产品的进一步改进和营销策略的完善提供启示，许多新产品都是通过市场测试后不断改进才取得成功的。

（八）商业化

新产品经过测试之后，才可以正式推向市场。商业性投放意味着企业要投入大量资金，企业必须做好新产品何时推出、推向何地、向谁推出、用什么方法导入的决策。

项目十五　中小企业的产品组合策略选择

中小企业市场营销概念的核心就是企业与顾客之间的交易能够给双方带来满意，而能实现这一目标的媒介就是企业提供给顾客的产品，产品一方面满足顾客需要而获得满意，另一方面又为企业带来了利润，因此如何正确选择产品经营策略是企业营销的关键。

一、产品组合化策略

（一）产品线、产品项目

产品线是指产品组合中的某一产品大类，指能满足同类需要，在功能、使用和销售等方面具有类似的一组产品，是一组密切相关的产品。

产品项目是指产品线中不同品种、规格、质量和价格的特定产品。例如，某自选采购中心经营家电、百货、鞋帽、文教用品等，这就是产品组合；而其中"家电"或"鞋帽"等大类就是产品线；每一大类里包括的具体品牌、品种为产品项目。

（二）产品组合的宽度、长度、深度和关联度

产品组合的宽度是指产品组合中所拥有的产品线的数目。

产品组合的长度是指产品组合中产品项目的总数。如以产品项目总数除以产品线数目即可得到产品线的平均长度。

产品组合的深度是指一条产品线中所含产品项目的多少。

表 15-1 所显示的产品组合的宽度为 4，产品组合总长度为 18，每条产品线的平均长度为 18 ÷ 4 = 4.5。产品组合的深度分别为：服装 6、皮鞋 4、帽子 5、针织品 3。

产品组合的相关性是指各条产品线在最终用途、生产条件、分配渠道或其他方面相互关联的程度。例如，某家用电器公司拥有电视机、收录机等多条产品线，但每条产品线都与电有关，这一产品组合具有较强的一致性。相反，实行多角化经营的企业，其产品组合的相关性则小。

表 15-1　产品组合的长度

	服　装	皮　鞋	帽　子	针织品
产品线的长度	男西装	男凉鞋	制服帽	卫生衣
	女西装	女凉鞋	鸭舌帽	卫生裤
	男中山服	男皮鞋	礼　帽	汗衫背心
	女中山服	女皮鞋	女　帽	
	风雨衣		童　帽	
	儿童服装			

　　根据产品组合的四种尺度，企业可以采取四种方法发展业务组合：加大产品组合的宽度，扩展企业的经营领域，实行多样化经营，分散企业投资风险；增加产品组合的长度，使产品线丰满充裕，成为更全面的产品线公司；加强产品组合的深度，占领同类产品的更多细分市场，满足更广泛的市场需求，增强行业竞争力；加强产品组合的一致性，使企业在某一特定的市场领域内加强竞争和赢得良好的声誉。因此，产品组合决策就是企业根据市场需求、竞争形势和企业自身能力对产品组合的宽度、长度、深度和相关性方面做出的决策。

（三）产品组合优化

　　产品组合状况直接关系到企业销售额和利润水平，企业必须对现行产品组合作出系统的分析和评价，并决策是否加强或剔除某些产品线或产品项目。优化产品组合的过程，通常是分析、评价和调整现行产品组合的过程。优化产品组合包括两个重要步骤：

　　（1）产品线销售额和利润分析。即分析、评价现行产品线上不同产品项目所提供的销售额和利润水平。在一条产品线上，如果销售额和盈利高度集中在少数产品项目上，则意味着产品线比较脆弱。为此，公司必须细心地加以保护，并努力发展具有良好前景的产品项目。如无发展前景，可以剔除。

　　（2）产品项目市场地位分析。即将产品线中各产品项目与竞争者的同类产品作对比分析，全面衡量各产品项目的市场地位。

二、产品定位化策略

　　产品定位化策略是企业为本产品确定在市场上的地位的策略，即企业根据顾客对于某种产品属性的重视程度，给本企业的产品规定一定的市场地位的策略。实行这一策略，要求企业为产品创造或培养一定的特色，树立一定的市场形象，以满足顾客的某种需要和偏爱。这种特色，有的可以从产品实体上表现出来，如形状、成分、性能、构造等；有的可以从消费者心理上反映出来，如豪华、朴素、浓烈、高雅等。企业选定产品的特色和形象是否恰当，要通过与竞争对手的产品和本企业其他产品相比较来决定。如美国苹果计算机公司在创业之初对产品定位时，就避开与著名的国际商业机器公司竞争，而选定国际商业机器公司当时不经营的个人计算机来经营，一举获得巨大成功。

对产品进行定位时还要考虑如何适应市场的变化，如果第一次定位不当或不适应市场的新变化，应及时调整，即重新定位。例如，进入 20 世纪 80 年代，城市居民的穿着向高档化、时装化、多样化发展，棉服市场空前萎缩。比如，以生产低档内销棉服为主的北京服装三厂面临停产，对产品重新定位势在必行。他们与竞争对手进行比较，认为改做毛料服装比不过友谊时装厂；改做高档衬衫，赶不上天坛牌。于是，决定"让开大路走两侧"，上风衣、防寒服和夹克衫等新产品。重新定位获得成功，该厂于 1982 年实现利润 173.5 万元，比 1981 年增长 8.57%。有效地运用广告宣传，也有利于改变企业的产品定位。如美国约翰逊公司生产了一种洗发剂，原定位于婴儿市场，后来美国出生率下降，婴儿市场缩小，公司就运用广告宣传来改变产品定位。在广告宣传中，公司强调该产品的特点是能使头发柔润、松软，具有光泽，适合于年轻母亲和青少年使用，从而扩大了销路。

三、产品多元化策略

产品多元化策略是指企业同时生产或提供两种以上分属不同行业的产品策略。为了能在千变万化的市场环境中占据有利地位，在激烈的市场争中处于优势，企业就必须处于不断求变与应变状态之中，由单一产品经营转向多种产品经营，由同一行业经营转向跨行业经营。采用产品多元化策略的目的在于分散企业风险，扩大经营范围，增强竞争力；同时，也有利于充分利用企业资源，发掘生产经营潜力。在工业发达国家，这一策略已为越来越多的企业所采用。如美国杜邦公司从最早只生产炸药这个单一产品发展到经营 1800 多种产品，这些产品涉及基础化工、石油化工、电子、医药、程序控制等许多领域。日本索尼公司也将触角伸展到保险业和运动产品等。在我国，一些大中型企业也开始运用这一策略进行经营活动。运用产品多元化策略时应切合实际、量力而行、因地制宜，切不可贪多求全。同时，也要根据实际情况，通常多是以一业为主、兼营其他。另外，对于那些人力、物力、财力都很有限的中小型企业来说，一般不宜采用这一策略。

四、产品专门化策略

产品专门化策略是指企业单一生产和经营某一种（类）产品的策略。采用这一策略的企业，不求产品多种类发展，而走产品专业化经营的道路，通过扩大批量生产和销售来谋求发展。这一策略能有效地发挥企业某一方面的优势，迅速把产品推向市场，并增加产品特色，是一些势单力薄的中小企业与大企业竞争，并在市场"空隙"中得以生存和发展的有力武器。

以日本尼西奇公司为例：第二次世界大战后初期，尼西奇公司是一个生产雨衣、防雨斗篷、游泳帽、卫生带、玩具、尿布等各种橡胶制品的综合性小企业，只有30多人，订货不足，经营不稳，随时都有破产的危险。为了使公司能够长期生存下去，他们通过市场调查和预测，决定走专门生产尿布的道路，把尼西奇公司建成世界上的"尿布大王"。尼西奇公司采用产品专门化策略获得了成功，现在其产品销往世界70多个国家和地区，是世界上产量最大的尿布专业公司。

五、产品差异化策略

产品差异化策略是指企业向市场提供与其他同类产品有一定差异并具有自身特色的产品的一种策略。采用这一策略，有利于增强产品的竞争能力，更好地吸引消费者购买。实行产品差异化策略，主要有以下途径可供选择：

1.通过产品质量来实现产品差异化。其具体做法有：通过高价显示优质；通过高级包装显示优质；通过名牌商标树立产品质量形象。

2.通过信息传递来实现产品差异化，即利用声音、图像、文字等或通过各种传播手段，将有关产品特征的信息传送到目标市场，使顾客感觉到产品的差异，从而在心目中树立起该产品与众不同的形象。

3.通过销售企业来实现产品差异化。销售商店在规模、声誉等方面是不尽相同的，这不仅会造成产品质量形象的差异，还会造成产品整体形象的差异。

4.通过优质服务来实现产品差异化。免费送货、分期付款、安装、维修等服务工作是否周到也会使消费者对产品产生不同的感觉。

六、产品边缘化策略

产品边缘化策略是指企业生产或提供同时具有两个或两个以上行业特点的产品的策略，也就是在两个或两个以上行业的"边缘地区"开发出产品的策略。这种产品也称为"边缘产品"。由此可见，"边缘产品"是多行业生产技术交融的成果。如这几年在市场上日益增多的药物牙膏，便是化工行业与医药行业结合的产物。由于这种牙膏融合了两个行业产品的特点，不仅可以洁齿，还能防治牙周炎等口腔疾病，因而受到消费者的普遍欢迎。又如中药保健服装也是"边缘产品"，它同时兼备了服装行业与行业产品的特点，既可以保暖又可以防治胃病、腰酸、关节炎等慢性病。因此，采用产品边缘化策略有利于更好地满足消费者需要。

运用产品边缘化策略，首先要注意研究和引进"边缘技术"，并使之迅速转化为生产力，也就是运用"边缘技术"开发"边缘产品"。为此，企业应加强同有关科研单位的横向联系，快速引进所需的新科技成果。对于一般中小企业来说，由于自身研制能力有限，更需注重从科研单位及时引进这种跨行业的产品技术，力争尽快地使科研成果转化为产品，并批量上市。同时，"边缘产品"也有寿命周期，要使它能在市场上有较长的生存时间，必须不断加以改进和提高，经常在式样、包装等方面推陈出新。由于"边缘产品"具有多行业的特点，要使消费者能广泛认知，还应加强广告宣传和推广。宣传的重点也应放在产品的性能、特点和用途等方面，让消费者在同类产品或近似产品的比较中，看到"边缘产品"的独到好处，以促成实际购买行为。

企业无论选用上述哪一种策略，都要有周密的计划，充分考虑企业的生产能力和经营能力。

▶ 拓展阅读

喜旺集团的拳头产品策略

每一个试图发展的中小企业其实都面临着非常大的困难，特别是刚推出的产品往往面临着同行业中大企业的领先品牌产品所带来的巨大的竞争压力。

大企业的领先品牌看起来常常令诸多的小企业望而生畏，但它往往也有自己的弱点。首先，它的灵活性不如小企业；其次，它在全国甚至各个省市的市场发展不一定均衡，很难根据各个省市的特殊情况开发某些特别的产品；再次，因为要全盘考虑全国的各个市场，难以根据各个省市的特殊情况制定独立的产品营销策略。因此，事实上大企业天然的缺陷也为小企业留下了生存空间，许多中小企业如果有效地加以利用就可以得到生存和发展。当然作为小企业而言，往往可以支配的资源非常有限，如何有效地利用现有资源参与竞争是企业先生存，而后图发展的关键点。烟台喜旺集团公司的法人代表林强先生认为"对于处于求生存发展阶段的小企业而言，比较切实可行的产品发展策略是要依靠某个拳头产品来做品牌、做市场，待局面打开后再推出其他产品，从而逐步发展壮大"。

毫无疑问，喜旺是个成功的榜样。烟台喜旺集团公司的前身是卖熟肉的个体户。喜旺集团于 1996 年 11 月 26 日在山东省烟台市成立后，短短几年内便迅速发展成了山东省著名肉食品牌，并且进入了中国肉食行业 50 强企业的名单。这其中究竟有什么诀窍呢？

其实，喜旺集团在创立之初，山东肉食市场的竞争已经异常激烈，除全国性品牌双汇、金锣、得利斯等雄踞山东市场之外，山东省本省品牌纷纷在山东省各地市"攻城略池"，互不相让。在如此激烈的市场竞争环境下，喜旺如何才能突围而出？喜旺集团的创业者们在经过对市场的仔细分析之后发现，自己在烟台市场上拥有一项为消费者所广泛认可的拳头产品猪头肉，并且喜旺猪头肉的独特美味是当时烟台市场上其他任何企业的同类产品都无法媲美的。在有了这一重大发现之后，喜旺集团的创业者们决定抓住机会，充分利用好这一资源，凭借"喜旺"猪头肉这一拳头产品先树立自己的专业形象，赢得更多的市场。不出喜旺集团的创业者们所料，依靠这种拳头产品做市场的策略，"喜旺"猪头肉在山东省境内大举扩张，很快大量占领了山东市场。随着品牌的建立，喜旺集团的创业者们又迅速推出了几十个品种的肉制品，企业也很快由个体户变成了令人羡慕的集团公司。

▶▶▶ **知识与技能训练** --

一、单选题

1. 人们购买制冷用的空调主要是为了在夏天获得凉爽空气。这属于空调产品整体概念中的（　　）。

A. 核心产品　　　　B. 形式产品　　　C. 期望产品　　　D. 延伸产品

2. 产品的生命周期通常可以划分为（　　）阶段。

A.3 个　　　　　　B.4 个　　　　　　C.5 个　　　　　　D.2 个

3. 通常产品销售增长速度最快的时期是产品生命周期中的（　　）。

A. 投入期　　　　　B. 成长期　　　　C. 成熟期　　　　D. 衰退期

4. 在洗发水中，宝洁的品牌有海飞丝（定位于去头皮屑）、飘柔（定位于使头发柔顺）、潘婷（定位于使头发健康）、沙宣（定位于保湿、超乎寻常的呵护）。它采用的是（　　）策略。

A. 个别品牌　　　　B. 统一品牌　　　C. 分类品牌　　　D. 品牌延伸

5. 导入期选择快速掠取策略是针对目标顾客的（　　）。

A. 求名心理　　　　B. 求实心理　　　C. 求新心理　　　D. 求美心理

二、多选题

1. 下列属于产品整体概念中形式产品层的有（　　）。

A. 质量水平　　　　B. 免费送货　　　C. 外观特色

D. 提供信贷　　　　E. 品牌名称

2. 一个公司可以进行的品牌战略决策包括（　　）。

A. 品牌再定位　　　B. 品牌延伸　　　C. 多品牌策略　　　D. 家族品牌

3. 典型的产品生命周期包括（　　　）。

A. 导入期　　　　　B. 低谷期　　　　C. 成长期　　　　D. 成熟期　　　　E. 衰退期

4. 快速渗透策略，即企业以（　　　）推出新产品。

A. 高品质　　　　B. 高促销　　　　C. 低促销　　　　D. 高价格　　　　E. 低价格

5. 新产品的类型一般有（　　　）。

A. 全新新产品　　　B. 换代新产品　　C. 改进新产品　　　D. 仿制新产品

三、判断题

1. 产品能够提供的基本效用被称为形式产品，它是购买者所追求的中心内容。（　　　）

2. 产品包装的主要作用是保护商品、便于运输、促进销售和增加盈利。　　　　（　　　）

3. 通常产品市场销售增长速度最快的时期是在产品生命周期中的成熟期。　　　（　　　）

4. 生产企业只能使用生产商自己的品牌。　　　　　　　　　　　　　　　　　（　　　）

5. 企业可以通过产品销售增长率法来确定产品所处的生命周期阶段。　　　　　（　　　）

三、简答题

1. 如何理解产品整体概念？

2. 产品生命周期分为哪四个阶段？每个阶段有哪些主要特点？

3. 新产品开发有哪些步骤？

四、案例分析题

几年以来，EyeMo 在香港地区的滴眼剂领域中始终保持着领先地位，在消费者调查中，EyeMo 一直是名列第一的品牌，并且拥有最高的广告知晓度。不过，作为市场领导者也面临着一些挑战。首先，过去两年的销售额显示整个滴眼剂市场规模呈现缩减趋势，与此同时，品牌的增长也进入停滞期。此外，消费者调查数据显示，最经常使用 EyeMo 的是 30~39 岁年龄组的人，恰好是属于上一代的滴眼剂的使用者。年龄在 20~29 岁的白领女性中电脑与互联网的重度频繁使用者被认为是最经常使用滴眼剂的人，但这些人更喜欢竞争品牌的年轻形象。

公司对 20~29 岁的年轻白领女性进行了调查，想了解她们的消费习惯。调查主要从三方面进行的。首先，要知道她们关心什么。调查显示，对她们中的大多数人来说，一个典型的工作意味着至少在办公室待 8 小时，并且长时间在电脑前、日光灯下工作，她们通常感到眼睛疲劳和发痒，而几滴滴眼剂可以缓解这些症状，不过她们通常认为这是无关紧要的小毛病，一忍了之。令她们无法忍受的是不好的个人形象和不受人欢迎。其次，跟她们交流的最有效的方式是什么？数据表明，现有的网上活动中，电子邮件的使用率是 100%，并且一些聊天工具也是比较广泛。最后，她们是如何使用媒体的？对于 EyeMo 的目标受众来说，因特网和电子邮件不仅仅是为了完成工作而进行信息搜索的工具，也是获取许多乐趣和相关资讯的渠道。在以上调查的基础上，公司决定针对目标受众的特点制定一个促销方案，该方案的目标是：将营销的重点转移到经常使用滴眼剂的人群；创造出使用滴眼剂的必要性的驱动力；转化 EyeMo 品牌形象以吸引年轻的用户，非常需要维护长期顾客关系。请结合上述有关材料帮助企业制定营销组合策略。

五、实训实战题

选择一家企业的产品进行品牌策略分析

【实训目的】

掌握品牌策略。

【实训内容】

每位同学就某家企业的产品进行分析，结合自制 PPT 进行陈述。

【实训要求】

每人用五分钟完整陈述该企业品牌策略的运用。

【实训步骤】

（1）资讯准备

①教师示范陈述的主要内容、基本技巧。

②收集某企业的品牌策略资料。

（2）工作任务实施

（3）作业检查与评价

要素优化　价格优势

▶ 学习目标

◆ 知识目标

1. 了解产品定价的含义及目标
2. 掌握影响产品价格的主要因素
3. 掌握定价的程序
4. 熟悉产品定价的方法
5. 掌握产品的定价策略

◆ 能力目标

1. 能够结合企业调研分析影响产品价格的主要因素
2. 能够根据定价的程序科学制定产品的价格
3. 能够利用定价方法对影响价格形成的各因素进行研究，测定产品价格
4. 能够合理选择正确的定价策略进行产品定价

◆ 思政目标

1. 树立和发展学生关于社会主义市场经济相适应的价值观念
2. 强化学生经营管理能力和职业素养
3. 培养爱国主义情怀，增强民族自豪感

▶ **思维导图**

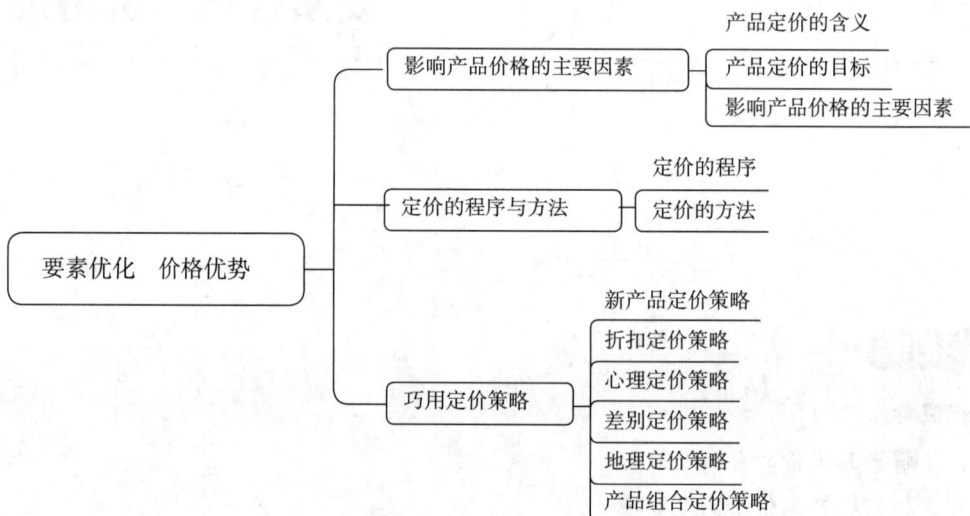

▶ **案例导入**

奶茶界"价格杀手"蜜雪冰城如何炼成?

　　当代年轻人对奶茶的热衷和高度需求,让这一行业近几年风头愈盛。喜茶、茶颜悦色、奈雪的茶、鹿角巷等新式茶饮品牌如雨后春笋般涌现,COCO都可、益禾堂等老品牌也加快了扩张的步伐。2020年6月22日,蜜雪冰城官方微博宣布"蜜雪冰城全球门店数量首次突破一万家",成为中国现制茶饮行业第一个拥有万店规模的品牌。一时之间,有关蜜雪冰城的话题不断。在老品牌激烈厮杀、新品牌层出不穷的茶饮行业,蜜雪冰城为什么能在众多茶饮品牌中脱颖而出?

　　蜜雪冰城是隶属于郑州两岸企业管理有限公司的连锁品牌。1997年从郑州燕庄路边的刨冰起步,最初名为"寒流刨冰";2000年刨冰店改名为"蜜雪冰城";2006年推出一元一支的"蜜雪冰城超级城堡",受到消费者喜爱,让公司高层看到了低价市场的无限潜力;此后,蜜雪冰城制定了"高品质平价产品"的产品定位,采取"爆款引流"的营销策略:用极致性价比的网红爆品,吸引消费者注意力,以赢得更大的收益。蜜雪冰城产品性价比较高,产品单价基本在4-9元区间变化,其中6元、7元产品数量更多。据微热点大数据研究院统计，蜜雪冰城最受关注单品TOP20可见，4元一杯的"冰鲜柠檬水"最受消费者关注，6元一杯的"珍珠奶茶"和8元一杯的"杨枝甘露"得到了消费者的青睐。

此外，蜜雪冰城还坚持每月上新，并且保证同类型的新品有1~2款，同时搭配不同的营销活动。如2019年5月的"手捣满杯香橙"活动；6月的三拼霸霸奶茶"致敬父亲节"活动；2020年周年庆推出的重回1997年"1元吃冰淇淋"活动等，令品牌始终保持话题度和活跃度，保持消费者对品牌的新鲜感。从关键词云来看，较低的开店费用、强劲的竞争优势和稳定的消费人群令不少人群询问"加盟""费用"；"摇摇""奶昔"系列、"柠檬水"、雪顶"咖啡"、满杯"百香果"等单品备受消费者关注，"便宜""好喝""大碗""喜欢"等表现出网友对蜜雪冰城的喜爱之情。

在如今茶饮市场日趋饱和、同质化严重的当下，蜜雪冰城通过其敏锐的市场洞察力、精准的定位策略，成功避开各大茶饮品牌在高消费市场的竞争，又通过下沉市场积累资本，运用超强的"流量思维"以及年轻化的花样营销扩大品牌知名度，使品牌经营规模不断扩大。未来蜜雪冰城的发展之路走向何方，可以拭目以待！

案例思考：蜜雪冰城是如何利用定价策略来达到营销目标？这样定价的优劣有哪些？

案例启示：可以看出，蜜雪冰城从一开始便走的"低价策略"，无论推出何种饮品，均定价在10元以下。要知道，在喜茶店里一杯奶茶要25~30元，在蜜雪冰城店里只需要不到三分之一的价格便可以体验。正是基于此，蜜雪冰城在二三四线城市迅速走红，成为奶茶界的"拼多多"，低价策略再次奏效。日前，2020中国茶饮十大品牌榜新鲜出炉，蜜雪冰城排在第二，超过奈雪，仅次于喜茶。

（数据资料来源：环球传媒网 http://www.lygmedia.com/wzdq/20201113/112020_35954.html）

项目十六　影响产品价格的主要因素

一、产品定价的含义

在中小企业营销管理中，产品定价被公认为是一项至关重要的工作。它不仅在很大程度上决定着产品能否迅速进入市场，而且影响着企业的销售收入和利润。这就要求企业既要考虑生产成本、销售成本的补偿问题和利润的获取问题，同时还要考虑消费者对价格的接受能力和购买能力。因此企业进行产品定价时，必须在买卖双方的利益权衡中找到一个均衡点。此外，定价也影响着产品和企业的社会形象，是构成企业竞争力的重要因素。

但是，产品定价也是一项困难重重而又充满极大风险的工作。如果产品价格制定不当，就会直接导致市场竞争加剧，使企业陷入销量下滑、利润严重受损的不利局面。特别是随着现代科技的迅猛发展和企业服务意识的不断提高，企业间的产品质量差距逐渐缩小，消费者对价格变得更加敏感，这就意味着，企业的产品定价政策一旦出现失误，再好的产品也难以逃脱失败的命运。因此，企业的定价决策是最高级别的经营决策，也是一项高风险决策，因而必须慎之又慎。

二、产品定价的目标

定价目标是指企业通过制定一定水平的价格，所要达到的预期目的。定价目标一般可分为利润目标、销售额目标、市场占有率目标和稳定价格目标。

（一）利润目标

利润是企业定价目标的重要组成部分，获取利润是企业生存和发展的必要条件，是企业经营的直接动力和最终目的。因此，利润目标为大多数企业所采用。由于企业的经营哲学及营销总目标的不同，这一目标在实践中有两种形式：

1. 以追求最大利润为目标。最大利润目标并不必然导致高价，价格太高，会导致销售量下降，利润总额可能因此而减少。有时，高额利润是通过采用低价策略，待占领市场后再逐步提价来获得的；有时，企业可以采用招徕定价艺术，对部分产品定低价，赔钱销售，以扩大影响，招徕顾客，带动其他产品的销售，进而谋取最大的整体效益。

2. 以获取适度利润为目标。它是指企业在补偿社会平均成本的基础上，适当地加上一定量的利润作为商品价格，以获取正常情况下合理利润的一种定价目标。由于以适度利润为目标确定的价格不仅可以使企业避免不必要的竞争，又能获得长期利润，而且由于价格适中，消费者愿意接受，还符合政府的价格指导方针，因此这是一种兼顾企业利益和社会利益的定价目标。需要指出的是，适度利润的实现，必须充分考虑产销量、投资成本、竞争格局和市场接受程度等因素。否则，适度利润只能是一句空话。

▶行业观察

2019年9月11日，苹果正式发布iPhone11系列手机，新款iPhone11的定价仅为5499元，比上一代iPhone X足足低了1000元。尽管iPhone11系列依旧一如既往地贵，但从市场的反馈来看，不仅没有上演"黄牛加价"的热闹场面，反而爆出了"跌破发行价"的消息。也就是说，苹果第一次在价格上给了国产品牌机会！

随后，在华为国内举行的发布会上，华为将mate30 pro的定价比iPhone11的价格高出300元，这就意味着，以华为为代表的国产手机品牌，不再将iPhone产品的价格线视为"禁区"，而在9月26日，华为商城官方微信公布了一则数据："mate30系列1分钟破5亿！"如此火爆的销售场面让很多人难以置信，而毫无疑问，这是属于国产手机的荣光。

（二）销售额目标

这种定价目标是在保证一定利润水平的前提下谋求销售额的最大化。某种产品在一定时期、一定市场状况下的销售额由该产品的销售量和价格共同决定，因此销售额的最大化既不等于销量最大，也不等于价格最高。对于需求的价格弹性较大的商品，降低价格而导致的损失可以由销量的增加而得到补偿，因此企业宜采用薄利多销策略，保证在总利润不低于企业最低利润的条件下，尽量降低价格，促进销售，扩大盈利；反之，若商品的需求的价格弹性较小时，降价会导致收入减少，而提价则使销售额增加，企业应该采用高价、厚利、限销的策略。

采用销售额目标时，确保企业的利润水平尤为重要。这是因为销售额的增加，并不必然带来利润的增加。有些企业的销售额上升到一定程度，利润就很难上升，甚至销售额越大，亏损越多。因此，销售额和利润必须同时考虑。在两者发生矛盾时，除非是特殊情况（如为了尽量地回收现金），应以保证最低利润为原则。

（三）市场占有率目标

市场占有率，又称市场份额，是企业经营状况和企业产品竞争力的直接反映。作为定价目标，市场占有率与利润的相关性很强，从长期来看，较高的市场占有率必然带来高利润。市场占有率目标在运用时存在着保持和扩大两个互相递进的层次。保持市场占有率的定价目标的特征是根据竞争对手的价格水平不断调整价格，以保证足够的竞争优势，防止竞争对手占有自己的市场份额。扩大市场占有率的定价目标就是从竞争对手那里夺取市场份额，以达到扩大企业销售市场乃至控制整个市场的目的。

在实践中，市场占有率目标被国内外许多企业所采用，其方法是以较长时间的低价策略来保持和扩大市场占有率，增强企业竞争力，最终获得最优利润。但是，这一目标的顺利实现至少应具备三个条件：

（1）企业有雄厚的经济实力，可以承受一段时间的亏损，或者企业本身的生产成本本来就低于竞争对手。

（2）企业对其竞争对手情况有充分了解，有从其手中夺取市场份额的绝对把握。否则，企业不仅不能达到目的，反而很有可能会受到损失。

（3）在企业的宏观营销环境中，政府未对市场占有率作出政策和法律的限制。比如美国制定有"反垄断法"，对单个企业的市场占有率进行限制，以防止少数企业垄断市场。在这种情况下，盲目追求高市场占有率，往往会受到政府的干预。

▶行业观察

大家应该经常在网购平台可以看到9.9包邮的产品，相信很多人都买过。大家一定很好奇，价格这么低，还包邮，商家还能赚钱吗？

其实，9.9包邮的低价营销店家不仅不亏本，还能月入十万甚至百万，主要原因有以下几个方面：一是快递成本低，可以与快递公司签协议，通常是包月，一个月不管发多少快递，都是一样的价格，可以将快递费用降低到2元甚至更低；二是商品成本小，有些平常的小商品售价几十上百一件，在库存市场直接按斤卖，所以产品成本低廉；三是薄利多销，虽然利润低，但是每单2~3元的利润，销量高的情况下，也可以收益颇丰；四是扩大市场，9.9包邮的营销目标不仅仅可以薄利多销，还有更重要的目的是抢占市场，引入流量；五是关联销售，店家可以通过打造一个爆款商品，来给店铺引流，购买的时候都会有推荐搭配，也有消费者会购买。

（四）稳定价格目标

稳定的价格通常是大多数企业获得目标收益的必要条件，市场价格越稳定，经营风险也就越小。稳定价格目标的实质即通过本企业产品的定价来左右整个市场价格，避免不必要的价格波动。按这种目标定价，可以使市场价格在一个较长的时期内相对稳定，减少企业之间因价格竞争而发生的损失。

为达到稳定价格的目的，通常情况下是由那些拥有较高的市场占有率、经营实力较强或较具有竞争力和影响力的领导者先制定一个价格，其他企业的价格则与之保持一定的距离或比例关系。对大企业来说，这是一种稳妥的价格保护政策；对中小企业来说，由于大企业不愿意随便改变价格，竞争性减弱，其利润也可以得到保障。在铜铁、采矿业、石油化工等行业内，稳定价格目标得到最广泛的应用。

三、影响产品价格的主要因素

　　影响产品定价的因素很多，有企业内部因素，也有企业外部因素；有主观的因素，也有客观的因素。概括起来，大体上可以有产品成本、市场需求、竞争因素和其他因素四个方面。

（一）产品成本

　　马克思的《资本论》告诉人们，商品的价值是构成价格的基础。商品的价值由 W（ware）=C（constant cost）+V（variable cost）+M（merit value），即商品价值 = 不变资本 + 可变资本 + 剩余价值构成。C+V 是在生产过程中物化劳动转移的价值和劳动者为自己创造的价值。M 是劳动者为社会创造的价值。显然，对企业的定价来说，成本是一个关键因素。企业产品定价以成本为最低界限，产品价格只有高于成本，企业才能补偿生产上的耗费，从而获得一定盈利。但这并不排斥在一段时期在个别产品上，价格低于成本。

　　在实际工作中，产品的价格是按成本、利润和税金三部分来制定的。成本又可分解为固定成本和变动成本。产品的价格有时是由总成本决定的，有时又仅由变动成本决定。成本有时又分为社会平均成本和企业个别成本。就社会同类产品市场价格而言，主要是受社会平均成本影响。在竞争很充分的情况下，企业个别成本高于或低于社会平均成本，对产品价格的影响不大。

　　根据统计资料显示，目前工业产品的成本在产品出厂价格中平均约占70%。这就是说，一般地讲，成本是构成价格的主要因素，这只是就价格数量比例而言。如果就制定价格时要考虑的重要性而言，成本无疑也是最重要的因素之一。因为价格如果过分高于成本会有失社会公平，价格过分低于成本，不可能长久维持。

　　企业定价时，不应将成本孤立地对待，而应同产量、销量、资金周转等因素综合起来考虑。成本因素还要与影响价格的其他因素结合起来考虑。

▶ 思政园地

"灵魂砍价"，一分一毛的"锱铢必较"

　　"4.4元的话，这样吧，4太多，中国人觉得难听，再降4分钱，4.36，行不行？"2019年，一段医保局专家与药企代表谈判的视频受到广泛关注，被称作最强"灵魂砍价"，每一分价格变化，叠加庞大的患者基数，都意味着巨额利益的调整，其难度可想而知。因为医疗药品具有公益普惠性质，所以在药品定价上，进价成本是决定药品价格的关键因素，而"以价换量"就是医保价格谈判的方针，核心目的就是推动药价成本的大幅下降，这一分一毛"锱铢必较"的背后，都是浓浓的人民情怀，每一分优惠，都是实实在在的药品价格实惠，而这也都将转化为患者的幸福增量。

（数据资料来源：中国经济网 https://baijiahao.baidu.com/s?id=1651540535470090134&wfr=spider&for=pc）

（二）市场需求

产品价格除受成本影响外，还受市场需求的影响，即受商品供给与需求的相互关系的影响。当商品的市场需求大于供给时，价格应高一些；当商品的市场需求小于供给时，价格应低一些。反过来，价格变动影响市场需求总量，从而影响销售量，进而影响企业目标的实现。因此，企业制定价格就必须了解价格变动对市场需求的影响程度。反映这种影响程度的一个指标就是商品的价格需求弹性系数。

所谓价格需求弹性系数，是指由价格的相对变动，而引起的需求相对变动的程度。通常可用下式表示：

需求弹性系数 = 需求量变动百分比—价格变动百分比

如果我们将成本因素和需求因素综合起来考虑，并做出适当的假设，可形成下面的关于定价的理论模式。

例：某商品根据市场调查可获得需求函数为：

$Q = 800 - 4P$

式中，Q 表示总需求量，P 表示单价。

又该企业此产品的成本函数为：$C = 1200 + 50Q$

式中，C 为总成本。

如果该企业的目标是利润最大化，那么，价格应定为多少？

解：根据已知条件，可得销售收入为：

$S = PQ$

利润：

$Z = S - C$

将条件代入可得：

$Z = -4P^2 + 1000P - 41200$

解得当 P=125（元）时，利润有极大值，其为 Zmax=21300（元）。

▶ **协作创新**

请分小组思考并讨论作为企业可以采取哪些方式来获取较为真实的市场需求。

（三）竞争因素

市场竞争也是影响价格制定的重要因素。根据竞争的程度不同，企业定价策略会有所不同。按照市场竞争程度，可以分为完全竞争、不完全竞争与完全垄断三种情况。

1. 完全竞争

所谓完全竞争也称自由竞争，它是一种理想化了的极端情况。在完全竞争条件下，买者和卖者都大量存在，产品都是同质的，不存在质量与功能上的差异，企业自由地选择产品生产，买卖双方能充分地获得市场情报。在这种情况下，无论是买方还是卖方都不能对产品价格进行影响，只能在市场既定价格下从事生产和交易。

2. 不完全竞争

它介于完全竞争与完全垄断之间，它是现实中存在的典型的市场竞争状况。不完全竞争条件下，最少有两个以上买者或卖者，少数买者或卖者对价格和交易数量起着较大的影响作用，买卖各方获得的市场信息是不充分的，它们的活动受到一定的限制，而且它们提供的同类商品有差异，因此，它们之间存在着一定程度的竞争。在不完全竞争情况下，企业的定价策略有比较大的回旋余地，它既要考虑竞争对象的价格策略，也要考虑本企业定价策略对竞争态势的影响。

3. 完全垄断

它是完全竞争的反面，是指一种商品的供应完全由独家控制，形成独占市场。在完全垄断竞争情况下，交易的数量与价格由垄断者单方面决定。完全垄断在现实中也很少见。

企业的价格策略，要受到竞争状况的影响。完全竞争与完全垄断是竞争的两个极端，中间状况是不完全竞争。在不完全竞争条件下，竞争的强度对企业的价格策略有重要影响。所以，企业首先要了解竞争的强度。竞争的强度主要取决于产品制作技术的难易，是否有专利保护，供求形势以及具体的竞争格局。其次，要了解竞争对手的价格策略，以及竞争对手的实力。再次，还要了解、分析本企业在竞争中的地位。

▶ 协作创新

分小组举例完全竞争、不完全竞争与完全垄断的相关案例。

（四）其他因素

企业的定价策略除受成本、需求以及竞争状况的影响外，还受到其他多种因素的影响。这些因素包括政府或行业组织的干预、消费者习惯和心理、企业或产品的形象等。

1. 政府或行业组织干预

政府为了维护经济秩序，或为了其他目的，可能通过立法或者其他途径对企业的价格策略进行干预。政府的干预包括规定毛利率，规定最高、最低限价，限制价格的浮动幅度或者规定价格变动的审批手续，实行价格补贴等。例如，美国某些州政府通过租金控制法将房租控制在较低的水平上，将牛奶价格控制在较高的水平上；法国政府将宝石的价格控制在低水平，将面包价格控制在高水平；我国某些地方为反暴利而对商业毛利率的限制等。一些贸易协会或行业性垄断组织也会对企业的价格策略进行影响。

2. 消费者习惯和心理

价格的制定和变动在消费者心理上的反应也是价格策略必须考虑的因素。在现实生活中，很多消费者存在"一分钱一分货"的观念。面对不太熟悉的商品，消费者常常从价格上判断商品的好坏，从经验上把价格同商品的使用价值挂钩。消费者心理和习惯上的反应是很复杂的，某些情况下会出现完全相反的反应。例如，在一般情况下，涨价会减少购买，但有时涨价会引起抢购，反而会增加购买。因此，在研究消费者心理对定价的影响时，要持谨慎态度，要仔细了解消费者心理及其变化规律。

3. 企业或产品的形象

有时企业根据企业理念和企业形象设计的要求，需要对产品价格作出限制。例如，企业为了树立热心公益事业的形象，会将某些有关公益事业的产品价格定得较低；为了形成高贵的企业形象，将某些产品价格定得较高，等等。

项目十七 定价的程序与方法

一、定价的程序

企业在产品定价时需要全面考虑，一般可分为六个步骤，确定定价目标、测定市场需求、估算产品成本、分析竞争状况、选择定价方法、确定最终价格，如图 17-1 所示。

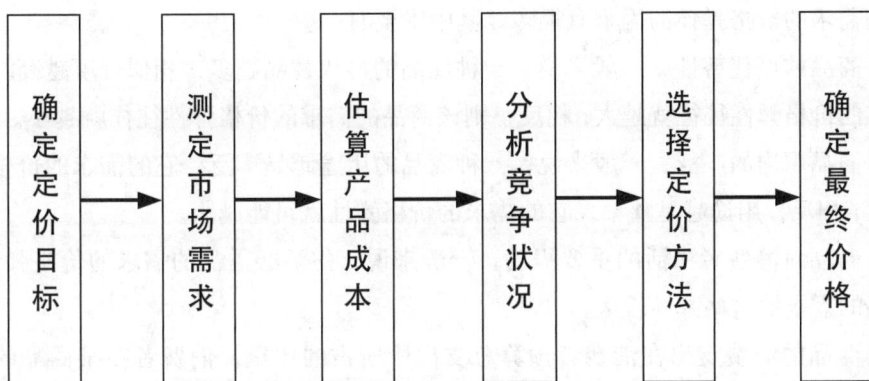

图 17-1 产品定价程序

（一）确定定价目标

定价目标是企业在对其生产或经营的产品制定价格时，有意识地要求达到的目的和标准。它是指导企业进行价格决策的主要因素。不同行业的企业有不同的定价目标，同一行业的不同企业可能有不同的定价目标，同一企业在不同的时期、不同的市场条件下也可能有不同的定价目标，即使采用同一种定价目标，其价格策略、定价方法和技巧也可能不同。企业应根据自身的性质和特点，具体情况具体分析，权衡各种定价目标的利弊，灵活确定自己的定价目标。

（二）测定市场需求

产品价格与市场需求在一般情况下是成反比关系的。价格会影响需求，在正常情况下，市场需求会按照与价格相反的方向变动。价格提高，市场需求就会减少；价格降低，市场需求就会增加。企业商品的价格会影响需求，需求的变化会影响企业的产品销售以及企业营销目标的实现。因此，测定市场需求状况是制定价格的重要工作。

1. 测定需求的价格弹性

在对市场需求的测定中，首要的是了解市场需求对价格变动的反应，即需求价格弹性。

需求价格弹性可用公式表示为：需求价格弹性(E)= 需求变化率(%)/ 价格变动率(%)。

① E>1，称为弹性大。它表示价格变动较小，能引起较大的需求变动。

② E<1，称为弹性小。它表示价格变动幅度较大，但引起需求变动幅度不大。

③ E=1，称为弹性适中。它表示价格变动引起需求变动幅度相等。

④ E=0，称为无弹性。它表示价格无论如何变动，需求都不变。

2. 测定需求弹性的影响

影响需求的价格弹性的因素有很多。其中主要有：

（1）商品的可代替性。一般来说，一种商品的可代替品越多，相似程度越高，则该商品的需求的价格弹性往往就越大；相反，则该商品的需求的价格弹性往往就越小。

（2）商品用途的广泛。一般来说，一种商品的用途越是广泛，它的需求的价格弹性就可能越大；相反，用途越是狭窄，它的需求的价格弹性就可能越小。

（3）商品对消费者生活的重要程度。一般来说，生活必需品的需求的价格弹性较小，非必需品的需求的价格弹性较大。

（4）商品的消费支出在消费者预算总支出中所占的比重。消费者在某商品的消费支出在消费者预算总支出中所占的比重越大，该商品的需求的价格弹性可能越大；反之，则越小。

（5）所考察的消费者调节需求量的时间。一般来说，所考察的调节时间越长，则需求的价格弹性就可能越大。

（三）估算产品成本

企业在制定商品价格时，要对产品进行成本估算，任何企业对这都不例外。企业商品价格的最高限度取决于市场需求及有关限制因素，而最低价格不能低于经营成本商品的经营成本费，这是企业制定商品价格的下限（短期的活动、或由于某种原因个别品种的价格低于成本费用的情况除外），低于这个限度，企业无法维持再生产和继续经营。因此，制定商品价格要在企业目标已定、市场需求已摸清的情况下进行产品的成本估算。

（四）分析竞争状况

商品价格的制定除取决于需求状况、成本状况之外，还受到市场竞争状况的强烈影响。对竞争状况的分析，包括以下三个方面的内容。

1.分析企业竞争地位。企业及其产品在市场上的竞争地位对最后制定产品价格有重要的意义。要在企业的主要市场和竞争能力方面作出基本的估计，列出企业目前处于何种状况，并在分析过程中考虑有关重要的非商品竞争能力，如服务质量、渠道状况、定价方法等。

2.分析竞争企业的定价方向。要从各种公开发表的财务资料及其他材料中，或者从以购物者身份索要的价目表中了解竞争对手的产品价格，以使本企业商品价格的制定更主动。这方面工作要考虑到企业的定价目标及策略。如企业为了避免风险，可采用"随行就市"的方法，跟着行业中主导企业的价格、主要竞争对手的价格走；也可以在与竞争企业中主导企业的产品进行全面比较后，决定高于或低于竞争企业的价格。但要注意，当企业在一个行业中单独制定较高或较低的价格时，提价或降价都应意识到风险的存在，此时应作全面的分析，并配以各项有力措施。

3.估计竞争企业的反应。企业要把即将可能采用的价格策略排列出来，而进行分析、估计和预测可能引起的市场反应。如财务、技术、管理方面的优势和劣势，非价格因素的长处与缺点，现行的营销策略以及竞争对手反应的历史资料，使企业的有关决策人员知己知彼，从而制定相应的策略和采用适当的方法。

▶ **行业观察**

金利来领带，一上市就以优质、高价定位，对于质量有问题的金利来领带，他们决不让上市销售，更不会降价处理。给消费者这样的信息，即金利来领带绝对不会有质量问题，低价销售的金利来绝非真正的金利来产品，从而很好地维护了金利来的形象和地位。

（五）选择定价方法

成本导向定价、需求导向定价、竞争导向定价是三种常见的定价方法。这些方法有的侧重于成本，有的侧重于需求，有的着眼于竞争，但它们的任务都是为产品确定一个基本价格。每种定价方法都有它的优缺点，这需要企业在选择定价方法时必须根据自身的环境、商业竞争状况等因素综合考虑。

（六）确定最终价格

定价务必要有弹性，决定产品价格时要了解成本，综合考虑竞争、需求等因素，确保定价符合法律规定。这也就是说，低价、高价都可能是"好价"，主要看企业如何运用有关的价格策略来进行最终的产品定价。

二、定价的方法

所谓定价方法，是指企业在特定的定价目标指导下，依据对影响价格形成的各因素的具体研究，运用价格决策理论，对产品价格进行测定的方法。定价方法的选择和确定是否合理，关系到企业定价目标能否实现和定价决策的最终成效。

产品定价方法

（一）成本导向定价法

成本导向定价法是一种企业最常用、最基本、最简单的定价方法，即在产品单位成本的基础上，加上预期利润作为产品的销售价格。售价与成本之间的差额就是利润。

1. 成本加成定价法

成本加成定价法是按产品单位成本加上一定比例的利润制定产品价格的方法。大多数企业是按成本利润率来确定所加利润的大小的。成本加成定价法的公式为：

$$P=C(1+r)$$

其中，P为产品单价，C为单位成本，r为成本利润率。

例如，某产品的单位成本为10元，加成20%，则该产品的销售价格定为12元。

这种方法的优点是计算简便易行，资料容易取得；能够保证企业所耗费的全部成本得到补偿，并在正常情况下获得一定的利润；有利于保持价格的稳定。但不足之处在于它忽视了产品需求弹性的变化，不能适应迅速变化的市场要求，缺乏应有的竞争能力；由于以产品成本为定价基础，该方法缺乏灵活性，容易导致错误决策的产生；不利于企业降低产品成本。

2. 目标收益定价法

目标收益定价法是根据企业预期的总销售量及其总成本，确定一个目标收益率的定价方法。目标收益定价法的公式为

产品单价＝（固定成本＋目标利润产品单价）／预期销售量＋单位可变成本

如果以成本利润率为目标收益率，其具体的步骤和方法是：第一步，先确定预期的销售量，并推算出在这个预期销售量下的总成本；第二步，根据预期的销售量和总成本，确定目标收益率；第三步，计算出商品价格。

例如，某企业固定成本为50万元，变动成本为40万元，产量为10万个，预期销售量为8万个，假如企业的目标利润为30万元，则

产品单价 =（50+30）/8+40/10=10+4=14（元）

该方法的优点是计算方便，并可预计企业的利润，目标明确。在销售状况比较稳定的市场条件下，可广泛采用，但目标收益定价法的缺点也十分明显，如果市场竞争激烈，商品销售量不稳定时，就很难采用。

3. 边际成本定价法

边际成本定价法是使产品的价格与其边际成本相等，即 $P=MC$。由于边际成本与变动成本比较接近，而变动成本的计算更容易一些，所以在现实的定价过程中多用变动成本代替边际成本。

边际成本定价法只考虑变动成本，不考虑固定成本，在价格高于变动成本的情况下，企业出售产品所得到的收入除了完全补偿变动成本外，还可用来补偿一部分固定成本，甚至可能提供利润。

该方法适用于以下几种情况：企业主要商品已分摊企业固定成本后的新增商品定价；企业达到保本点后的商品定价；企业开拓新地区市场的商品定价，即在现有市场的销售收入已能保本并有盈利的情况下，为拓展市场，可对新客户或新设网点的商品按变动成本定价；企业经营淡季时的定价。

4. 盈亏平衡定价法

盈亏平衡定价法也叫保本定价法或收支平衡定价法，是指运用盈亏平衡分析原理来确定产品价格的方法。盈亏平衡分析的关键是确定盈亏平衡点，即企业收支相抵，利润为零时的状态。在销量达到一定水平时，企业应如何定价才不至于发生亏损。反过来说，已知价格在某一水平上，应销售多少产品才能保本。

▶ 思政园地

减税降费：点亮中小企业成长梦想

2020 年，面对突如其来的新冠肺炎疫情，许多中小企业面临客源减少、成本上升、资金周转难考验。而中小企业是中国经济庞大躯体内的"毛细血管"，发挥着吸纳就业，增加经济活力，满足居民消费需求的重要作用，而税费是影响企业产品定价的一项重要因素。为助企纾困，降低企业成本，国家税务部门打出了一套减税降费"组合拳"。

另外，在 2021 年初召开的全国税务工作会议明确表示，2021 年全国税务系统将进一步巩固拓展减税降费成效，促进完善现代税收制度，助力高质量发展。继续抓实抓细延续实施和新出台的税费优惠政策落实，持续优化推动政策红利直达市场主体的机制和做法。

建立现代财税金融体制，将财税与金融体制有效融合，产生协同效应，有助于更好地实现政策预期目标。

（二）需求导向定价法

需求导向定价法是指企业在制定商品价格时，主要根据市场需求的大小和消费者反应的不同，分别确定商品价格。其特点是灵活有效地运用价格差异，对于平均成本相同的同一产品，价格随市场需求的变化而变化。

1. 理解价值定价法

理解价值是指消费者对某种商品价值的主观评判，它与产品的实际价值常常发生偏离。理解价值定价法是指企业以消费者对商品价值的理解度为定价依据，运用各种营销策略和手段，影响消费者对商品价值的认知，形成对企业有利的价值观念，再根据商品在消费者心中的价值来制定价格。采用这种定价方法，显然需要企业能比较自己的产品与竞争者的产品在市场上被消费者理解的程度，从而做出恰如其分的估计。因此，准确而充分的营销调研是理解价值定价法的先决条件。

2. 需求差异定价法

根据不同的市场需求制定不同的商品价格，是定价中极为普遍的一种定价法。这种定价的基础是顾客心理差异、商品式样差异、出售时间和地点的差异等。

可以采取以下几种形式进行差别定价。

（1）以顾客为基础的差别定价。同样的产品和服务，对于不同的顾客可制定不同的价格。例如，同样的建筑材料，卖给经常采购的建筑单位要比卖给一般用户的价格低一些。

（2）以产品式样为基础的差别定价。同等质量和规格的产品，式样老的可定低价，式样新的可定高价；高档产品和低档产品，价格也可拉开差距。

（3）根据出售的地理位置和时间差别定价。例如，商品在旺季时价格可定高一些，在淡季时可适当降低价格；有些商品甚至根据不同的时间规定不同的价格，例如，手机流量、电话等在白天、夜晚、节假日等时间段都有不同的收费标准。

采用需求差异定价法的条件是：市场要能够细分，而且不同的细分市场要能看出需求程度的差别；差别价格不会引起消费者的反感。

3. 逆向定价法

逆向定价法是指企业依据消费者能够接受的最终销售价格，计算出自己从事经营的成本和利润后，逆向推算出商品的批发价和出厂价。这种定价方法不以实际成本为主要依据，而是以市场需求为定价出发点，力求让价格能为消费者所接受。

例如，通过市场调查，某企业获悉绝大多数消费者愿意用 300 元购买一款本公司品牌产品，零售商毛利要求 15%，批发商的批发毛利要求 5%，企业以此为准计算，该产品的出厂价要定在 250 元左右，才能保证批发商、零售商和消费者都能接受。由于价格是既定的，因此企业要获利，就必须在节约成本，提高劳动生产率方面下功夫。

（三）竞争导向定价法

竞争导向定价法是指在竞争激烈的市场上，企业通过研究同类产品竞争对手的生产条件、价格水平、服务状况等因素，并依据企业自身的竞争实力、参考成本和供求状况来确定产品的最终价格。

1. 随行就市定价法

随行就市定价法是指与本行业同类产品价格水平保持一致的定价方法。这种"随大流"的定价方法，主要适用于需求弹性较小或供求基本平衡的产品。在这种情况下，单个企业提高价格就会失去消费者；而降低价格，需求和利润也不会增加。随行就市作为一种较稳妥的定价方法，尤其为中小企业所普遍采用。它既可避免挑起价格竞争，与同行业中的企业和平共处，减少市场风险，又可补偿平均成本，从而获得适度利润，而且易为消费者所接受。

2. 竞争价格定价法

竞争价格定价法是指根据本企业产品的实际情况及与竞争对手的产品差异状况来确定价格的方法。这是一种主动竞争的定价方法，一般为实力雄厚或产品独具特色的企业所采用。定价步骤为：

（1）将市场上竞争品的价格与企业估算价格进行比较，分高于、等于、低于 3 种价格层次；

（2）将本企业产品的性能、质量、成本、产量等与竞争企业进行比较，分析造成价格差异的原因；

（3）根据以上综合指标确定本企业产品的特色、优势及市场地位，在此基础上，按定价所要达到的目标，确定产品价格；

（4）跟踪竞争产品的价格变化，及时分析原因，相应调整本企业的产品价格。

3. 投标定价法

投标定价法是指在投标交易中，投标方根据招标方的规定和要求进行报价的方法，一般有密封投标和公开投标两种形式。企业的投标价格必须是招标单位所愿意接受的价格。在竞争投标的条件下，对于投标价格的确定，企业首先要根据自身的主、客观条件正确地估算完成指标任务所需要的成本。其次，企业要对竞争对手的可能报价水平进行分析预测，判断本企业中标的机会，即中标概率。企业中标的可能性或概率的大小取决于参与投标竞争企业的报价状况。报价高，中标概率小；报价低，则中标概率大；报价过低，虽然中标概率极大，但利润可能很少甚至亏损，对企业并非有利。因此，如要使报价容易中标且有利可图，企业就要以投标最高期望利润为标准确定报价水平。

▶ 协作创新

某景点游船项目票价分为以下几类：

1. 工作日票价：80元；

2. 周六、周日票价：88元；

3. 8人以上团体票价：打八折；

4. 凭学生证票价：半价优惠；

5. 1.2米以下儿童、70岁以上老年人凭身份证、现役军人凭士兵证或军官证可以享受免票。

思考并讨论：以上票价定价分别采用了哪种需求差异定价法？

项目十八　巧用定价策略

定价策略是中小企业营销管理中一个十分关键的组成部分。价格通常是影响交易成败的重要因素，同时又是营销管理中最难以确定的因素。企业定价的目标是促进销售，获取利润。这要求企业既要考虑成本的补偿，又要考虑消费者对价格的接受能力，从而使定价策略具有买卖双方双向决策的特征。归纳起来，主要有以下几种策略。

新产品定价策略

一、新产品定价策略

新产品定价是企业价格策略的一个关键环节。因为新产品的成本高，消费者对它不了解，竞争对手可能还没有出现，所以其定价的正确与否，关系到新产品能否顺利进入市场，并为以后占领市场打下基础。企业在推出受专利保护的新产品时，可根据自身情况选择以下定价策略。

（一）撇脂定价策略

市场撇脂定价法是指新产品上市之初，将新产品价格定得较高，在短期内获取厚利，尽快收回投资。这一定价策略就像从牛奶中撇取其中所含的奶油一样，取其精华，所以称为"撇脂定价"策略。在新产品投放市场的初期，消费者对它缺乏了解，一些采用新技术发明的新产品因具有独特的功能还会对消费者产生极大的吸引力。由于新产品以新的外观、性能出现在消费者面前，消费者通常愿意多花些钱去购买；同时市场上生产同类产品者很少，产品需求的价格弹性较小，因而企业可以为新产品制定高价，以迅速收回研制新产品时的花费，并获得尽可能多的利润。

撇脂定价法的优点有以下几个方面：第一，可以利用高价产生的厚利，使企业在新产品上市之初，即能迅速收回投资，减少了投资风险；第二，在新产品上市之初，利用消费者求新的心理，企业可以通过制定较高的价格，以提高产品身份，创造高价、优质、名牌的印象；第三，先制定较高的价格，在其新产品进入成熟期后可以拥有较大的调价余地，通过逐步降价保持企业的竞争力；第四，企业利用高价可以限制需求的过快增长，缓解产品供不应求状况，并且可以利用高价获取的高额利润进行投资，逐步扩大生产规模，使之与需求状况相适应。

撇脂定价策略也存在以下缺点：第一，高价产品的需求规模毕竟有限，过高的价格不利于市场开拓、增加销量，也不利于占领和稳定市场；第二，高价高利会导致竞争者的大量涌入，仿制品、替代品迅速出现，从而迫使价格急剧下降；第三，价格远远高于价值，在某种程度上损害了消费者利益，容易招致公众的反对和消费者抵制，诱发公共关系问题。

从根本上看，撇脂定价是一种追求短期利润最大化的定价策略，若处置不当，则会影响企业的长期发展。因此，在实践当中，特别是在消费者日益成熟，购买行为日趋理性的今天，采用这一定价策略必须谨慎。

（二）渗透定价策略

渗透定价策略是指企业把新产品投入市场时价格定得相对较低，以吸引大量顾客及迅速打开市场，短期内获得比较高的市场占有率，这种策略正好同撇脂定价策略相反，是以较低的价格进入市场，具有较强的渗透性和排他性。该定价策略也称为低价定价策略。

渗透定价策略的优点如下：第一，低价会刺激市场需求，使企业生产和经营成本随着销售额的增加而下降，从而实现产品的薄利多销并迅速打开市场，将产品渗透到各个不同的区域，以提高产品的市场占有率；第二，低价能有效地抑制现实和潜在竞争对手的进入，扩大企业的市场声势，以便企业长期占领市场。

另外，渗透定价策略也有以下缺点：第一，由于价格较低，企业获利少，投资回收期长；第二，由于价格变动余地小，企业难以应付在短期内骤然出现的竞争和市场需求的较大变化，从而造成重大损失；第三，有时低价还容易使消费者怀疑商品没有质量保证。

渗透定价策略虽然能促进产品销售，使企业通过薄利多销来增加利润，但并不是任何新产品都可以采用。适合采用低价策略的产品应具备以下几个基本条件：一是新产品的价格需求弹性大，消费者对市场上产品的价格很敏感，价格稍微低些就有很多人愿意购买，价格高些则情况相反。二是新产品生产经营费用随经验的增加而降低，若大量生产和销售产品，生产成本与销售成本就可因大批量生产和销售而降低。三是低价不会引起恶性竞争。

（三）满意定价策略

满意定价策略是一种介于撇脂定价和渗透定价之间的折中定价策略，指企业制定不高不低的价格，既能对消费者产生一定的吸引力，又能使企业弥补成本后还有盈利，以达到企业和消费者双方都满意的效果。

满意定价策略的优点在于：产品价格能较快地为消费者所接受，消费者比较满意，而不会引起竞争者的对抗，可以延长产品的市场生命周期；同时，由于价格定得不太高，这为以后调高价格留有了余地，使消费者容易接受。其缺点在于：价格比较保守，不适于竞争激烈或复杂多变的市场环境。这一策略适用于需求价格弹性较小的商品，包括重要的生产资料和生活必需品。

以上三种新产品定价策略均有利弊，企业在具体应用时采用何种策略，还要从其实际情况、生产能力、市场需求特征、产品差异性、预期收益、消费者的购买能力和对价格的敏感程度等因素出发，综合分析，灵活选择。

▶ 协作创新

分小组讨论，请每组讲解一个新产品定价策略案例，并分析其营销利弊。

二、折扣定价策略

折扣定价策略是指对基本价格作出一定的让步，直接或间接降低价格，以争取顾客，扩大销量，这种价格调整即为折扣定价策略。折扣价格的主要类型包括：数量折扣、现金折扣、功能折扣、季节折扣、推广津贴折扣等。

折扣定价策略

（一）数量折扣

数量折扣又称批量作价，是企业对大量购买产品的顾客给予的一种减价优惠，按购买数量的多少，分别给予不同的折扣，购买数量愈多，折扣愈大。其目的是鼓励大量购买，或集中向本企业购买。数量折扣包括累计数量折扣和一次性数量折扣两种形式。累计数量折扣规定顾客在一定时间内，购买商品若达到一定数量或金额，则按其总量给予一定折扣，让顾客成为可信赖的长期客户，其适合于不宜一次大量购买易变质的产品，如食品、蔬菜、水果等。一次性数量折扣规定一次购买某种产品达到一定数量或购买多种产品达到一定金额，则给予折扣优惠，其目的是鼓励顾客大批量购买，促进产品多销、快销。

（二）现金折扣

现金折扣是指对在规定的时间内提前付款或用现金付款者所给予的一种价格折扣，其目的是鼓励顾客尽早付款，加速资金周转，降低销售费用，减少财务风险。采用现金折扣一般要考虑三个因素：折扣比例；给予折扣的时间限制；付清全部货款的期限。提供现金折扣等于降低价格，所以，企业在运用这种手段时要考虑商品是否有足够的需求弹性，保证通过需求量的增加使企业获得足够利润。此外，由于现阶段的许多企业和消费者对现金折扣还不熟悉，运用这种手段的企业必须结合宣传手段，使顾客更清楚自己将得到的好处。

▶ 行业观察

近几年，"双十一"购物狂欢节都上线了预售商品环节，通过付定金来优惠相应的金额，比如这款商品预售价：103元，定金20元，付定金立减15元，所以计算过程：103-

20−15=68 元（应付尾款），尾款＋定金（68 元 +20 元）=88 元，所以这款商品你买到手时为 88 元，如果还准备使用购物津贴"领津贴每满 400 减 50"，那么价格肯定比 88 元更低。

（三）功能折扣

功能折扣是根据各类中间商在产品分销过程中所处的环节不同，其所承担的功能、责任和风险也不同，企业给予不同的价格折扣，其目的在于调动中间商为本企业推销产品的积极性，与企业建立长期、稳定、良好的合作关系，从而占领更广阔的市场。功能折扣的比例主要考虑中间商在分销渠道中的地位，对生产企业产品销售的重要性，购买批量，完成的促销功能，承担的风险，服务水平，履行的商业责任，以及产品在分销过程中所经历的层次和在市场上的最终售价等。功能折扣的结果是形成购销差价和批零差价。

（四）季节折扣

有些商品的生产是连续的，而其消费却具有明显的季节性。为了调节供需矛盾，这些商品的生产企业就采用季节折扣的方式，对在淡季购买商品的顾客给予一定的优惠，使企业的生产和销售在一年四季能保持相对稳定。季节折扣比例的确定，应考虑成本、储存费用、基价和资金利息等因素。季节折扣有利于减轻库存，加速商品流通，迅速收回资金，促进企业均衡生产，充分发挥生产和销售潜力，避免因季节需求变化所带来的市场风险。

（五）推广津贴折扣

推广津贴折扣是企业为扩大产品销路，向中间商提供各种促销活动进行鼓励，给予津贴补助，有利于扩大商品影响和销路。比如，当中间商为企业产品提供了包括刊登地方性广告、设置样品陈列窗等在内的各种促销活动时，生产企业给予中间商一定数额的资助或补贴。又如，对于进入成熟期的消费者，企业开展以旧换新业务，将旧货折算成一定的价格，在新产品的价格中扣除，顾客只支付余额，以刺激消费需求，促进产品的更新换代，扩大新一代产品的销售。这也是一种津贴折扣的形式。

▶ 行业观察

沃尔玛能够迅速发展，除了正确的战略定位，也得益于其首创的折价销售策略。每家沃尔玛商店都贴有"天天廉价"的大标语。同一种商品在沃尔玛比其他商店要便宜。沃尔玛提倡的是低成本、低费用结构、低价格的经营思想，主张把更多的利益让给消费者，为顾客节省每一美元是他们的目标。沃尔玛的利润通常在 30% 左右，而其他零售商如凯马特的利润率都在 45% 左右。公司每星期六早上举行经理人员会议，如果有分店报告某商品价格在其他商店比沃尔玛低，可立即决定降价。低廉的价格、可靠的质量是沃尔玛的一大竞争优势，吸引了一批又一批的顾客。

三、心理定价策略

心理定价策略，就是根据消费者购买商品时的心理对产品进行定价，使之成为消费者可接受的价格。消费者的购买行为由消费心理支配，它运用心理学的原理，根据不同类型的消费者在购买商品时的不同心理动机来制定价格，以诱导消费者增加购买。心理定价策略主要有以下几种。

心理定价策略

（一）尾数定价策略

尾数定价策略又称零头定价或缺额定价，即给产品定一个零头数结尾的非整数价格。这种策略是企业针对那些已经进入市场的成熟产品而制定的定价策略，一般会以 9 结尾，而针对中国人对于数字"6"或数字"8"的独特喜爱，企业也会采用 6 或 8 来结尾。例如：把 10 元的商品定价为 9.99 元或把 1000 元的商品定价为 998 元等。这是一种适应消费者希望自己能够买便宜货的心理而使用的价格策略。因为在消费者看来，零头价格是经过细心计算的最低价格，甚至一些高价商品看起来好像不太贵。另外，从心理学上看，消费者会认为这种价格经过精确计算，购买不会吃亏，从而产生信任感。

（二）整数定价策略

整数定价与尾数定价正好相反，整数定价策略是指企业有意识地把商品的尾数去掉，以零划整制定整数价格。整数定价多用于价格较贵的耐用品或礼品，以及消费者不太了解的产品，对于价格较贵的高档产品，顾客对质量较为重视，往往把价格高低作为衡量产品质量的标准之一，容易产生"一分价钱一分货"的感觉，从而有利于销售，它正是针对消费者这种心理而确定的定价策略。一般来说，在这种情况下，价格的高低已成为显示身份的标志，而且能使消费者产生高档消费的满足感。

（三）声望定价策略

声望定价即针对消费者"便宜无好货、价高质必优"的心理，对在消费者心目中享有一定声望，具有较高信誉的产品制定高价。不少高级名牌产品和稀缺产品，如豪华轿车、高档手表、名牌时装、名人字画、珠宝古董等，在消费者心目中享有极高的声望价值。购买这些产品的人，往往不在乎产品价格，而最关心的是产品能否显示其身份和地位，价格越高，心理满足的程度也就越大。要特别指出的是，物以稀为贵，为了声望定价得以维持，需要适当控制市场拥有量。另外，声望定价必须非常谨慎，如果产品质量或者服务跟不上，则可能会迅速丢掉市场。

（四）习惯价格定价策略

有些产品在长期的市场交换过程中已经形成了为消费者所适应的价格，甚至消费者在心理上产生了这样的看法：该价格就是"天经地义的，应该的"，成为习惯价格。企业对这类产品定价时要充分考虑消费者的习惯倾向，采用"习惯成自然"的定价策略。降低价格会使消费者怀疑产品质量是否有问题；提高价格会使消费者产生不满情绪，导致购买的转移。所以，对消费者已经习惯了的价格，不宜轻易变动。企业把握消费者的这种习惯心理制定价格策略，在较长时期内保持产品的价格稳定不变，能满足消费者的某些心理需要，甚至能战胜竞争对手，继续稳固市场地位。

（五）招徕定价策略

招徕定价策略是指将几种商品的价格定得非常高或者非常低，在引起消费者的好奇心理和观望行为之后，带动其他商品的销售，这是适应消费者"求廉"的心理，以吸引顾客、扩大销售的一种定价策略。这种策略常为综合型百货商店、超市甚至高档商品的专卖店所采用，节假日和换季期间对部分商品实行折价让利销售，以此吸引顾客，促进其他价格比较正常的商品的销售，从而达到扩大连带商品销售的目的。值得企业注意的是，用于招徕定价的商品，应该与低劣、过时商品明显地区别开来。招徕定价的商品，必须是品种新、质量优的适销产品，而不能是处理品。否则，不仅达不到招徕顾客的目的，反而可能使企业声誉受到影响。

▶ **行业观察**

日本东京的一家咖啡屋，竟然打出广告推出了 5000 日元一杯的咖啡，价格是普通咖啡的 50 倍，就连一掷千金的豪客也大惊失色。然而消息传开，抱着好奇心理的顾客蜂拥而至，使往常冷冷清清的店堂一下子热闹了，果汁、汽水、大众咖啡等饮料格外畅销。

试析：日本东京咖啡屋运用的是一种什么定价策略？它的适用条件是什么？

分析：他们运用的是一种"高价招徕法"，其适用条件是消费者对商品价格的消费心理不同。通过商品的价格调整打破消费者的消费惯性，从而成功引起消费者兴趣和注意。

四、差别定价策略

差别定价策略是指对同一产品针对不同的顾客、不同的市场制定不同的价格的策略。其种类主要有：顾客差别定价策略、产品差别定价策略、地点差别定价策略和时间差别定价策略。

（一）顾客差别定价策略

顾客差别定价策略，是指企业按照不同的价格把同一产品或劳务卖给不同的顾客。该定价策略是根据顾客的付款能力来定价。一般来说，收入水平、年龄、职业、性别等不同的消费者对价格的接受程度有较大的差异。对于低收入者、弱势群体，定价水平要低；对于高收入者，定价水平要高。

（二）产品差别定价策略

产品差别定价策略，是指企业对不同花色、品种、式样的产品制定不同的价格，但这个价格相对于它们各自的成本是不成比例的。比如一件 T 恤定价 100 元，成本 60 元，在 T 恤上绣上一组图案，追加成本 5 元，但价格可定到 200 元。

（三）地点差别定价策略

地点差别定价策略，是指企业对于处于不同地点的同一商品收取不同的价格，即使在不同地点提供的商品成本是相同的。例如，影剧院不同座位的成本费用都一样，却按不同的座位收取不同价格。这样做的目的是调节客户对不同地点的需求和偏好，平衡市场供求。

（四）时间差别定价策略

时间差别定价策略，是指企业对于不同季节、不同时期甚至不同钟点的产品或服务分别制定不同的价格。例如，旅游服务企业在淡季和旺季的收费不同；电影院晚场和白天场的定价不同。

▶协作创新

分小组讨论，请每个小组分别列举 3 个差别定价策略的案例，并进行分析。

五、地理定价策略

地理定价策略是一种根据产品销售地理位置的不同而规定差别价格的策略。地理定价策略的关键在于运费的负担问题，地理定价策略就是要解决企业与顾客关于运费负担的平衡问题。地理定价策略的形式主要有以下几种。

（一）产地交货定价

产地交货定价是卖方按出厂价格交货或将货物送到买方指定的某种运输工具上交货的定价。交货后的产品所有权归买方所有，运输过程中的一切费用和保险费均由买方承担。产地交货价格对卖方来说较为便利，费用最省，风险最小，但对扩大销售有一定影响。

（二）目的地交货定价

目的地交货定价，是由卖方承担从产地到目的地的运费及保险费的定价。目的地交货价格由出厂价格加上产地至目的地的手续费、运费和保险费等组成，虽然手续较繁琐，卖方承担的费用和风险较大，但有利于扩大产品销售。

（三）统一交货定价

统一交货定价，也称送货制定价，即卖方将产品送到买方所在地，不分路途远近，统一制定同样的价格。这种价格类似于到岸价格，其运费按平均运输成本核算，这样，可减轻较远地区顾客的价格负担，使买方认为运送产品是一项免费的附加服务，从而乐意购买，有利于扩大市场占有率。该策略适用于体积小、重量轻、运费低或运费占成本比例较小的产品。

（四）分区运送定价

分区运送定价，也称区域价格，指卖方根据顾客所在地区距离的远近，将产品覆盖的整个市场分成若干个区域，在每个区域内实行统一定价。这种价格介于产地交货价格和统一交货价格之间。实行这种办法，处于同一价格区域内的顾客，就得不到来自卖方的价格优惠；而处于两个价格区域交界地的顾客之间就得承受不同的价格负担。

（五）运费津贴定价

运费津贴定价，是指为弥补产地交货价格策略的不足，减轻买方的运杂费、保险费等负担，由卖方补贴其部分或全部运费。该策略有利于减轻边远地区顾客的运费负担，使企业保持市场占有率，并不断开拓新市场。

六、产品组合定价策略

产品组合定价策略是对不同组合产品之间的关系和市场表现进行灵活定价的策略。企业为了实现整个产品组合的利润最大化，在充分考虑不同产品组合产品之间的关系，以及个别产品定价高低对企业总利润的影响等因素的基础上，系统地调整组合中相关产品的价格。主要的策略如下。

（一）产品线定价策略

产品线定价策略是根据购买者的需求，为同一产品线中不同的产品确立不同的角色，制定高低不等的价格。对产品线内的不同产品，要根据产品的质量和档次、顾客的不同需求及竞争者产品的情况确定不同的价格。如服装商店对男士西服定价 220 元、650 元、1100 元 3 个水平，顾客自然会以 3 个质量等级来对应选购 3 种价格的产品。但是，企业在进行产品线定价时应该注意，产品线中不同产品的价差要适应顾客的心理需求，价差过大，会诱导顾客趋向于某一种产品；价差过小，会使顾客无法确定选购目标。

（二）互补品定价策略

互补品是指两种或两种以上功能互相依赖、需要配合使用的商品。如汽车与机油、隐形眼镜与清洗液、饮水机与桶装水等。互补品定价策略的具体做法是：把价值高而购买频率低的主件价格定得低些，而对与之配合使用的价值低而购买频率高的易耗品价格适当定高些。例如，为打印机定一个相对较低的价格，而相应地提高硒鼓的价格或日常保养的费用，这样有利于提升市场竞争优势，并增加企业总体利润。

（三）成套产品定价策略

成套产品定价策略指以低于单个出售的价格将互相关联、互相配套的产品按套出售，以吸引顾客成套购买，从而扩大销售，节约费用，增加利润的定价策略。例如将家庭影院定为大屏幕电视、DVD 影碟机、音响等产品的成套产品定价。

▶ 行业观察

近年来，直播购物风靡中国，而除了单品款超低价售卖，直播间还有组合款销售也是引爆销量的一个因素，比如一件大衣在实体店销售是 599 元一件，在直播间可以亮出吊牌价（原价 3999 元），但是直播间的活动是：599 元 = 大衣 + 打底衫 + 墨镜 + 瘦腿打底裤，其中最贵的就是大衣，其他的都花不了多少钱，但是这样去组合定价，就会让直播间的粉丝觉得很超值，因为大衣需要打底衫、打底裤之类的去搭配。这样就实现了高客单价的销售，组合定价因为商品是直播间单独搭配销售的，大家其实对商品价格不能一目了然的猜测到，就会觉得非常超值。

（四）副产品定价法

在许多行业中，在生产主产品的过程中，常常有副产品。如果这些副产品对某些客户群具有价格，必须根据其价值定价。副产品的收入多，将使公司更易于为其主要产品制定较低价格，以便在市场上增加竞争力。因此制造商需寻找一个需要这些副产品的市场，并接受任何足以抵补储存和运输副产品成本的价格。

▶▶▶ **知识与技能训练**

一、单选题

1. 随行就市定价法主要适用于（　　　）的产品。

A. 需求弹性小　　　　　　　　　　B. 需求弹性大

C. 需求弹性适中　　　　　　　　　D. 无需求弹性

2.（　　　）是卖方根据顾客所在地区距离的远近，将产品覆盖的整个市场分成若干个区域，在每个区域内实行统一定价。

A. 产地交货定价　　　　　　　　　B. 目的地交货定价

C. 统一交货定价　　　　　　　　　D. 分区运送定价

3. 零售商利用部分顾客求廉的心理，特意将某几种商品的价格定价较低，吸引顾客，这种定价策略属于（　　　）。

A. 声望定价　　　　B. 尾数定价　　　　C. 整数定价　　　　D. 招徕定价

4. 企业为激励顾客购买更多物品而给予那些大量购买产品的顾客一定的折扣，称为（　　　）。

A. 推广折扣　　　　B. 数量折扣　　　　C. 季节折扣　　　　D. 现金折扣

5. 在企业，很多商品的定价都不进位成整数，而保留零头，这种心理定价策略称为（　　　）策略。

A. 尾数定价　　　　B. 招徕定价　　　　C. 声望定价　　　　D. 习惯定价

二、多选题

1. 定价目标是指企业通过制定一定水平的价格，所要达到以下（　　）的预期目的。

A. 利润目标　　　　　　　　　　　　B. 销售额目标

C. 市场占有率目标　　　　　　　　　D. 提升知名度目标

2. 影响定价因素的三个主要因素是（　　）。

A. 竞争　　　　　B. 市场需求　　　　　C. 国家政策　　　　　D. 成本

3. 下列定价方法中，哪些属于成本导向定价法（　　）。

A. 成本加成定价法　　　　　　　　　B. 目标收益定价法

C. 边际成本定价法　　　　　　　　　D. 盈亏平衡定价法

4. 针对不同的顾客、不同的市场制定不同的价格主要有（　　）定价策略。

A. 顾客差别　　　　B. 产品差别　　　　C. 地点差别　　　　D. 时间差别

5. 在企业定价时，需要考虑价格对需求量的影响，那么在下列（　　）情况下，企业可以考虑提高价格。

A. 市场上没有替代品和竞争者　　　　B. 购买者对较高的价格不在意

C. 购买者的购买习惯变化较快　　　　D. 购买者认为产品质量有所提高

三、简答题

1. 什么是撇脂定价、渗透定价？其适用条件是什么？

2. 产品定价的程序步骤有哪些？

3. 企业在定价时应该考虑哪些因素？

四、案例分析题

普拉斯的"文具组合"

一家叫普拉斯的公司，是专营文教用品的小企业。长期以来由于只经营纸张、笔、图钉、回形针、尺子等小商品，再加上做法因循守旧，生意始终兴隆不起来，甚至难以为继。公司经常为积压的各种小文具而头痛，按原价出售则无人问津，若降价抛售，公司财力承受不了。大家心急如焚，为了避免公司破产关门的命运，老板要求员工出谋划策，改善企业经营状况。一位刚刚在公司工作了一年的女孩子，没有经商经验，但她从学校出来不久，对学生们需要文具的心态非常了解，自己亦有切身体会。于是，她根据自己的体会设计一种"文具组合"销售办法。

所谓文具组合，就是将铅笔、小刀、透明胶带、剪刀、1米长的卷尺、10厘米长的塑胶尺、订书机、合成浆糊等，放进一个设计精巧、轻便体小的盒子里。盒子外表印有色彩鲜艳、形象生动的图画。这些文具都是普拉斯公司原来经营的东西，只不过把它放进了精心设计的盒里，公司不必花较多的投资去改动生产线。由于这种"文具组合"迎合了中小学生的需要，加上它组合新奇，所以一经上市，很快就成为热门商品。普拉斯公司把这个组合文具定价比原来几件文具的总价高了一倍多，顾客们反而不觉得贵，于上市第一年共销售了 300 多万盒，获得意想不到的巨额盈利，普拉斯这个牌子开始走红了。

【试析】普拉斯公司的文具组合运用了什么定价策略使其起死回生？采用此定价策略的优势是什么？还可以运用到哪类企业产品上？

五、实训实战题

【实训背景】

在对产品定价策略有了初步掌握的基础上，通过本实训活动，学生可以学习企业在进行不同产品定价时所采用的具体策略。

【实训任务】

（1）通过淘宝、京东、拼多多等网购平台，选取一个品类店铺，分析其产品的价格需求弹性，并调研其定价策略及此定价策略对于企业经营管理的优势。

（2）至少调研 5 个类别产品。

【实训步骤】

（1）教师演示如何通过网购平台查找所需信息。

（2）小组通过网购店铺进行相关资料搜集。

（3）小组对搜集的定价策略及其他信息进行分析总结，并制作 PPT 进行汇报。

渠道制胜　终端为王

▶ 学习目标

◆ **知识目标**

1. 从管理角度对营销渠道的定义有明确的认识

2. 理解营销渠道与营销组合中其他要素之间的关联

3. 理解营销渠道中环境的影响

4. 清楚影响营销渠道的一些主要经济因素

5. 认识到一些"不正常"的经济条件可能会对营销渠道产生巨大的影响

6. 充分理解市场营销渠道战略的含义

7. 了解渠道战略在企业整体目标实现过程中可能发挥的重要作用

8. 认识分销与营销组合中其他要素之间的关系以及渠道战略的作用

◆ **技能目标**

1. 熟悉营销渠道的流程及其与渠道管理的关系

2. 能够清楚地表述大多数企业所面临的六大基本分销决策

◆ **思政目标**

1. 诚信经营对营销渠道的重要性

2. 培养正确认知中国市场经济发展的观念

3. 激发主动参与讨论分析的积极性

▶ **思维导图**

渠道制胜　终端为王
- 渠道建设与选择
  - 营销渠道的含义
  - 营销渠道的特征
- 营销渠道环境
  - 营销渠道与环境
  - 竞争结构与渠道管理
- 营销渠道战略
  - 渠道战略的定义
  - 营销渠道战略以及分销在公司目标和战略中的角色
  - 确定分销的重要程度
  - 分销与目标市场需求的关系
  - 其他营销组合因素的竞争均势
  - 忽视分销与竞争的脆弱性
  - 分销与渠道的协同效应

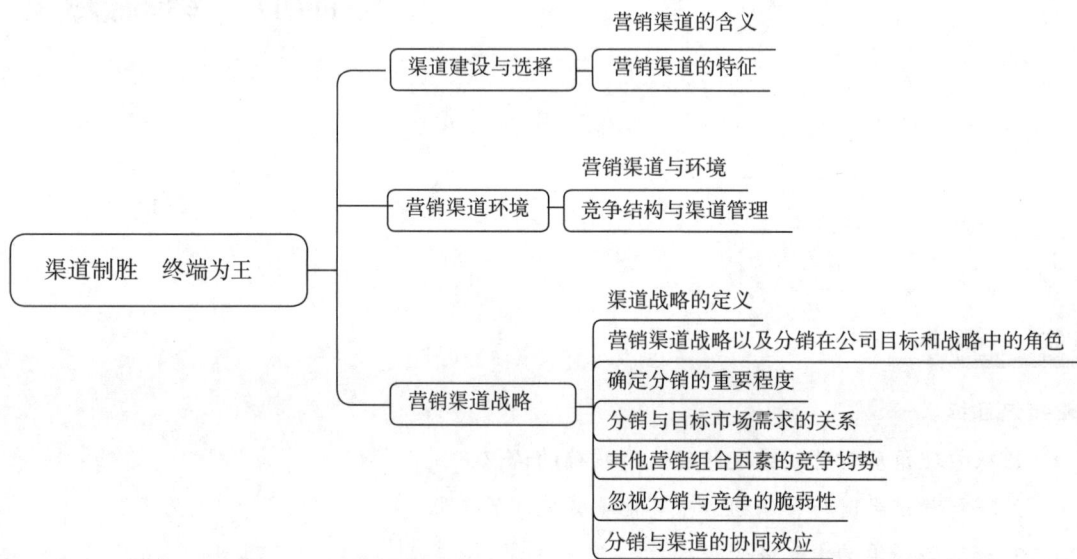

项目十九　渠道建设与选择

▶ **案例导入**

全球吸管大王的"蚂蚁生存学"

走进浙江义乌，在这个控制全球170万个小商品定价的超级商城，一家吸管公司正不断地"吹"出吸管。一天做一亿根，一年产出434.5亿根，义乌市双童日用品有限公司，是义乌最大的吸管公司，也是全球吸管大王。而这家公司平均税后净利率逾10%，比同业高出一倍，秘诀何在？一笔大订单、20个集装箱货柜，公司却宁愿不接，反而去接三五箱的订单，这是什么样的生意逻辑？

生存学一：挑小不挑大，不接大单，只接小单、急单

　　双童在刚刚成立之初，即打败同业，接到了肯德基、麦当劳的大订单。接单量都是一亿根、两亿根起算。但连续做了两年，企业发现无论怎么省成本、降利润，这些订单的毛利率都低到难以想象，一不小心就可能赔钱。于是企业便向大象般的客户说"不"，转向积累小订单，让双童成了全球最大的吸管公司。

　　生存学二：最大订单所占产能比率不超5%

　　面对每个客户的不同要求，企业要有能够全天候、全球化，适应不同地区、不同顾客喜好的能力。为了应付不同客户的需求，双童一年可以生产超过一百个吸管品项，吸管生产线弹性大、规格多。企业有一个独特的规定："最大一笔订单占所有产能的比率，不能超过5%。"企业认为，订单如果占营收比率过高，毛利率也无法掌控了，因此，必须不能让一笔订单吃到饱。

　　生存学三：扩展销售渠道，打造低成本销售模式

　　企业在1997年便试水互联网与电子商务，通过网站推广和建设，借助阿里巴巴、美国CN、Overture等国内外知名贸易平台，缩短企业与用户的空间距离，实现了足不出户就能实现订单全流程运作，通过低成本的销售运作模式，把利润留给企业和客户。

　　（资料来源：经济导报 http://www.ceh.com.cn/index.shtml）

　　案例思考： 中小企业如何通过渠道选择与渠道拓展，建设独具特色的渠道资源，从而实现中小企业的健康发展？

　　案例启示： 中小企业在市场竞争上受技术、市场、渠道等多方限制，导致中小企业在业务开拓、技术升级和渠道建设方面严重滞后，其中渠道开拓问题最为明显。既缺乏品牌加持，又无足够资金投入，在渠道建设上中小企业难以找到出口。中小企业一定要从自身产品的特点与经营目标出发，明确渠道建设方案，瞄准建设优秀的渠道资源，高效完成系统协作的市场动作。同时，互联网技术也正在改变企业的市场行为，高效的沟通模式为中小企业建立起技术和服务输出能力，随着企业产品向趋于标准化方向推进，中小企业渠道开拓正在变得更加容易与顺畅。

一、营销渠道的定义

　　营销渠道的概念十分分散，有时它被认为是一种将商品从生产者转移到消费者或其他最终用户的路径，有时它被认为是商品通过各种代理环节的过程。此外，也有观点认营销渠道是商业企业之间为共同实现某种交易目的而形成的一种松散的联盟。这种定义上的分散源于不同的观察视角。

渠道基本知识

　　例如，生产商可能更加关注将商品传递到消费者手中的各种中间商，因此，它就有可能将营销渠道定义为商品在这些中间商之间的流通过程。像批发商或零售商这样的中间商，它们希望从生产商那里获得稳定的商品库存并承担相应的风险，因此，它们可能将营销渠道看成商品的流动；消费者可能将营销渠道视为处于他们和产品生产商之间的"众多媒介人"；研究者将营销渠道看成在经济系统中运行的事物，因此，他们可能会从组织和效率的角度来描述营销渠道。

从上面不同的观察视角可以看出营销渠道不可能存在一个独一无二的定义。在本书中，我们将从管理决策的角度，特别是从生产和制造厂商的营销管理角度来界定营销渠道。我们认为，营销渠道是营销管理中的一项重要的决策。按照这种观点，我们将营销渠道定义为：为实现分销目标而受管理调控的外部关联组织。在这个定义中，有四个方面需要特别注意：外部、关联组织、调控和分销目标。

"外部"这个词意味着营销渠道存在于企业外部。换句话说，它并不是企业内部组织结构的组成部分。因此，对营销渠道的管理，涉及组织间的管理，而不是组织内部的管理。我们后面将要谈到的营销渠道管理的特性和某些特定问题都源于这种外部组织结构。

"关联组织"这个词指的是当商品从生产者向最终用户移动时涉及谈判职能的企业或团体。谈判职能包括购买、销售和商品或服务的让渡。因此，只有涉及这些职能的企业或团体才能成为营销渠道的成员。而其他企业，通常指运输公司、公共仓储、银行、保险公司、广告公司等诸如此类的服务代理机构。由于所履行的某种职能不涉及谈判，所以不在这个范围之内。这种区分不是一种学术上的咬文嚼字，实际上，在与履行谈判职能的企业进行交往中所出现的渠道管理问题，与不履行这种职能的代理机构进行交往时所碰到的问题是有差异的，这一点将会在本书的很多地方体现出来。

第三个词"调控"。其表明在渠道中存在着管理，这种管理涵盖从最初渠道组织的确定到日常渠道管理的整个过程。当管理调控外部关联组织时，要确保不能让这些组织简单地自我运转。但是这并不意味着管理就是要全面、严格地控制渠道。在多数情况下，这种控制往往是不可能的。或者说，通过渠道调控就可以避免无意识的渠道控制。

最后，定义中的第四个关键词"分销目标"，表明管理是为了达到一定的分销目标，营销渠道正是为了实现这个目标而存在的。可以说营销渠道的组织和管理是为实现企业分销目标而服务的。当这种目标改变时，外部关联组织的形式和管理方式都会有所变化。

美国市场营销学家菲利普·科特勒认为："营销渠道是指某种货物或劳务从生产者向消费者移动时，取得这种货物或劳务所有权或帮助转移其所有权的所有企业或个人。简单说，营销渠道就是商品和服务从生产者向消费者转移过程的具体通道或路径。"

二、营销渠道的特征

1. 本地化

由于每个地区消费者的购物习惯不同，每个企业在每个地区的营销渠道都具有本地特征，打上了当地人消费文化的烙印。比如，上海人购物喜欢去超市，因为超市环境好，产品质量有保障，购物有面子。所以，上海的连锁超市非常发达。反观广州就不一样，广州人比较喜欢平民化生活，购物喜欢去自由市场，如菜市场，甚至喜欢在小巷里的小店买东西，所以，广东的"士多店"很发达。

2. 排他性

渠道的排他性指的是在有些渠道中，如果某一类产品被某个企业或品牌抢先、占领、营销渠道管理，其他企业或品牌就很难进入，可能被排斥在该渠道之外。比如，某学校的食堂，这是一个特殊渠道，又叫特殊通道，每个月会消耗大量的大米、食用油、味精等，因此是一个大客户，如果大米用了"中粮"，食用油用了"福临门"，味精用了"莲花"，其他品牌要进入就要花大力气。所以，渠道的排他性决定了企业应该抢先占领一些优质渠道、特殊通道以获取渠道竞争优势。

3. 独特性

渠道的独特性是指每个企业的渠道网络都和其他企业的渠道网络不同。每个地区的渠道结构都和其他地区的渠道结构不同，每种渠道模式有其不同的特征。换句话说，每个企业都可以在其目标市场上建立自己独特的渠道结构和模式。通过渠道的差异化开展差异化营销，形成企业独特的渠道竞争优势。比如娃哈哈的"联销体"渠道结构、格力的"区域股份制公司"渠道模式、联想的"联想"特许经营模式等，都是具有明显独特性的渠道结构模式，形成了企业的竞争力。

4. 不可复制性

渠道的不可复制性又叫不可替代性。这是由渠道的本地化和独特性决定的。一个企业在某个国家、某个地区具有占据优势的完善的渠道网络，不能照搬到另一个国家或地区。目标市场渠道网络的建设必须从头开始，一步步地构建，没有捷径可走。比如：欧莱雅在欧洲可谓网络密布，销售顺畅，但到了中国市场，除请巩俐代言之外，重点是建设其系列产品在中国的销售渠道，包括经销商、专柜和专卖店等，还花大价钱收购小护士的渠道。渠道不像产品，这决定了渠道建设和渠道管理的复杂性和艰巨性。我们必须注意到，一个企业不仅要建立自己的营销渠道，确立自己的营销渠道战略，更重要的是要建立适合自己的营销渠道，确立适合自己的营销渠道战略。

项目二十　营销渠道环境

▶ 案例导入

期待变革？披头士乐队成员可不这么想

20 世纪 60 年代后期，披头士乐队发行了歌曲《革命》，这是他们最知名的歌曲之一。歌曲的内容是关于改变世界，不是通过毁灭或战争，而是通过这个星球上的所有人，通过人来"做好事"使世界变得更美好。

如今，有很多人认为，一件具有革命性的"好事"就是音乐可以被数字化，从而能够从网上下载到 iPad 或其他设备中去。每天都有成千上万的歌曲通过这种方式下载，但披头士乐队的歌曲是个例外。披头士乐队中如今尚健在的成员保罗·麦卡特尼、林戈·斯塔尔和约翰·列侬的遗孀小野洋子力图保持披头士音乐的完整性和神秘的魅力，控制了歌迷获取其音乐的方式。披头士的音乐不能通过这种电子下载技术进行分销，也就是说，如果歌迷想要获得披头士的音乐，他们只能选择一种"过时的"手段——CD、磁带和唱片。唯一向现代技术所作的妥协是，歌迷可以通过购买一个售价 279 美元的 USB 闪存，获得其中存储的披头士歌曲集和视频资料。

另一种存储披头士音乐的实体形式是一种叫做"披头士乐队"的视频游戏，主要内容是关于乐队的历史，但其中的音乐只能通过游戏机播放而不能下载或共享。这种"禁止数字下载渠道"的政策是出于披头士现存成员和他们后代的要求，同时也得到了其他版权所有者的大力支持，如 EMI 唱片公司和传媒巨头维亚康姆集团。来自乐队现存成员及其后代的心情都体现在《革命》这首歌里："难道你不知道，我可不愿奉陪。" 2010 年 11 月，苹果公司正式宣布可以通过 iTunes 对披头士的音乐进行下载。为什么突然政策有了改变呢？看来极富革命性的披头士乐队也不能忽视技术变革对于音乐产业的冲击了。

（资料来源：Based on L.Gordon Crovitz "money can't buy Me Beatles" WallStreet Journal,（November9, 2009））

案例思考：营销渠道如何适应社会环境发展带来的变化？

案例启示：

营销渠道在一个持续变化的环境中运作。因此，渠道管理者需要对环境和正在发生的变化保持高度的敏感性，以有效地规划营销渠道战略，使之成功地适应变化。为了做到这一点，渠道管理者需要弄清楚能影响营销渠道系统的各种环境要素。

一、营销渠道与环境

包括营销渠道所赖以存在的所有外部非可控的因素。为了对这么多的外部非可控因素进行归纳，我们将根据下述 5 条进行归类：①经济环境；②竞争环境；③社会文化环境；④技术环境；⑤法律环境。

显然，这不是归纳环境变量的唯一方法，还存在着很多其他归类方法。我们运用这种分类法，只是想为探讨营销渠道环境提供一种便捷、可行的途径。需要指出的是，分类中所列举的顺序，并不代表各类的重要程度的顺序。此外，对于既定的渠道而言，特定环境要素的重要程度也会随着时间的变化而改变。正如本章所要探讨的那样，我们将提供很多环境要素对不同渠道在不同时间所产生的不同影响的例子。

在我们探讨每个环境类别对营销渠道的影响之前，首先需要明确营销环境影响的特性。因为营销渠道包括独立企业，如零售商和批发商，所以渠道管理者也必须关注环境对这些渠道成员的影响。进一步讲，由于渠道的绩效也会受到非渠道成员绩效的影响。例如，服务代理机构的影响，因此，渠道管理者也必须重视环境是如何影响这些非成员参与者的。总之，渠道管理者不仅要分析环境对他们自己的企业和最终的目标市场所产生的影响，还要考虑环境对营销渠道中所有参与者的影响。

图 20-1 显示环境影响着所有的渠道参与者和目标市场。渠道管理不一定是控制，既可能涉及生产和制造企业，也可能涉及诸如批发或零售组织这样的能够胜任渠道管理任务的中间商组织。图 20-1 中的文字表明，环境影响的管理分析必须考虑所有的渠道参与者。

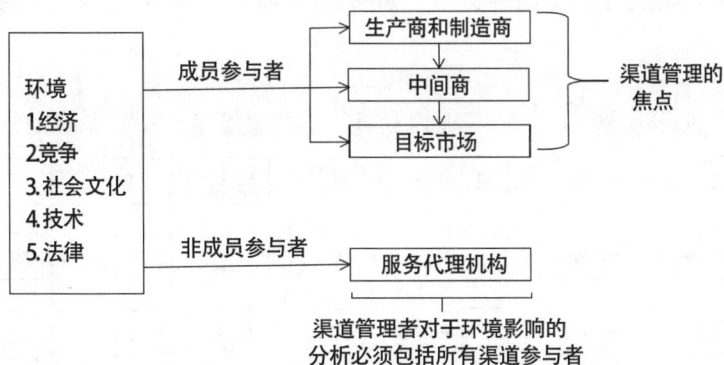

图 20-1　营销渠道中的环境影响

1. 经济环境

这种营销渠道环境影响的观点，体现了渠道管理与企业营销组合中其他主要变量（产品、价格和促销）管理的一个关键性区别。简而言之，当渠道管理者考虑环境对渠道战略的影响时，必须考虑除自己的企业之外其他的渠道参与者。诸如经济低迷或衰退等对于不同的渠道成员会产生不同的影响。

经济环境。经济可能是影响营销渠道所有成员的环境变量中最显著、最普遍的因素，如果没有消费者关注以及制造、批发和零售企业的运作这样的经济状态，社会一天都无法运转下去。这些团体都必须关注经济将要发生什么变化。从生产商、制造商为长期投资而筹措资金，到消费者在超市中购买一瓶咖啡，都受到经济变量的影响。在渠道管理中，经济要素是决定渠道成员行为和绩效的关键变量。因此，渠道管理者必须对于经济变量对分销渠道中参与者的影响非常敏感。

当这种情况发生时，美国制造企业通过海外渠道在国际市场上销售产品变得更加困难。即使在国内渠道，产品销售也很困难，因为零售商和批发商发现，购买更多的廉价外国产品有着极大的吸引力。因而，就经济环境而言，无论经济状况如何，渠道成员都需要认真关注经济因素对渠道管理的影响。即使在经济状况非常好的时期，一些细微的，甚至是不可知的因素也足以产生很多问题，使看上去很不错的事情变得很糟糕。

竞争环境。竞争是营销渠道所有成员经常考虑的一个关键要素。随着近几年全球竞争的日益发展，这种关注更是表现得非常突出。对国内企业来讲，把对竞争的关注局限于国内已经不现实，它们需要从全球的视野密切关注已有的和潜在的竞争者。全球市场、全球舞台和全球竞争等词汇已不再是国际商业的专业词汇，而是对越来越多的产业中竞争环境的现实描述。此外特别是那些和电子商务有关的新兴技术，也在悄悄改变着竞争的格局。

2. 竞争环境

随着竞争范围的逐步扩大，渠道管理者必须考虑对渠道战略产生影响的主要竞争类型，特别是他们需要关注如下四种类型（如图20-2所示）：水平竞争、业内竞争、垂直竞争、渠道系统竞争。

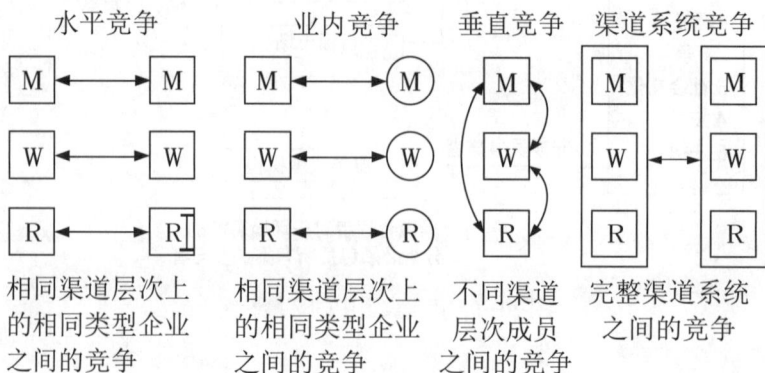

图 20-2　竞争的类型

（1）水平竞争，是同类型企业之间的竞争。例如一个汽车生产商与另一个汽车生产商之间的竞争，一个木材供应批发商与另一个木材供应批发商之间的竞争，或者一个超市与另一个超市之间的竞争。这是一种最常见、讨论最多的竞争形式。在经济理论中，很多竞争的分析都是这种类型，通常简称为"竞争"，而且涉及企业大多指的是生产商或制造商，而不是批发商或零售商。电子商品零售巨头百思买和电路城公司之间的竞争就是一个比较新的水平竞争的典型例子。

这两家零售商销售相同的商品，以同样的方式运作，它们都有几百家大型零售商店，注重高销售额和低价。事实证明，百思买是一个更强的竞争者，直接导致电路城公司的破产和该公司567家商店的停业。

（2）业内竞争，是相同渠道层次的不同类型企业之间的竞争，例如折扣店和百货店之间的竞争或者商业批发商与代理商和经纪商之间的竞争。最近几年，业内竞争充分反映在网络零售商和传统的以实体店为基础的零售商的竞争中。

（3）垂直竞争，指的是渠道不同层次成员之间的竞争。如零售商与批发商之间的竞争、批发商与制造商之间的竞争或者制造商与零售商之间的竞争。全国品牌的生产商和有自有品牌（也叫私有品牌）的零售商近几年不断加剧的竞争，就是垂直竞争的一个很好的例子。

全国品牌的生产商通过不断扩充资源来发展和推进其全国品牌，既要在各种全国品牌的竞争中赢得市场份额，又要对自有品牌的渗透进行限制。最近几年，自有品牌明显加快了获得市场份额的步伐。前几年，自有品牌以每年10%的速度不断增长，而全国品牌每年只有4%的增长速度。

（4）渠道系统竞争，是一个完整的渠道与其他完整的渠道进行竞争。为了使渠道以完整的形式进行竞争，必须对渠道加以组织，形成相互联系的组织。这种渠道可称为垂直营销系统，通常可分为三种类型：企业型、契约型和定理型。

在企业型渠道中，生产和营销机构为同一公司拥有。一般较大规模且机构设置完整的企业均拥有渠道，呈现相对独立的企业型渠道特征。

在契约型渠道中，独立渠道成员（生产商或制造商、批发商和零售商）之间由正式的协议连接在一起。批发商倡导的自愿连锁、零售商合作组织以及特许经营系统是三种主要的契约营销系统。企业正式的特许经营是指授予者不仅向特许经营人提供产品，还要提供全部的商业模式，这是另一种契约型营销系统，在近几年得到了迅速的发展。

管理型渠道是某个渠道成员（通常是制造商）完全支配着其他渠道成员。这种支配地位是渠道成员凭借其独占的供应，特定的技能，消费者对其产品的强烈认同或其他因素所造成的主导性所决定的。

渠道管理者面临着日益复杂的竞争环境，他们不仅需要从全球竞争的角度进行思考，还必须考虑水平、业内、垂直和渠道系统竞争。幸运的是，他们同时面对所有这些竞争形式是不太可能的，然而，他们应该对这四类竞争形式非常熟悉，并且能够加以区分。

3. 社会文化环境

社会文化环境事实上涉及社会的所有方面，营销模式（特别是营销渠道结构）也受到所处的社会文化环境的影响，有的学者认为，这是影响渠道结构最主要的因素。在过去几十年中，世界许多国家的研究都支持这种观点。

在热带非洲，人们不难发现，有些国家进口消费品的渠道结构多达10层，很多非常小的零售中介（通常称为"妈妈经营者"）只经营很少量的商品，诸如一包盐、半块肥皂或两三支烟。一些西方观察者以及热带非洲的政府官员对此十分惊异，他们认为，这种渠道结构是非常不合理和无效的。然而，这些观察家却犯了一个错误，即没有考虑到该渠道结构赖以存在的社会文化因素。

事实上，考虑到所处的社会文化因素，那么这种古老的一层又一层由大量小中间商所组成的结构是相当合理的。在热带非洲，这些社会文化因素包括人口在地理上的广泛分布，非常有限的消费者流动和维持生计的传统购买行为。在这些因素的作用下，现代西方式的超市事实上是非常不合理和无效的。

▶ 阅读资料

即使在高度工业化的日本，虽然拥有很多先进的技术，但是很多产品的营销渠道非常冗长，存在很多中间商层次以及大量的小规模店铺，社会文化因素造就了日本的分销渠道结构形式。这其中的一个因素是日本人在合作企业间寻求紧密商业关系的倾向，这是一种称之为"系列"（keiretsu）的体系，它作为一种分销体系，将制造商与很多批发和零售网点联系在一起，这种方式保护了大量系列制中的小型、无效率的分销商和零售商，使它们能有效地免于外部大型和高效企业的竞争挑战。

其他一些社会文化因素同样影响着日本复杂、无效率的渠道结构，其中经常被提及的因素有：（1）在分销领域中，社会环境较有利于小型商业，尤其是小型零售商的发展；（2）日本消费者喜欢在就近的店铺中购物；（3）人们喜欢在购物过程中获得新鲜的产品、良好的个人服务和社会接触；（4）鼓励维持现有大量小型店铺员工的工作，以实现较低的失业率；（5）人们拥有退休后仍然"有事可做"的愿望。但是，由于接触到其他文化的日本青年消费者要求更为先进和有效的营销渠道，日本传统的渠道结构已经开始改变。

越来越多的研究发现，经济新兴国家如巴西、中国、印度和其他一些拉美的国家中，也存在着特定的社会文化因素，对这些地区的分销渠道产生了深远的影响。因此，不论营销渠道是在美国还是在其他的国家，渠道管理者必须对这些渠道的社会文化环境保持高度的敏感性。

最近几年，部分社会文化现象的出现已经不局限在一些特定的国家或地区，它们是一些已经或正将对营销渠道的设计和管理产生影响的因素。最富争议的几个与营销渠道有关的社会文化因素是：①全球化；②消费者流动与连通；③社交网络；④环保运动。

（1）全球化

全球化是最常用于描述国家之间的联系与依赖性的词语。相对于政治场合，全球化更常出现在经济场合中，主要是那些国家之间复杂的商流和使产品和服务得以流通的国际供应链。诸如波音等公司在其生产最先进的飞机时，将世界各地的供应商和制造商整合在一起，这种企业之间共同努力，也是全球化的一个重要方面。此外，全球化还可以包括越来越多的人进行国际旅行的现象。

根据联合国世界旅游组织公布的数据，如果没有疫情影响，2020年将超过15亿人次进行国际旅行。全球化的概念中也包括社会文化维度，不仅仅指产品的实体流动和人群在国家与地区之间的流动，全球化还可以被认为是一种世界几百万消费者共同持有的思维模式，或者说眼界。这种眼界使你不再局限于一个市场或有限的几个国家市场，而是能够扩展到各个国家和各种文化的丰富多彩的组合。

"世界就是你的市场"也不再只是一种干巴巴的描述，它确实成为消费者对于全球市场的一种期待。总而言之，消费者更加期待由全球竞争带来的更高的品质和更低的价格。这种期待不仅存在于发达国家之中。世界知名的瑞典零售商宜家公司（IKEA）在进入俄罗斯的市场时发现了这个道理。尽管宜家在俄罗斯投入40亿美元，开设了11家店，但是俄罗斯存在的"形式主义"和官僚风气极大地影响了宜家将其标志性的全球经验传递给当地的消费者，结果当然是不理想的，俄罗斯的消费者更愿意紧紧地捂住自己的钱袋，而不愿在宜家的商店中消费。

因此，全球化带给渠道管理者一个显而易见的启示是：全球化所带来的世界水平的消费者期待，只能通过世界级别的渠道战略、设计和管理来满足。尽管这个启示看起来很简单，但做起来并不容易。在建立和操作能够满足全球范围的需求的营销渠道中，包含着更多的复杂性，也更加微妙，使实施过程变得更加困难。

（2）消费者流动与连通

流动和连通是指当前人们为了商业流动或者个人目的所进行的大量的奔走。这种流动的距离越来越远，不仅在美国是这样，在世界上其他的国家和地区亦是如此。当然，这种不论是在本地，还是在全国范围内，甚至是在全球范围内进行的流动，并不是以失去联系为代价而实现的。现代社会中，这些高速流动的群体不仅需要更加频繁地涉足更广阔的领域，还需要和同事、朋友以及家人全程保持联系。因此流动和连通并不是顾此失彼的关系。这一点更多地得益于无线网络、移动电话、互联网和一些新技术如 Skype 等带来的便利。

这种流动和连通为渠道战略和设计所带来的影响同样是非常明显的，但不容易表达出来。首先，所有产业的渠道经理都必须将移动商务渠道包含到渠道组合中，因为消费者的流动和连通对渠道产生了这种要求。其次，渠道管理者必须明确移动商务渠道在多渠道组合中的地位。尽管移动商务渠道非常重要且发展迅速，但它并不能完全替代零售店、目录和邮件销售以及基于电脑的网络销售渠道。最后，渠道管理者需要仔细评估移动商务渠道的能力和局限性。尽管移动商务能够为世界上任何一个地方的流动中的消费者提供产品和服务，但这种渠道的局限性在于需要事先让消费者认识到这种渠道是行得通的。

（3）社交网络

社交网络是指包含了各种个体或组织的网络之间的互动，这种网络可能基于共同的兴趣形成，例如友谊、信念、兴趣、个人的追求、特殊的知识或者其他一些内容。社交网络并不是一种新兴的现象，事实上，社会网络和社交已经存在了好几十年，真正新鲜的是互联网的引入使得社交网络和成员以指数级增长，成千上万甚至几亿人通过社交网站进行交流和沟通。

其中，用户群最大的网站是 Facebook, 拥有 5 亿注册用户并继续增加。其他突出的大众社交网站包括 MySpace（1.3 亿注册用户）和 Twitter（7500 万注册用户）。还有一些有主题的社交网站同样吸引了大批用户。其中比较知名的如 LinkedIn（7500 万注册用户），它主要包括商业和职业的社交网络。还有 Classmates.com，主要包括学校、大学以及军队的社交网络，拥有 5000 万注册用户；Buzz.net 是主要包括音乐和流行乐文化的社交网络，拥有 1000 万注册用户；Geni.com 上 1500 万的注册用户，主要分享家庭和宗族的信息。如今有成千上万的社交网站，用户规模从几千万到几百人不等。尽管这些网站在规模和主题上差别很大，但它们都有一个核心的功能：为世界范围内的用户提供不分时间、地域进行交流和分享信息的机会。

从营销渠道的视角来看，社交网络使得消费者不仅能够通过大量的信息分享实现对于购买商品、享受服务和进行交易的公司做出更加明智的决定，而且能够做出更好的渠道选择，以及对于所选择的渠道提出更多要求。为什么会这样呢？因为社交网络使消费者能够分享关于选择渠道的经历，不论是好的还是不好的经历都会通过网络迅速扩散。由于社交网络通常是个人对个人（peer to peer, P2P; consumer to consumer, C2C），他们之间信息的可信程度要远远高于企业对客户（business to consumer, B2C）分享的信息。因此，如果上文提到的杰奇在 Twitter 上说自己从 Folbot 网站上购买小艇是一次极好的经历，这将比 Folbot 自己在 Twitter 上发布声明可靠得多。

正如社交网络能够使消费者做出更加明智的渠道选择，并使他们对于渠道有更多要求，也使得渠道中所有层面的企业都能够成功地瞄准那些之前无法接触到甚至是不了解的客户。

（4）环保运动

环保运动常用来指代致力于保护环境和人类健康的活动。环保运动的哲学根源可以追溯到 19 世纪，我们已经走过了 21 世纪的头十年，环保运动有了新的计划性目标。对于那些可能对人类健康和经济发展产生不利影响的议题，如气候变化、环境污染，食品供应链中含化学和激素物质，资源的过度使用等，都受到了充分关注。

美国前副总统阿尔·戈尔参与的电影《难以忽视的真相》，以纪录片的形式呈现了气候变化给地球未来带来的可怕影响，引起了公众对于气候变化和其他有关环保运动的议题的广泛关注。尽管这些问题，尤其在科学界，充满了争议，但毋庸置疑地引起了来自社会公众、商界和政府部门的更多关注。总之，对于气候变化，环境污染，食品供应链整合以及稀缺资源过度使用的关注，是 21 世纪不容忽视的一个主要的社会现象。

这些对于环保议题的关注对渠道战略和管理产生了什么影响呢？答案有很多。营销渠道的所有成员，包括生产商、批发商、代理商、经纪人和消费者，其活动都对环境和人们的生活质量产生着影响。比如，沃尔玛通过减少自营品牌的玩具产品的不必要的包装，大约可以节约 3800 棵树和 1000 桶油。沃尔玛还购买了油电混合动力货车和只用很小的电机实现冷却的冷藏车，这种冷藏车可以在车熄火时关闭引擎，结果是沃尔玛的运输车队实现了 25% 的燃油效率提升和 40 万吨的碳排放减少。

不论公众关注的是减少气候变化带来的不利影响，还是增加有机食品的销售，环保运动的这些议题为渠道管理者致力于发展和管理能够实现环保运动目标的营销渠道带来了巨大的机遇和挑战。

4. 技术环境

技术是最持续存在且变化最迅速的环境要素。每一个人都可以列出在过去十年中一长串发生在自己生活中的技术进步。面对变化迅速和不断发展的技术，渠道管理者需要了解那些对自己的企业或营销渠道中参与者产生影响的技术发展，进而弄清楚它们会如何影响渠道参与者。

（1）电子数据交换（EDI）。指的是将渠道成员的信息系统连接在一起，以便对渠道成员之间的沟通提供及时的响应。例如，零售商的计算机化的库存管理系统与供应商生产商和批发商的计算机相连接并受到监控，当零售商所经营的供应商的商品的库存水准达到某个最小订货点时，商品订货作业就会自动进行，零售商的计算机向制造商和批发商的计算机进行订货，而不需要任何形式的人工介入或文书作业。更为复杂的 EDI 系统可以基于历史销售数据做出需求预测，在这种情况下，制造商或批发商的计算机为零售商生成订单，并可预测零售商在特定时期将需要多少数量的特定品种。

▶ 阅读资料

EDI 系统也可以直接与生产计划相连接，使生产商能够根据销售点的销售状况组织生产。换句话说，全国各销售点某一天的产品销售状况将为生产商提供信息，指导它们同一天的生产过程。

李 (lee) 和威格 (Wrangler) 牌牛仔裤的制造商 VF 公司就利用 EDI 系统打败李维斯公司，坐上了牛仔裤产品销售市场份额的头把交椅。据零售商讲，李维斯公司 (Levi's) 在库存补货上非常缓慢，VF 高端的 EDI 技术使快速反应成为可能，能在两天内实现库存补货，而李维斯公司却需要两周或更长的时间。近年来互联网提升了 EDI 的潜能，互联网使各公司能够通过与 EDI 相似的方式相互联系和沟通，而且在电脑软硬件上的投资会少很多。因此，连接上互联网的公司日益享受同低廉价格的 EDI 连接的益处。

毋庸置疑，EDI 技术提高了分销的效率，为所有渠道成员和最终用户带来了持续的利益。制造商通过更为精确和及时的生产计划而获益，批发商和零售商节约了订单处理和库存成本，最终用户获益于通过 EDI 减少了分销成本，并且能在零售商的货架上更容易找到自己所需的特定商品。

（2）扫描仪、计算机控制的库存管理和便携式电脑。随着便携式电脑、移动电话技术和互联网的出现，开辟了一个零售和经销的新天地。这些技术不仅极大地减少了库存管理中劳动力投入和文书工作，而且为管理者作出更好的产品决策提供了大量及时和有价值的信息，不同规模的零售商和批发商较之数年前能够更密切地监控所经营产品的成败。

▶ 阅读资料

大型医药批发商麦克森医药公司在其新泽西州德尔兰的仓库中，"全副武装的仓库管理员"漫步在仓库过道上，他们使用便携式电脑管理库存。计算机戴在工作人员的手腕上，接收中心计算机的指令，告诉他们下一步应该分拣什么产品，产品放在工作人员手臂上的计算机屏幕所显示的位置上，当工作人员接近货架时，戴在手臂上的扫描装置开始读取每一个品种，计算机整理好所有的产品，核实分拣好产品数目，补充库存。使用手腕式计算机技术最大的用户是菲多利公司，该公司占有 150 亿美元咸味小食品市场中将近一半的市场份额。全公司 12800 名分销人员全部配备了手持式计算机，在他们访问店铺时，可以及时向总部反馈销售和库存数据。这种技术的有效运用使菲多利公司被其竞争对手称为"无敌对手"。

（3）数字革命和智能手机。数字革命通常用来描述过去 30 年从模拟技术和机械技术到数字技术的巨大转变，这场变革至今仍在继续。这场变革最显著和最广泛的表现就是个人电脑、手册、移动互联网的使用迅速增加。

数字革命对于渠道结构和战略已经并将继续产生深远的影响。这种技术使从 20 世纪 90 年代中期兴起的 B2B 和 B2C 市场中的电子商务成为主流营销渠道。事实上，网络渠道的迅速增长，使通过网络销售产品和服务创造了数万亿的销售额，网络已经成为渠道中各个层级的不同规模企业的渠道组合的一部分。

（4）RFID 技术。其是射频识别技术的缩写，这是一种给人或物体附着 RFID 电子标签，通过无线电波对产品进行识别和追踪的新兴技术。尽管 RFID 技术在营销渠道管理中有许多潜在的应用，最主要的应用还是追踪存货，以及供应链管理和实体店购买过程的效率提升。

渠道管理者密切关注 RFID 技术。随着这种技术被大规模运用并且具有成本效益，它带来存货控制和供应链管理的革命，也会带来整个消费者在商店购物过程的变革。

（5）云计算。一种基于网络技术的先进计算模式，它能够使任何规模的企业或组织不用自己拥有硬件、软件、办公空间和相应的员工就能够使用高度复杂的计算机设备。通过成为网络或者"云"中的一员，用户能够通过网络第三方提供的服务实现计算功能。它实现的成本优势和极高的柔性，使得单个企业省去了在信息技术上的巨大投资，从而带来了信息技术产业的变革。

从营销渠道的角度来看，云计算能够使渠道中任何规模的企业实现柔性和成本效益，使它们获得支持和发展所需的渠道管理设备的计算能力、专业技能。这些技术通常包括分销商关系管理、多渠道合作和供应链的产品追踪。亚马逊已经在提供云计算服务中占据领先地位，如帮助戴尔公司管理其全球的 B2B 网络。星巴克公司也通过网上社区收集世界范围内的客户意见，以实现客户体验的提升。同样的，亚马逊建立了远远超过自身需求的信息技能，因此开始通过亚马逊网络服务云向其成员企业提供云计算服务。即使是极小规模的企业，只要加入了亚马逊"AWS 云"就能够借此向消费者提供"AWS 云"最知名的各种用户界面。

5. 法律环境

法律环境指的是对营销渠道产生影响的各种法律。由这些法律所构成的法律结构不是静态、一成不变的，而是受到不断变化的价值、惯例以及法院判例的影响而不断变化的结构。与渠道管理密切相关的多种多样、大量的法院解释，也许对渠道管理者来讲是庞大法律体系中的迷雾。

幸运的是，营销渠道管理者不必成为营销渠道法律方面的专家，也不必渴望成为某个特定法律方面的全职工作人员。只有接受过培训的法律专家，才能有效地处理与营销渠道相关的复杂的法律问题。然而，渠道管理者仍然需要了解渠道立法方面的基本知识，并熟知与渠道管理相关的法律基础知识。这些基本知识和对渠道管理法律方面的敏感，会帮助管理者更好地与法律专家沟通，也许还有助于避免营销渠道管理中潜在的、严重的、成本高昂的法律纠纷。

二、竞争结构与渠道管理

从生产商或制造商的角度看，对竞争结构和结构变革的理解，对于成功的渠道设计和管理是至关重要的。在营销渠道的设计过程中，渠道管理者必须明确什么类型的分销商或贸易商能为企业产品提供最具效率和效能的分销服务。当既定的分销商和贸易商的竞争结构改变时——有时这种变化非常快，原来有关哪种类型的分销商适合经营哪种产品的经验就会变得无用了。

渠道运营管理

例如，前不久大部分汽车零部件和供应品还是在汽车专业店中销售的，运动用品也是在运动专业店中销售的，硬件也是在硬件店中销售的，然而，近几年人们发现，所有这些产品都能在量贩店、折扣店、家居中心、仓储俱乐部，甚至很多杂货店和超市中找到。这种混杂商品经营即产品的销售不经过传统的渠道，大大改变了竞争的格局。因此，如果说汽车零部件生产商要现实地考虑渠道的设计不仅仅是利用汽车零部件分销商和贸易商，那么可选择的渠道就会有很多。

对于很多其他产品的制造商来说，情况同样如此。似乎任何类型的店铺、邮购或互联网等其他销售形式都可以经营任何产品。当然，这从字面上讲是不太正确的，但这的确说明在新的竞争环境中，谁适合卖什么样的产品这种常规的想法不再成立。人们只要看看现在互联网上销售的纷繁复杂的产品种类，就能弄清楚什么样的企业适合经营什么样的产品以及有哪些类型的企业在竞争这种过去常见的想法正在受到挑战。

不断变化的竞争环境也意味着试图管理营销渠道的生产商和制造商正面临着日益复杂的管理任务，因为它们是在与不同类型的渠道成员打交道。例如，汽车零部件制造商原来习惯于与独立汽车零部件店铺进行交易，现在则不得不去满足量贩店、家居中心、杂货连锁店、超市和仓储俱乐部的要求。毋庸赘言，制造商与独立汽车零部件店铺交易的政策和战略可能在处理与其他类型渠道成员的交易中不再有效。前面的论述表明，对各种影响渠道的竞争类型的理解能使渠道管理者更清晰地了解在竞争环境中将会发生什么。

▶ 阅读材料

1.2008 年的经济危机对于美国汽车的营销渠道产生了巨大影响。汽车经销商的销售额在经济衰退中大幅度下降，有一个有名经销商的销售额从每月销售 50 辆汽车下降到 12 辆。这个经销商以及其他大多数同样经历着销售额下降的经销商，对于经济衰退作出的反应是大幅度削减开支，以平稳度过危机。汽车生产商对于这次经济环境变化的反应截然不同。汽车业"三巨头"通用、福特和克莱斯勒，将这次危机看作摒弃业绩不好的经销商的好机会，而不是一味地强调自身在经销方面陷入困境。因此，"三巨头"在这次经济危机中，对经销商要求得更多，而不是更少。那些没法对设备进行升级，招聘更多更好的销售人员以及提供优质服务的经销商直接被淘汰出局。如上所述，环境中同样的变化对于不同的汽车渠道成员，引起的战略变化是不同的。汽车经销商"勒紧裤腰带"，而"三巨头"利用经济危机对它们的营销渠道进行"修剪"。

（资料来源：销售与管理 https://wenku.baidu.com/view/0d16364d8ad63186bceb19e8b8f67c1cfbd6ee0a.html）

2. 网络零售巨头亚马逊和世界上最大的零售商沃尔玛之间的竞争十分激烈。尽管网络销售额占所有零售销售额比重不到 5%，但亚马逊（和其他网络零售商）相信最终这个比例会上升到 20%。亚马逊力图扩大产品线，从而可以在更丰富的商品品种上进行竞争，实现它计划中的扩大市场份额的目标。业内竞争同样在影音零售企业中迅速扩大。例如，最大的传统实体影音零售商店百视达遭到了竞争对手的沉重打击，它的竞争对手如 NETFLIX 公司主要通过邮件订购和网络销售对影音产品进行分销。与此同时，热门电影和电视节目通过康卡斯特等有线电视公司播放，而红盒子公司主要通过 22000 台放在超市或药店的自动售货机出售影音产品。很明显，这些业内竞争动态会剧烈地改变营销渠道的结构，而且通常不会用很长时间。

（资料来源：新浪财经 https://finance.sina.com.cn/stock/usstock/c/2019-08-17/doc-ihytcitm9773968.shtml）

3. 梅西百货公司是一家非常重视自有品牌的零售商，它提供大量的自有品牌产品与全国品牌产品展开竞争，如阿尔凡特牌（ALFANT）运动服装、内衣、珠宝、鞋、配饰、婴幼儿服装等。还有旅馆精选牌（Hotel Collsection）奢侈床上用品、洗浴用品和床垫等，以及贸易工具牌（Tools of the Trade）厨具。家得宝公司同样也有大量的自有品牌，其中有一种电扇品牌 Hampton Bay 占据了美国所有电扇销售额的一半。家得宝的主要竞争对手劳氏也有诸如科宝特牌（Kobalt）工具之类的自有品牌。

在食品和药品领域，自有品牌同样非常流行并成长迅速。例如，西夫韦的"O 类"有机麦片，主要目标是争夺通用磨坊公司（General Mills）的 Cheerios 麦圈的市场份额。零售商喜欢销售自己的品牌，不仅是因为所获取的总利润高，而且容易掌握自己的命运，不被强大的制造商控制。最后，如果消费者很喜欢某一自有品牌，他们会培养出对于这种产品的忠诚度，并且会重复购买该产品。随着制造商与零售商之间竞争日益激烈，这种垂直竞争将会变为垂直冲突，一个渠道成员会为阻止其他成员实现其目标而采取行动。

（资料来源：https://www.docin.com/p-2141190746.html）

4. 杰西潘尼公司通过 Facebook 和 Twitter 不仅向客户提供产品信息和特价优惠，而且向他们推荐一些将要提供的新型服务。2010 年，杰西潘尼在两个网站上发布消息称它将为智能手机用户提供促销活动。许多小企业也从社交网络的这种特性中获益。如坐落在美国查尔斯顿的小艇制造商 Folbot 公司，使用 Twitter 瞄准那些可能会被传统销售渠道错失的潜在客户。Folbot 的合伙人之一戴维·艾路迪克 (David AvRutick) 经常在 Twitter 上进行搜索，给提到小艇的用户发送信息。其中一个例子就是杰奇·司道尔 (Jackie Siddall)，她在网站发布想要一艘小艇的消息后收到了艾路迪克的信息，信息中包含了公司可以提供的各种小艇，最终杰奇通过 Folbot 的电子商务网站成功地以 1900 美元购买了一艘折叠艇。

（资料来源：渠道营销 http://ebooks.crup.com.cn/r/54229_output/web/54229-th93qRYncHhRMqKqxW3rTurbnR8p8cMU-4.html）

项目二十一　营销渠道战略

▶案例导入

好莱坞放弃窗口式的分销战略可能对电影院拥有者造成巨大损失

主要电影制片厂如迪士尼、派拉蒙、索尼、20 世纪福克斯、环球等多年来都采用电影产业中"窗口式"的分销渠道。在这种分销策略下，新电影必须先在电影院上映，一般四个月后通过 DVD 和有线电视的形式发行。通过推迟以 DVD 和有线电视发行的时间，电影院获得了四个月独家发行新电影的"窗口期"。这种分销策略能最大化电影院总收入，因为晚一些通过 DVD 和有线电视发行不会蚕食电影院的收入，四个月的窗口期过去后，新影片基本已经下线了。

然而，由于最近 DVD 的销量急剧下滑，电影制片厂正在考虑窗口分销的替代策略。新的策略称为"优质电影点播"。这一策略使消费者能够在新电影在电影院上映 30 天后即可在家中通过 DVD 或有线电视观看新电影，而不像原来必须等待四个月。电影制片厂认为消费者愿意为这项服务支付更高的价格——每部影片多 20~30 美元。电影制片厂也相信这一新的分销策略和消费者期望的改变是一致的，因为消费者已经开始习惯使用多种终端随时随地地观看他们想看的电影。然而这一新的分销策略的唯一不足之处是，电影院的所有者痛恨它。他们认为这种较早就提供给消费者在家观看电影的选择会减少电影票房收入，因为很多电影上映时间会超过 30 天。一些电影院所有者甚至考虑拒绝上映那些提供较早在 DVD 和有线电视观看选择的电影。

因此，这一新的分销策略看上去为电影制片厂提供了机会，但对电影院所有者来说像是末日一般。

（资料来源：https://www.zhihu.com/question/263655842/answer/627645483）

一、渠道战略的定义

科特勒把营销战略定义为"经营单位为了在目标市场上实现其市场营销目标所遵循的基本原则"。营销渠道战略可以被看作一种更具普遍意义的特殊的营销战略。因此，我们将营销渠道战略定义为：企业为了实现向目标市场分销产品的营销目标而遵循的基本原则。

虽然与科特勒为营销战略所下的定义十分相似，但是这个定义的含义更窄一些。因为渠道战略只向企业提供实现其分销目标，而不是整个的市场营销目标，还包括产品、价格和促销目标的原则和指导。营销渠道战略只是市场营销战略中的一个，即渠道有关而市场营销组合还包括其他三个 P——产品、价格和促销战略。不久我们就会发现，渠道战略与市场营销组合之中的其他战略相比同样甚至更为重要。在企业整体目标和战略的实现过程中发挥着至关重要的作用。

为了实现分销目标，生产商必须面对六项基本的分销决策：

1. 分销在企业整体目标和战略中扮演什么角色？
2. 分销在市场营销组合中扮演什么角色？
3. 为了实现分销目标，应该如何设计企业的营销渠道？
4. 应该选择什么样的渠道成员，以实现企业的分销目标？
5. 如何管理营销渠道，以持续、高效地实现企业的渠道设计？
6. 如何评价渠道成员的绩效？

从营销渠道管理的角度考虑，这项决策是分销的"灵魂"。

我们可以事到临头再考虑这项基本决策，但是这种处理事情的方法是缺乏长远眼光的，可能会导致救火式的思维习惯的产生，总是要等到危机出现时才对分销决策认真考虑，"火"一旦被扑灭，分销决策又会被束之高阁直到下次危机到来。更合理、更系统地处理分销决策的方法是制定市场营销渠道战略，为分销决策提供原则性指导。这种战略性方法为企业分销决策提供了原则性指导，帮助企业在危机出现前及时做出分销决策。因此，无论什么时候，分销管理都必须以渠道战略为指导。

图 21-1 反映了渠道战略与分销决策之间的这种关系。在图的顶部，长方框表示建立营销渠道战略，为企业分销决策提供指导原则。下面的长方形代表六种基本的分销决策。从营销渠道战略引出的纵向箭头表示渠道战略与分销决策之间的指导与被指导关系。从一项分销决策指向另一项分销决策的横向箭头代表一般的决策顺序。框图左右两边的横向箭头则表示信息的反馈，既包括对分销决策的反馈，也包括对战略制定的反馈。

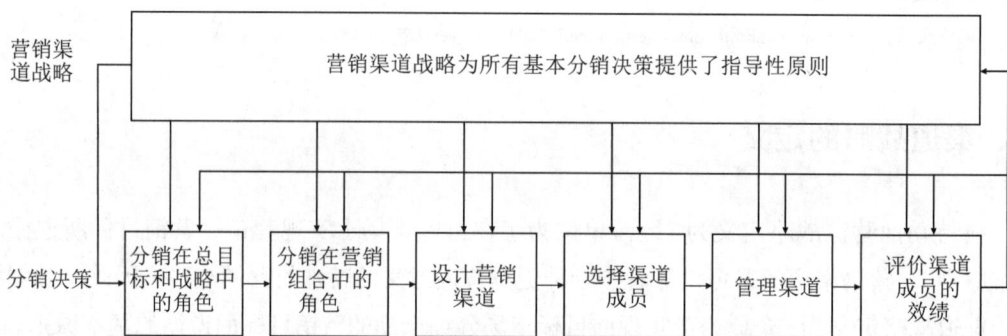

图 21-1　本章所涉及的与基本分销决策相关的营销渠道战略

二、营销渠道战略以及分销在公司目标和战略中的角色

分销在企业或组织的长期目标和战略实现中应该扮演什么样的角色，发挥什么样的作用，这些问题是任何企业或组织都必须面对的最基本的分销决策。具体地讲，必须确定某一分销目标的实现对于企业长期的生存和发展是不是重要的。如果回答是肯定的，那么分销就应该成为企业最高管理层次，包括总经理甚至是大公司的董事会主席的管理对象。

以国际知名高档奢侈车制造商宝马 BMW 为例，BMW 希望重新调整其在美国的汽车分销方式。作出的战略决策是选择模仿戴尔的模式，即根据订单为每位客户定制用车，而不是提前制造成车然后储存在分销商的仓库里。BMW 相信这种定制分销战略不仅可以帮助它和经销商节约大量的库存费用和没有卖掉的车的退税。根据调查，这种战略还能带来更满意和更忠诚的客户。目前，定制车的销量仅占 BMW 在全美销量的 15%，不过 BMW 的 CEO 詹姆斯·奥唐奈希望定制车的销量占比能提高到 40%。为了吸引更多的客户购买定制车，BMW 为购买定制车的客户提供定制的功能和车饰以及他们的定制车在工厂生产的视频。

　　为客户提供定制车一直是汽车工业梦寐以求的"圣杯"，不过到目前为止，只有 BMW 朝此方向迈出了一大步，并以此作为公司的核心战略。如果 BMW 是成功的，奥唐奈认为 BMW 创新性的分销战略将会给公司在与其他高档品牌轿车的竞争中带来优势，因为这一分销战略使其分销渠道的各个层级都是：BMW 制造的车都是用户所需要的，分销商将降低自身成本，消费者则能买到他们真正想要的产品。

　　既然分销对公司未来发展是重要的，那么公司在制定任何战略时都应该将分销问题考虑在内。图 21-2 反映的是阿贝尔和哈蒙德所说的三重循环的决策过程。

　　首先看一下第 1 重循环——公司层次，这一决策主要涉及对确定企业未来以及经营方向的基本方法的管理。在第 2 重循环中，企业的经营方向以及经营目标已经确定，因此重点转向提出基本战略。在第 3 重循环中，焦点又从企业的长期战略转向了短期，通常是 1 年计划层次——重点放在确定具体计划和预算上。对于大型的多化企业，这个三重循环计划过程的每一个层次，即公司、业务部门以及项目和职能部门都参与到了战略决策过程中。

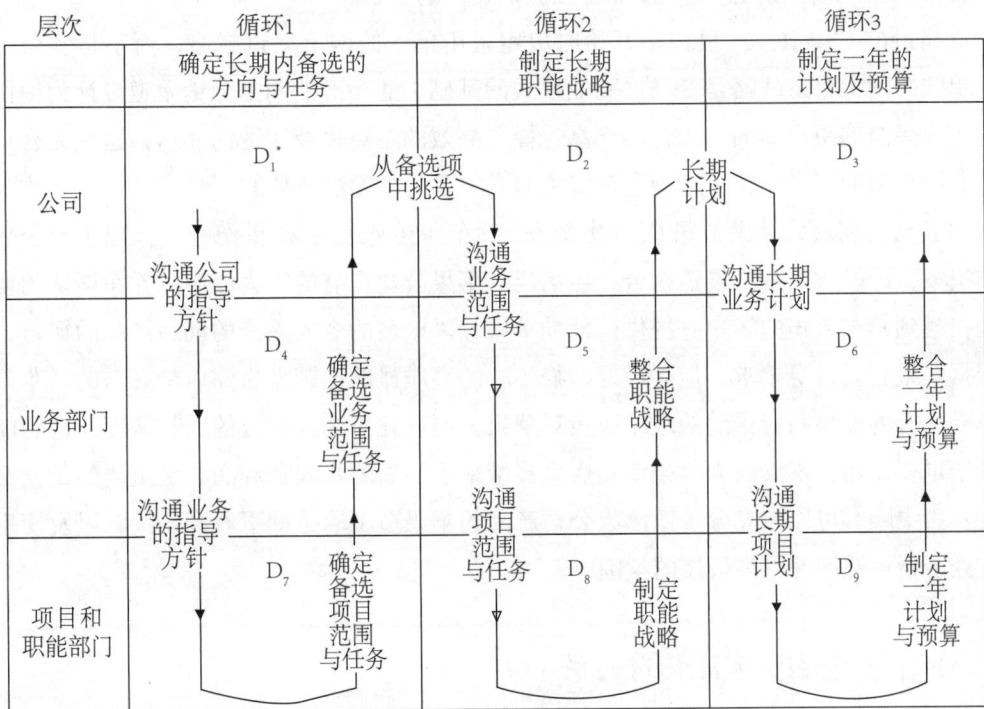

图 21-2　三重循环决策过程

　　图 21-2 分别表示对分销重视程度不同的企业确定分销角色的位置和时间，以及进行分销决策的管理层次。那些把分销放在首位的企业将在第 1 重循环中考虑它，由公司层次的管理部门进行分销决策。那些将分销放在最末位置的企业则会在第 3 重循环中由项目和职能部门考虑分销问题。图 21-2 在某种程度上简化了分销的角色与战略计划过程之间的

关系，其目标主要是传达一个基本的观点，公司给予分销的重视程度越高，在组织整体目标和战略的制定过程中，进行分销决策的机构层次也就越高。

三、确定分销的重要程度

过去 100 年来最为著名、广受人们尊敬的管理学大师彼得·德鲁克这样描述渠道的重要性：分销渠道的改变可能对国民生产总值和宏观经济不会有太大的影响，但是它们对于每个企业和每个产业而言关系重大……每个人都知道，市场正在日趋全球化，技术在飞快地发展，劳动力和人口正在不断变化，但是很少有人注意到发生在分销渠道中的变化。

分销渠道究竟有多重要这个问题只能由身处分销渠道的企业自己回答。如果一个公司的高层管理人员相信分销战略是实现长期目标的公司战略的核心组成部分，那么给予分销战略更多优先性、更多关注是势在必行的。以世界上最大、最著名的网上零售商亚马逊为例，它从 20 余年前创立至今一直都非常强调其分销战略。

亚马逊的 CEO 杰夫·贝佐斯开始时决定采用单一的网上渠道战略，而不是多渠道战略。单一的网上渠道战略是亚马逊商业模式的基础。亚马逊的网上分销渠道设计为提供简单的令人兴奋的用户界面、出色的产品选择、高效的结算以及快速的递送，这些为客户提供了非同一般的客户体验，这一点是传统的竞争者几乎无法匹敌的。

和亚马逊相反，苹果公司 CEO 史蒂夫·乔布斯在刚进入 21 世纪时就作出了一个战略分销决策，即扩大其分销渠道组合，包括建立苹果公司自有的零售商店。乔布斯认为要有效地接触到苹果公司的客户并提供能辅助苹果赖以成名的令人兴奋的创新产品的渠道，一个根据苹果公司自身要求，地处最好购物中心的高质量的连锁零售商店是必需的。苹果公司建立自有的零售商店渠道的战略决策对苹果公司近几年令人瞩目的成长速度和盈利能力起到了重要作用，不仅因为苹果专卖店直接带来了巨额的收入和利润，更重要的是，在苹果专卖店中顾客可以在充分了解苹果公司产品的苹果员工的帮助下看到、接触以及使用苹果，处于一种激动的、高科技的氛围中。

四、分销与目标市场需求的关系

当然，目标市场的需求是企业市场营销组合的基础。因此。如果目标市场消费者的需求可以通过分销战略得到最佳满足，那么分销战略就应该作为市场营销组合中的重要部分受到重视。简而言之，当目标市场需要分销发挥作用时，分销就与目标市场紧密相关。

当一个企业成为目标市场导向，重视听取顾客声音的企业时，分销的作用就会变得非常显著。因为它在提供顾客服务方面起了重要作用。为什么营销渠道与顾客需求满意度联系得如此紧密呢？因为制造商只有通过渠道，才可能提供不同种类、不同水平的服务，以满足顾客的需求。

在这一点上，沃尔沃通用汽车重型卡车公司（Volvo .GM Heavy Truck Corporation）是一个很好的例子。沃尔沃通用汽车公司在与竞争者的市场竞争中，由于无法迅捷地向市场提供服务，市场份额大量丢失。在经销商和为经销商供货的货栈中，虽然维修所需的零配件的库存量不断增加，但是缺货的现象还是经常发生。沃尔沃通用汽车公司认为，这主要是因为经销商准确预测零部件和服务需求量的能力不足。沃尔沃通用汽车公司在进行了一系列细致的市场调研之后，对目标市场对服务的需求特点有所了解。

经过调查，该公司发现，顾客一般在两种情况下更换零部件：定期检修和事故抢修。在第一种情况下，沃尔沃通用汽车公司现在的分销体系可以很好地运转，因为顾客需求的变化很小，经销商能对需求做出预测，然后以预测为基础，提前订货并配送。在第二种情况下，这个系统就很难运转。因为事故抢修所需的零部件，无论在数量上还是种类上都很难预测。因此，无论经销商的货架上储存了多少零部件，关键的部件似乎总是不足。

对在事故抢修条件下目标市场需求的特点的清楚了解，沃尔沃通用汽车公司有能力去制定新的分销战略，以满足目标市场的需求。沃尔沃通用汽车公司与联邦快递物流服务公司合作，在田纳西州的孟菲斯建立配送中心，储存各种类型的卡车部件。当一个经销商因为事故抢修而需要某一种配件时，只需打一个免费电话，所需部件当天就会空运过去，晚上就可以到达经销商手中。如果需要，所需部件也可以直接送到事故抢修现场。通过这个例子我们可以清楚地发现，高水平的客户服务源于公司对分销战略的高度重视，源于以对目标市场需求特征充分了解为前提的营销渠道的高效运转。

五、其他营销组合因素的竞争均势

竞争的残酷性正在升级，对多数人而言这已不是一个秘密，特别是全球竞争成为某些产业的准则之后，情况更是如此。越来越多的企业不但要利用市场营销组合与其他强大的国内竞争对手竞争，还要与国外企业竞争。在这样一个高度竞争的时代，企业发现将自己的营销组合与其他企业的营销组合区分开来，是一件越来越难办到的事。

在产品领域，随着技术在国内推广速度的加快，一个企业维护在产品创新和产品质量方面的行业领先地位，变得越来越困难。在价格方面，竞争对手通过将生产企业转移到低成本的国内或海外地区，迅速地调整产品的成本构成，使得其他企业维护成本优势的能力十分有限。由促销建立起来的营销组合优势也因为动听的促销语言的吸引力快速减退，并为竞争对手推出的促销措施所取代，而无法长期拥有。

分销可以为企业市场竞争领域的扩展提供一个更有利的基础。这是因为与其他三个要素不同，由分销获得的竞争优势不易被竞争对手模仿。为什么会这样呢？如果分销优势主要体现在重要的营销渠道方面，而不仅仅是分销的物流方面。这种优势就是企业重要的战略、组织和人员能力有机结合的产物，这种结合不容易被竞争对手迅速模仿。以世界领先的重型推土机设备制造商卡特彼勒为例，这家公司成名不只因为其产品性能卓越，更重要的原因是它杰出的分销渠道战略。在《哈佛商业评论》中，卡特彼勒的前 CEO 唐纳德·菲特斯将分销战略作为克服其他方面的竞争均势简洁地表述为：“优秀的制造能力、高效率的生产以及高水平的产品质量，正在成为众多企业追求的方向，任何想在市场竞争中生存下来的企业都不能忽视它们。事实上，大多数在这些方面处于劣势的企业都被市场淘汰了，这是我的公司强大的原因。我们知道如何进行分销我们已经与分销商建立起了真正的伙伴关系。”（Donald V. Fites. Make Your Dealers yours Partners, Harvard Business Review（March-April 1996）: 86）

菲特斯所说的“与分销商建立起了真正的伙伴关系”，不是简单的物流关系，这种关系的建立，取决于强调促进主要分销商不断发展的分销战略，对反应迅速、富于弹性且相互影响的分销体系的精心管理，以及渠道体系中人员素质的提高。以分销与竞争对手相抗衡，与简单地通过产品、价格和促销竞争相比，前者对竞争对手的威胁更大。因为如果模仿卡特彼勒建立强有力的营销渠道，则要求竞争对手进行长期的战略性转变，这种转变包括关系的建设和人力资源的培养，显然，这些工作都不是在短期内可以轻松完成的。这个例子要说明的是，对于那些希望进一步提高竞争能力的企业来说，将分销作为企业营销组合的主要组成部分是最有效的竞争战略。

六、忽视分销与竞争的脆弱性

竞争对手忽视分销，对那些将分销作为营销组合中最重要的战略组成要素以促进发展的企业来说，是一个绝好的竞争机会，为了抓住这样的机会，渠道管理者必须对目标市场进行深入研究，以确定竞争对手是否忽视分销或者其分销体系是否存在可以利用的弱点。

Zappos.com 成立于 1999 年，是一个网上销售鞋、衣服、手袋和饰物的公司，目前其销售额超过 10 亿美元，就是一个采用创新性渠道战略，利用竞争对手忽视分销战略的绝佳例子。2009 年 Zappos 被亚马逊收购。但仍保留其自主形象和运营独立性。该公司一直都将超凡的服务作为公司文化的核心。它提供超过 1200 个品牌，接近 300 万种不同的产品免运费，一年内可退货以及呼叫中心提供的 24 小时×7 天的真人客服。所有的员工都经过 4 周的高强度培训项目，不仅让员工掌握提供良好客服相关的技术和细节，而且使所有员工充分接受公司文化，成为公司文化的活生生延伸。为了测试员工能否达到标准，Zappos.com 的谢家华在两周培训结束后会给想要退出的员工 3000 美元，结果只有 1% 的人接受了这 3000 美元。该公司保有自己的仓库，并且自己完成所有运营过程，确保可以控制整个客户体验。

Zappos.com 有能力通过自己高质量的网上分销渠道向目标顾客提供产品，这些客户对传统实体鞋店、服装店和装饰零售店所提供的有限选择以及低水平的服务非常失望。很多拥有实体店铺的品牌，无论出于什么原因，不愿意或不能提供成千上万的消费者希望获得的顾客体验。当有公司愿意提供一种通过直接网上渠道提供高水平的产品和客户服务时，顾客马上转向了这种新的更好的渠道。Zappos.com 便是通过自己高质量的网上分销渠道，成功获得客户青睐，并维护了原有的老客户。

七、分销与渠道的协同效应

正如本章前面多次指出的那样，营销渠道管理的困难主要来自那些独立的渠道成员，因为它们有自己的目标、政策和战略。制造商为了实现其目标和战略，必须获得独立经销商的合作和帮助。与经销商打交道对制造商来说是一个巨大的挑战。然而，机会往往与挑战并存。那些由恰当的成员组成的营销渠道往往能够使制造商和分销商之间产生协同效应，产生更高级的分销计划。

在考虑哪些因素在营销组合中更重要这个问题时，制造商不应该忽视渠道的协同效应，这是其他因素不可能具有的。适当的分销渠道可以使营销组合的市场竞争力得到加强，这种竞争实力是竞争对手通过其他因素所无法获得的。例如，当制造商为了保证产品的分销，选择信誉和威望都超过自己的零售商或批发商作为渠道成员时，往往会马上使制造商自己的商业信誉得到提高。事实上，制造商的产品也会因为著名零售商或批发商的分销，而被人们视为高级、优质的产品，这是制造商依靠自身力量所无法获得的。

渠道协同效应对制造商的贡献还不仅仅在于提升企业的市场形象。制造商和渠道成员之间强有力、密切的合作关系，这种关系近年来被人们称为分销伙伴关系、合伙、战略联盟或网络组织等，可以给企业带来极大的战略优势。前面我们讨论过的宝洁和沃尔玛的合作关系，就是近年被广为关注的一个战略联盟的实例。当然，这种协同效应关系现在已广泛存在于众多产业中。

在产业或企业对企业市场上，协同的渠道关系以及企业间联盟也已十分普遍。例如，与分销商建立起密切、互利的渠道关系就是摩托罗拉的一项名为"供应商期望测度计划——全面质量管理"的一部分，这项计划一方面削减了摩托罗拉供应商的数量，另一方面向供应商提供大量的帮助，使之可以达到摩托罗拉近乎苛刻的质量标准。通过这一计划，产销之间的关系更加紧密，给双方带来了更多的收益。

▶思政园地

在侨乡晋江，民营企业家蔡金钗坚守初心、诚信仁义、乐善好施的故事，已传为佳话。"可以说，诚信是盼盼食品致力于打造食品行业标杆的初心，是永恒追求'不是优质食品不出，不是健康饮料不产'的恒心，更是用心做好每一个产品的匠心。"蔡金钗说。

蔡金钗是晋江安海镇前蔡村人，他告诉记者，在晋江，祠堂是村子里逢年过节办活动最多的地方。族人每逢婚丧嫁娶，都要到祠堂祭拜祖先，聆听祖辈留下来的智慧。"诚信仁义是一直写在族谱里的，无论族谱修正过几次，都不会把这句话去掉。这句话就是教育世世代代的蔡氏子孙，要诚信立身，诚信走天下。"蔡金钗说。

从小在这种诚信文化的熏陶下长大的蔡金钗一家，恪守着诚信的做人原则。蔡金钗有6个兄弟姐妹，童年时家境捉襟见肘，靠父亲贩卖农副产品生活，经常需要四下借钱。守信守义，按时还款，是父母挂在嘴边的教诲。"小时候家里有养鸡，我母亲收集鸡蛋换钱。夜里，母亲会一边对着煤油灯的微光清点鸡蛋，一边重复着'欠某某多少钱、欠某某多少钱，一定要还'。"蔡金钗说，"我父母从小就告诉我们做人做事要讲诚信，人无信不立，业无信不兴，一个人不讲诚信不会走得太远。"

在家风祖训濡染下长大的蔡金钗，也把这种诚信文化带进了企业。1996年，蔡氏兄弟创办了盼盼食品，蔡金钗与哥哥蔡金垵在打造企业文化时，就将"诚信正直"写在第一条。"我们闽南有句很出名的话，叫爱拼才会赢。拼什么，不仅是拼勤劳、拼智慧，更重要的是拼诚信、拼口碑。"蔡金钗说。

2005年，公司推出盼盼法式小面包。这款产品一经上市，便迅速火遍大江南北，一时间产品供不应求，出现了经销商到工厂连夜排队等候拿货的景象。

而在此期间，一次蔡金钗亲自做市场调研时，发现一批颜色不均的瑕疵产品，便决定把这批瑕疵产品全部召回销毁，损失上千万元。

在经销商纷纷表示不解时，蔡金钗说："有瑕疵的产品就不能流入市场，这是对消费者的诚信。你只有对消费者讲诚信，把好的产品呈现给消费者，消费者才能信任你的品牌，你才能赢得好口碑。"

在蔡金钗看来，诚信更是一种责任心，不单单是人和人之间的契约，更有着一个人对社会、对国家的承诺。在企业发展起来以后，也要回馈社会。2003年，盼盼食品重金研发并投产一款蛋奶薯片产品。但是，由于产品没有定位好，投入市场后出现了滞销现象，库存量比较大，企业面临很大的资金压力。最严重的时候，公司资金链十分紧张，甚至影响到员工工资的发放。

　　困难之际，有人建议蔡金钗推迟给员工发工资，让公司渡过难关之后再给员工补发工资。但他向银行贷款和向供应商借款，坚持准时给员工发放工资。

　　"一个员工背后就是一个家庭，他们每个月要靠工资过日子。公司再难也不能连累到员工，我们再难都要先把员工的'小日子'给过好。"蔡金钗说，公司成立至今，从来没有拖欠过员工工资，如果遇到节假日，还会提前发工资。2020 年疫情期间，盼盼食品第一时间向湖北捐赠爱心物资，前后累计向湖北捐赠了饮料、面包等价值 2000 万元的爱心物资，援助了包括武汉雷神山医院在内的 110 余家定点医院。

　　多年来，盼盼食品还致力于精准扶贫、春雨关怀行动、对口帮扶，扶困敬老和新农村建设等社会公益事业，累计捐资超 2 亿元，得到了社会各界的广泛好评，蔡金钗本人更荣获第 8 届中国公益节全国年度公益人物奖，还荣获福建非公有制经济优秀建设者称号和福建省优秀企业家称号。

（资料来源：东南网 http://qz.fjsen.com/2021-02/03/content_30632715.htm）

▶▶▶ 知识与技能训练

一、单选题

1. 高档消费品一般选择的分销策略是（　　　　）

A. 选择性分销　　　　　B. 独家分销　　　　　C. 大量分销品　　　　　D. 密集性分销

2. 直接分销渠道主要用于分销的产品是（　　　　）

A. 消费品　　　　　　　B. 产业用品　　　　　C. 农产品　　　　　　　D. 食品

3. 由生产者、批发商和零售商纵向整合组成的统一系统属于（　　　　）

A. 传统渠道系统　　　　　　　　　　　B. 垂直渠道系统

C. 水平渠道系统　　　　　　　　　　　D. 多渠道系统

4. 属于水平渠道冲突的是（　　　　）

A. 连锁店总公司与各分店之间的冲突　　　B. 某产品制造商与零售商之间的冲突

C. 玩具批发商与制造商之间的冲突　　　　D. 同一地区麦当劳各连锁分店之间的冲突

5. 生产者除了选择和激励渠道成员外，还必须定期评估他们的（　　　　）

A. 贷款返还能力　　　　　　　　　　　B. 财务状况

C. 绩效　　　　　　　　　　　　　　　D. 违约赔偿能力

二、填空题

1. 渠道设计问题的中心环节是确定到达＿＿＿＿＿＿的最佳途径。

2. 生产者除了选择和激励渠道成员外，还必须＿＿＿＿＿＿它们的绩效。

3. 生产者与经销商的关系依不同情况可采取合作、合伙和＿＿＿＿＿＿。

4. 消费品中的便利品和产业用品中的供应品，通常采用的分销策略是_____。

5. 产品组合的_____越大，则越倾向于使用独家分销或有选择地使用代理商。

三、问答题

1. 环境对渠道战略的影响与对营销组合中其他战略的影响有什么不同？

2. 在处理环境对渠道战略的影响的过程中，渠道管理者需要考虑很多问题，试加以讨论。

3. 为什么正常的经济条件都有可能使渠道管理出现问题？

4. 解释本章所探讨的 4 种竞争类型，认识这 4 种不同类型的竞争形式有何重要意义。

5. 近几年出现了几种社会文化现象，试讨论它们是如何影响营销渠道战略和管理的，以及将来会有怎样影响。

四、能力实训：产品分销环境调研

实训目标：通过实训，让学生了解区域市场分销环境，包括产品市场分销资源、相关中间商的经营特点、产品市场竞争情况，判断渠道资源的可得性，为制定有效的分销策略打下基础。

实训布置：要求学生以组为单位开展项目研究？完成《X 产品区域市场分销环境调研报告》。

任务实施：

（1）开展商业街区、相关企业的实地调查，利用观察法、询问法收集一手资料；

（2）利用网络等途径收集二手资料；

（3）搜集数据之后进行小组研究，每组根据自己的兴趣确定其中一个项目为研究对象，按照要求完成作业任务，得出结论，完成《X 产品区域市场分销环境调研报告》。

模块七 ●●●
避虚就实　促销激励

▶学习目标

◆知识目标

1. 把握促销及促销组合的相关概念及实质
2. 掌握人员推销管理内容
3. 掌握广告策略内容及管理要点
4. 熟悉企业公共关系策略的常见方式
5. 掌握营业推广的各种方式

◆技能目标

1. 能够根据企业的经营环境，目标客户，对企业产品制定科学合理的促销组合策略
2. 能够运用人员推销的相关知识，开展基本的推销活动
3. 能够运用广告策略的相关知识，制订简单的广告计划
4. 能够根据企业经营实际情况，提出相应的公共关系活动建议
5. 能够根据营销活动的具体需要，制定营销推广计划并予以实施

◆思政目标

1. 热爱祖国，了解和遵守营销道德规范，培育营销职业素养
2. "人无信不立，商无信不兴"，培养诚信营销的良好品质
3. 培养协作能力和团队精神

▶思维导图

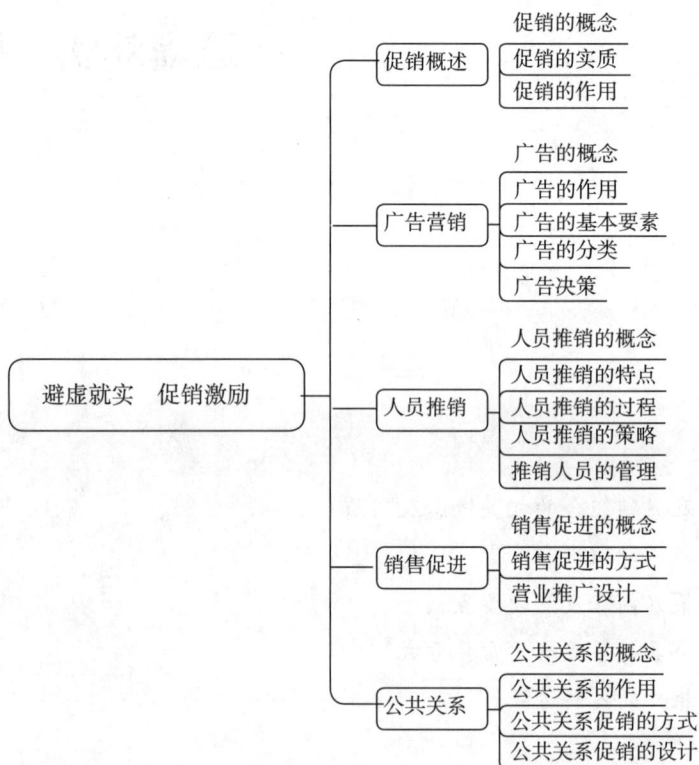

▶案例导入

农夫山泉，完胜 2017

2017 年上半年，农夫山泉没有再推出像茶 π 一样火爆的新品，却一直活跃在大众视线中。

一、加大营销，扩大市场份额：力推三大新品

1. 茶 π 推新口味，继续联合 Bigbang

一直以来，茶 π 的四种口味：柚子绿茶、西柚茉莉花茶蜜桃乌龙茶、柠檬红茶备受关注。2016 年，茶 π 让 Bigbang 代言，明星效应凸显，而且火爆了整个夏天。为了进一步布局饮品市场，吸引更多消费者的关注,2017 年，茶 π 推出一款全新口味——玫瑰荔枝红茶。新时期农夫山泉继续让 Bigbang 做品牌代言，在新的一年中继续高歌猛进。

2. 维生素水换新装，冠名现象级网络综艺节目

同年 4 月，营销专家农夫山泉释放重磅炸弹推出了全新包装的维他命水——V。自 2011 年面市以后，这一系列首次摇身一变，作为新晋"名人"与大家见面。维生素水冠名《中国有嘻哈》，节目一经播出就成为现象级 IP，借此维生素水又火了一把。

3. 果味水联合 IP，玩转二次元

农夫山泉给果味水制定了颇具特色的宣推策略。不同于茶 π 选择将明星作为代言人，农夫山泉这次选择的是跨界与二次元手游进行合作。而所选的手游，则是 2016 年下半年出现的现象级手游阴阳师。果味水新装上市后受到年轻人的热捧。借势热门游戏 IP 来做营销，农夫山泉技高一筹。

二、会议＋后厨＋家庭用水齐发力：拓展用水渠道

2016 年开始，农夫山泉大举进攻家庭、后厨和会议用水市场，不仅作为 G20 会议和国宴用水，更推出了 5 升装新品来加大渠道投入力度，借势 G20 会议的热度推出了国宴用水广告大片。

2017 年，农夫山泉继续亮相国际顶级会议——"一带一路"峰会，这是 G20 会议后农夫山泉高端瓶装水的又一个胜利。农夫山泉玻璃瓶装水作为一款有着深厚文化内涵的高端水，在国内的饮用水市场上独树一帜，作为"一带一路"峰会用水在另一方面更好地展现了中华文化。

随后农夫山泉又推出了一个情怀广告——煮饭仙人，意图很明显，剑指家庭用水市场。农夫山泉一边在深化布局高端会议用水的市场，另一边却跳出红海竞争，寻求家庭及后厨用水市场，寻求新的增长点。此次，农夫山泉推出煮饭仙人大片，再次强调其餐饮的适用性。"煮饭""泡茶""煲汤""冲奶"，农夫山泉的这一举动力图撬开更大的市场宝藏。对于亿万个家庭用水和强大的餐饮渠道需求这块处女地，农夫山泉会开发到什么规模，我们拭目以待！

项目二十二　促销概述

一、促销的概念

促销是指企业通过人员和非人员的方式把产品和服务的有关信息传递给顾客，以激起顾客的购买欲望，影响并促成顾客购买行为的全部活动的总称。

在市场经济中，社会化的商品生产和商品流通决定了生产者、经营者与

促销及促销组合

消费者之间存在信息上的分离，企业生产和经营的商品和服务信息常常不为消费者所了解和熟悉，或者尽管消费者知晓商品的有关信息，但缺少购买的激情和冲动。而促销是企业市场营销的重要策略，企业主要通过人员推销、广告、销售促进、公共关系等活动把有关产品的信息传递给消费者，激发消费者的需求，甚至创造消费者对产品的新需求。通过各种策略，向企业外部传递信息，与中间商、消费者及各种不同的社会公众进行沟通，树立良好的产品形象和企业形象，使消费者最终认可企业的产品，实现企业的营销目标。

▶ 知识拓展

　　促销策略是市场营销策略的重要组成部分，是产品顺利销售的保证。美国国际商业机器公司（BM 创始人沃森说过："科技为企业提供动力，促销则为企业安上了翅膀。"在商品市场高度繁荣的今天，企业通过有效的促销组合策略，有助于加强与消费者的信息沟通，强化消费者对产品的认知，诱导消费者的需求，达到扩大产品销售和占领市场的目的，从而在激烈的竞争中获得有利地位。

二、促销的实质

　　促销的实质是信息沟通。销售活动是物流、商流和信息流的统一过程，生产者通过信息沟通，将商品或劳务的存在、性能特征等信息传递给经营者和消费者，或通过信息的反馈，及时了解顾客的反应和意见，以便与用户保持良好的联系，保证营销的顺利实现。

　　信息沟通的主要工具是传播媒体，有单向沟通和双向沟通之分。单向信息沟通是指一方发出信息另一方接受信息，如商业广告、橱窗陈列、商品包装、说明书、宣传报道等，均属于卖方→买方的信息单向沟通；而顾客的意见书、消费者的评议等则是买方→卖方之间的信息单向沟通。双方信息沟通是指买卖双方相互交流信息，每一方既是信息的发出者，又是信息的接收者，如推销人员通过上门推销、现场销售等方式把产品直接介绍给用户，同时，用户也把自己的需要和意见反馈给推销人员，均属卖方与买方之间的信息双方沟通。

　　促销的目标是吸引消费者对企业或商品的注意和兴趣，激发消费者的购买欲望，促进消费者采取购买行为。

三、促销的作用

（一）传递产品销售信息

在产品正式进入市场以前，产品销售的信息沟通活动就应开始了。企业必须及时向中间商和消费者传递有关的产品销售情报。通过信息的传递，使社会各方了解产品销售的情况，建立起企业的良好声誉，引起他们的注意和好感，从而为企业产品销售的成功创造前提条件。

（二）创造需求促进销售

企业不论用什么促销方式，都应力求激发潜在顾客的购买欲望，引发他们的购买行为。消费者的消费需求和购买动机具有多样性和复杂性的特点，因此，企业只有针对消费者的心理动机，通过采取灵活有效的促销活动，诱导或激发消费者某一方面的需求，才能扩大产品的销售，并且，通过企业的促销活动来创造需求，发现新的销售市场，从而使市场需求朝着有利企业销售的方面发展。

（三）突出特色增强竞争力

随着社会经济的发展，市场竞争日趋激烈，不同的厂商生产经营许多同类产品，消费者对这些产品的细微差别往往不易察觉。这时，企业通过促销活动，宣传本企业的产品较竞争对手产品的不同特点，以及给消费者带来的特殊利益，使消费者充分了解本企业产品特色，引起他们的注意和欲望，进而扩大产品的销量，提高企业市场竞争力。

▶行业观察

屈臣氏的促销创新战术

屈臣氏经营的产品可谓包罗万象，来自20多个国家，有化妆品、药物、个人护理用品、时尚饰物、糖果、心意卡及礼品等25000多个品种。因此，屈臣氏在促销方面不得不采取不同的招式。

（1）加1元多一件。这种促销活动非常令顾客心动，近乎买一送一，卖场挂满了黄色圆圈标识，写有"多一件"字样，非常引人注目。

（2）超值换购。在每期的促销活动中，屈臣氏都会推出3个以上的超值商品，在顾客一次性购物满 50 元时，多加 10 元即可任意选其中一件商品。

（3）独家优惠。在推出促销商品时，屈臣氏经常避开其他商家，别开生面，给顾客更多新鲜感。

（4）买就送。买一送一、买二送一、买四送二、买大送小；送商品、送赠品、送礼品、送购物券、送抽奖券，促销方式非常灵活多变。

（5）加量不加价。这一方法主要是针对屈臣氏的自有品牌产品，屈臣氏经常会推加量不加价的包装，用鲜明的标签标示，以加量 33% 或加量 50% 为主，对消费者非常有吸引力。

（6）优惠券。屈臣氏经常在促销宣传手册或者报纸海报上设计剪角优惠券，顾客在购买指定产品时，可以给予一定金额的购买优惠。

（7）套装优惠。屈臣氏经常会向生产厂家定制专供的套装商品，以较优惠的价格向顾客销售。

除此之外，屈臣氏常用的主题促销活动也很多。

（1）春之缤纷。"炫色春时尚"展示春天时尚用品；"三月浓情关爱女性"展示绿色女性用品；"唤醒春之容颜"提供大量春天彩妆系列；"逍遥享春风"推荐清醒系列用品；"春节健康心选"提供系列有益的保健食品。

（2）健与美大赏。屈臣氏根据产品受消费者的欢迎程度，在数千种产品中，挑选出各个组别中的最佳产品，有"至尊金奖""银奖""铜奖""最具潜质新产品奖""最佳部门销售奖""最佳品类大奖"等，伴有《健与美群英榜》，给顾客以消费指引。

（资料来源：《洗涤化妆品周报》，发表时间为 2014 年 5 月。）

（四）反馈信息提高效益

企业只有把产品尽快地转移到消费者手中，才能实现产品的价值。如果产品卖不出去，产品的价值无法实现，消耗在产品中的劳动得不到社会的承认，那么，企业的生产经营活动就会出现负效益。一般来说，产品价值的实现承担与经济效益是成正比例发展的。对于企业来说，在成本和价格既定的情况下，产品销量越大，销售额越高，效益越好；反之，情况则相反。而要做到扩大销量，提高效益，就必须重视产品销量工作。通过有效的促销活动，使更多的消费者或用户了解、熟悉或信任本企业产品。

促销的方式分为人员促销和非人员促销。人员促销又称人员推销，是指供应方派出推销人员或营业人员与顾客面对面地介绍产品等有关情况，答复顾客的询问，说服顾客购买；非人员促销是指供应方通过一定的媒介传送产品或劳务的信息，促使顾客产生购买动机和购买行为的一系列的活动，包括销售促进、广告、公共关系等。

▶ 协作创新

"商品如果不做广告，就好像一个少女在黑暗中向你暗送秋波。"请同学们分析下这句话展现了广告在营销中的何种独特地位。

项目二十三　广告营销

一、广告的概念

"广告"一词源于拉丁语"Adverture"，原意是"我大喊大叫"，后演变为英语中的广告"Advertise"，其含义是"一个人注意到某件事"，后来演变为"引起别人的注意，通知别人某件事"。促销组合中研究的广告是指狭义的广告，我国《广告法》对广告的定义是："广告主为了达到特定的目的，以付费的形式利用大众媒体有计划地向目标对象传递有关产品和劳务的信息。"这种营销角度的广告概念强调了这些含义：广告要有明确的广告主；传递信息是广告的重要目的；产品和劳务是广告宣传的具体内容；潜在和现实的消费者是广告的受众对象；报纸、杂志、广播、电视等是广告的传播媒体；广告活动要支付费用。

广告营销

二、广告的作用

在当代社会，广告既是一种重要的促销手段，又是一种重要的文化现象。广告是社会再生产过程中的"润滑剂"，借助各种媒体传递信息，发挥着十分重要的作用。

（一）传递信息，促进销售

传递各种商品信息是广告最基本的作用。在现代经济社会，信息是整个社会赖以生存的重要资源，而商品信息的传递主要通过广告的形式进行。生产者通过广告把产品的信息传递给需求者，消费者通过企业发布的广告能及时了解企业生产的发展情况，商业部门的供应水平，商品的特点、质量、价格、购买地点、售后服务等情况，从而广告起到传递信息、促进销售的作用。

（二）引导消费，创造需求

事实上，消费者内心深处往往存在某种未满足的欲望，但还未转换成现实的需求，则好的广告能起到诱导消费者的兴趣和感情，引起消费者购买该商品的欲望，直至促使消费者实施购买行动。

（三）树立产品形象，提高企业知名度

当市场上产品竞争激烈，商品种类繁多，品牌各异，消费者难以作出选择时，这时企业和产品的形象、知名度就成为消费者购买时的重要依据。企业要加强顾客对产品的记忆与好感，巩固和推广市场占有率，要在保证产品质量的条件下，充分发挥广告的竞争力量，在广告宣传上先声夺人，以获取消费者的好感。而企业的知名度和美誉度又是企业一笔重要的无形资产，因此，新异的广告就是一项长期投资。

（四）美化生活，陶冶情操

现代广告的发展趋势是在注意其商业功能的同时，也开始注意在进行产品和服务宣传时，把人类的文化艺术以及文明、健康、科学的生活方式介绍给社会，使人们从中得到艺术的享受，陶冶情操。而大量有艺术创造性的广告更是丰富和美化了我们的生活，点缀了我们的生活空间，没有广告的社会是一片死寂的社会。

▶ 拓展阅读

雨伞——请自由取用

日本大阪新电机日本桥分店有个独特的广告妙术——每逢暴雨骤至之时，店员们马上把雨伞架放置在商店门口，每个伞架上有三十把雨伞，伞架上写着："亲爱的顾客，请自由取用，并请下次来店时带来，以利其他顾客。"未带雨伞的顾客顿时愁眉舒展，欣然取伞而去。当有人问及，如顾客不将雨伞送回怎么办时，经理回答说："这些雨伞都是廉价的，而且伞上都印有新电机的商标。因此，即使顾客不送也没关系，就是当作广告也是值得的。这对商店来说，是惠而不费的美事。"

（资料来源：https://www.renrendoc.com/p-47010663.html）

三、广告的基本要素

广告是一种动态活动过程，不仅仅指某种信息。通常，广告活动由广告主体、广告中介、广告内容和广告客体四个要素构成，缺一不可。

1.广告主体指广告活动的提议者、策划创作者、实施者，主要包括广告主、广告经营者、广告发布者三个方面。广告主体是广告活动的基础。

2.广告内容，即广告传递的基本信息，包括企业产品信息、管理信息、人才信息及其整体形象信息等。

3.广告媒体指发布广告的传播媒介，如报纸杂志、广播电视、互联网等，它是广告传播的物质技术条件。

4.广告客体指广告传播需要影响的消费者，包括显在的消费者和潜在的消费者。

广告的四个构成要素是一个系统和有机的整体，是相互联系，彼此制约的，同时也受到整个市场宏微观环境的影响，如图23-1所示。

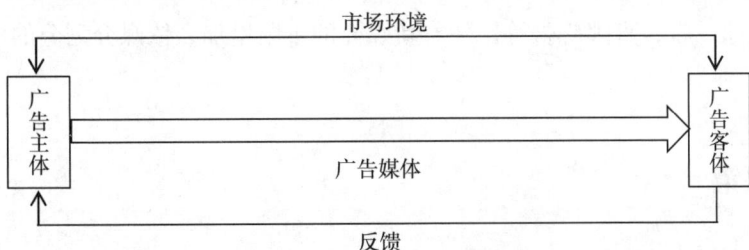

图 23-1　广告构成要素系统

四、广告的分类

按照不同的广告分类标志，可以将广告划分成许多不同的类型。

（一）按广告内容的不同划分

按广告内容的不同可以分为告知性广告、说服性广告和提示性广告。告知性广告主要用于介绍产品用途、特点或使用方法以及生产企业的情况和所能提供的服务。这类广告常用于产品的投入期，希望能引起消费者的注意。说服性广告旨在培养消费者的品牌偏好、鼓励消费者使用本企业产品，改变消费者对产品特性的认识，说服顾客购买本企业产品。在产品的成长期，这类广告特别适用。提示性广告用来提醒顾客注意企业的产品，加深记忆，提高重复购买率，在产品成熟期经常被使用。

（二）按广告目的的不同划分

按广告目的的不同可以分为商品广告和企业广告。商品广告即用于传播商品信息，激发顾客需求，具有推销目的。企业广告侧重于介绍企业历史、成就、经营范围等，旨在加深社会印象，推动经营事业的发展。

（三）按广告性质的不同划分

按广告性质的不同可以分为商业性广告和公共服务性广告。商业性广告的目的在于推销商品或提供劳务，以谋取经济利益。公共服务性广告旨在通过某种社会活动或社会公共利益活动，以提高企业的知名度和美誉度。

（四）按所使用的媒体不同划分

按所使用的媒体不同划分可以分为：报纸广告、杂志广告、广播广告、电视广告。此外，还可分为：电影广告、幻灯片广告、包装广告、广播广告、海报广告、招贴广告、POP广告、交通广告、直邮广告等。随着新媒介的不断增加，依媒介划分的广告种类也会越来越多。

五、广告决策

广告策略的运用需要五项决策：任务（广告的目的是什么）、资金（要花多少钱）、信息（要传递什么信息）、媒体（使用什么媒体）、衡量（如何评价结果）。

（一）确定广告目标

制订广告计划的第一步就是确定广告目标，这些目标必须服从先前制定的有关目标市场，市场定位的营销组合策略。这些市场定位和组合战略限定了广告在整体营销规划中必须做的工作。

广告目标可分为通知性、说服性和提醒性三类。广告目标的选择应当建立在对当前市场营销情况透彻分析和企业希望花费实现销售目标所需要的金额的基础上。如果企业的广告开支过低，则收效甚微；如果企业在广告方面开支过多，那么资金可以派更好的用场。

▶ 拓展阅读

"寻人启事"的启示

台湾新光人寿保险公司在 1963 年初创时，因为企业没有知名度，生意难做。当时，在电视台投放一则广告起码要一万元台币，公司刚创办，资金紧缺，拿不出这笔广告费。经理吴家录挖空心思，想出一招，每天晚上他都到各家卖座好的电影院去发"寻人启事"，通过银幕"找新光人寿保险公司的某人"。每次只需花零点几台币，就能让千把人知道新光人寿保险公司的存在。渐渐地，新光人寿保险公司的牌子通过"寻人启事"在台湾城乡传开，生意也兴隆起来。

（资料来源：https://www.doc88.com/p-99529033536141.html）

（二）制定广告预算

确定了广告目标后，企业可以着手为每一产品制定广告预算。在制定广告预算时要考虑五个特定的因素：

1. 产品生命周期阶段。新产品一般花费大量广告预算，以便建立知晓度和取得消费者的注意。以建立知晓度的品牌所需预算在销售额中所占比例通常较低。

2. 市场份额和消费者基础。市场份额高的品牌，只求维持其市场份额，因此，其广告预算在销售额中所占的百分比通常较低。而通过增加市场销售或从竞争者手中夺取份额来提高市场份额，则需要大量的广告费用。

3. 竞争与干扰。在一个有很多竞争者和广告开支很大的市场上，一种品牌必须更加大力宣传，以便高过市场的干扰声，使人们听见。即使市场上一般的广告干扰声不是直接对品牌竞争，也有必要大做广告。

4. 广告频率。把品牌信息传达到顾客需要的重复次数，也会决定广告预算的多少。

5. 产品替代性。同一商品种类中的各种品牌（如香烟、啤酒、软饮料）需要树立有差别的形象。如果品牌可提供独特的物质利益或特色，广告也有重要的作用。

（三）设计与选择广告信息内容

广告活动的有效性远比广告花费的金额更为重要。一个广告只有获得注意时才能增加品牌的销售量。广告格言是"除非很兴奋，否则没有销售"。

广告设计应达到以下一些要求：

1. 概念明确。广告必须在文字和使用语言等方面准确无误地表达产品、服务等信息不可使用含义模糊、使人产生误解的表达方式。

2. 给顾客深刻的影响。好的广告设计能给视听接受者留下深刻的印象。

3. 引起顾客的兴趣。广告要做到有可看性、趣味性，能激发顾客的兴趣。

4. 广告信息内容必须充分。广告中的信息对顾客日后的购买行为有重要影响，信息量必须满足顾客的要求，以便促使顾客尽快作出购买决策。

5. 吸引力强。良好的广告具有较强的吸引力和艺术感染力，使人百看不厌。

▶ 行业观察

绝妙的反证策略

企业在做广告时，如同男女青年谈对象时只暴露自己的优点，不暴露自己的缺点一样，大都会介绍自己的商品如何好，以招徕更多的顾客，谁也不愿意向顾客透露自己的产品或服务的不足。然而，大千世界无奇不有，偏偏有人要宣传自己的服务是如何之差，但其结果却正好相反。

某企业曾登出这样一则广告："这种手表走得不太准确，24 小时会慢 24 秒，请君购买时三思！"但顾客们似乎格外倔强，这种手表的销量因这则广告而扶摇直上。还有一则推销香烟的广告说："禁止抽各种香烟，连 55 牌也不例外。"结果，55 牌香烟销量大增。

美国俄勒冈州的一家饭馆在门前竖起了这样一个大广告牌，上面写着"俄勒冈最差的食物！"该饭店的老板也直言不讳地说："我是一个最差劲的厨师。"可顾客并不被这"最差"二字吓跑，而是越来越多甚至连世界各地的游客也来这里凑热闹。

（资料来源：https://www.mroyal.cn/News_1619.html）

（四）媒体决策与绩效衡量

各类广告媒体都有其不同的特点，适合不同的广告要求。因此，选择好广告媒体对取得良好的广告效果有重要的影响。这一步骤包括决定预期的触及面、频率和影响，选择主要的媒体类型等内容。

1. 决定广告触及面、频率和影响

广告的触及面（R）：指在一定时期内，某一特定媒体一次最少能触及的不同人数或家庭数目。

频率（F）：指在一定时期内，平均每人或每个家庭受到广告信息的次数。

影响（I）：指使用某一特定媒体展露质量价值。例如，某类产品广告适合在与其用途相关性强的杂志上刊登，口红广告刊登在美容杂志上就非常合适，而不适宜刊登在法律杂志上。媒体选择就要寻找一条成本效益最佳的途径，向目标视听接收者传达预期次数的展露。

展露总数（E）：是指触及面乘以平均数，即 E=R×F，也被称为毛评点（GRP）。因此，选择广告媒体时要决定展露多少次才能导致 A 品牌的视听接受者知晓该品牌，展露对于视听接受者知晓度的作用取决于它的触及面、频率和影响。例如，某一广告希望触及 80% 的家庭，平均展露次数为 3，展露总数应该是 240 次（80×3=240）。企业还必须明确在一定预算的前提下，所购买的触及面频率与影响的成本效益最佳组合是什么，并决定使视听接受者触及多少次，展露多少次。

2. 主要媒体类型的选择

媒体计划者必须了解各类主要媒体在触及面、频率和影响等方面所具备的能力，了解各类主要媒体的优、缺点。

（1）报纸。

优点：灵活，及时，本地市场覆盖面大，能被广泛接受，可行性强。

缺点：保存性差，复制质量低，传阅者少。

（2）电视。

优点：综合视觉、听觉和动作，富有感染力，能引起高度注意，触及面广。

缺点：成本高，干扰多，瞬间即逝，观众选择性少。

（3）直接邮寄。

优点：接受者有选择性，灵活，在同一媒体内没有广告竞争，人情味较重。

缺点：相对来说成本较高，可能造成滥寄"垃圾邮件"的印象。

（4）广播。

优点：大众化宣传，地理和人口方面的选择性较强，成本低。

缺点：只有声音，不如电视那样引人注意，非规范化收费结构，展露瞬息即逝。

（5）杂志。

优点：人口可选性强，可信，有一定权威性，复制率高，保存期长，传阅者多。

缺点：有些发行数是无用的，版面无保证。

（6）户外广告。

优点：灵活，广告展露时间长，费用低，竞争少。

缺点：观众没有选择，缺乏创新。

（7）网络广告。

优点：技术先进，方式多样，不受时空限制，信息容量大，实现即时互动，便于双方沟通，成本低廉，计费灵活，便于检索，反馈直接。

缺点：覆盖率仍然偏低，效果评估困难，网页上可供选择的广告位置有限，创意有局限性。

媒体计划者在这些媒体进行选择中，要考虑以下几个最重要的变量：

（1）目标受众的媒体习惯。例如，对青少年来说，广播和电视是最有效的广告媒体。

（2）产品。妇女服装广告登在彩色印刷的杂志上最吸引人，而宝丽来照相机广告则最好通过电视做一些示范表演。各类媒体在示范表演、形象化、可信程度和色彩方面具有不同的潜力。

（3）广告信息。一条宣传明天有重要商品出售的信息就要求用广播或报纸做媒介；一条包含大量技术资料的广告信息可能要求选用专业性杂志或者邮件做媒介。

（4）费用。电视费用非常昂贵，而报纸广告则较便宜，当然，应该考虑的是每一个人展露的平均成本，而不是总成本。

（五）评价广告效果

企业花费大量的人力、物力、财力在广告投入上，总希望能达到预期的市场促销目标把广告传播出去，只是整个市场传播过程的第一步，究竟发布的广告有没有促销效果以及效果的大小等，都不得而知。因此，为了对广告投放进行有效的计划和控制，企业还必须对广告的效果进行测定分析。通常，广告效果指的是广告接受者的反应情况。广告效果主要表现为广告促销效果及广告心理效果两个方面。

1. 广告促销效果

广告促销效果指的是广告促进产品销售和利润增加的程度，它反映了广告费用与产品销售量（额）之间的比例。广告促销效果的测定是以产品销售量额的增减幅度作为衡量标准的，常用的测定方法有以下几种。

（1）广告费用占销率法。这种方法测定的是计划内广告费用对广告产品销售量（额）的影响。广告费用占销率越小，表明广告促销效果越好，反之则越差。其计算公式为：广告费用占销率 = 广告费用 / 销售量（额）×100%。

（2）广告费用增销率法。这种方法可以测出计划期内的广告费用增减对广告产品销售量（额）的影响。广告费用增销率越大，表明广告的促销效果越好，反之越差。其计算公式为：广告费用增销率 = 销售量（额）增长率 / 广告费用增长率 ×100%。

需要注意的是，影响产品销售量的因素除了广告投放量，还有很多其他因素，如产品质量、价格、销售渠道、市场竞争环境等。因此，单纯的以销售量（额）的增减来判断广告效果是不全面的。上述方法也只能作为衡量广告效果的一项指标，还需要从更多的方面加以考察。

2. 广告心理效果

广告心理效果指广告对目标市场消费者心理效果的影响程度。可见广告心理效果并不是以产品销售量的大小为衡量标准的，它反映了消费者对广告本身的反应程度，包括对产品信息的注意、兴趣、情绪、记忆、理解、动机等。因此，对广告心理效果的测定主要表现在知名度、注意度、理解度、记忆度、购买动机等项目上。一般来说，对广告心理效果测试通常采用抽样调查的方式进行，具体的实施方法包括：

（1）回忆测试法。回忆测试法指通过调查对象观看或阅读广告后对广告内容的记忆程度来测定广告效果。

（2）认知测试法。认知测试法指测定调查对象是否通过某一媒体接触过某个广告。一般认知测试常将调查结果分为三等：略微认知，即看到过；联想认知，即能记起某一部分内容并能有这一部分内容联想起有关的产品信息；深层认知，即能识别一半以上的广告内容。

（3）实验室控制法。实验室控制法指利用各种实验室仪器、设备检测调查对象对某广告产生的生理反应，如心跳、血压等变化，以此来衡量该广告是否具有吸引消费者注意和兴趣的能力。

广告效果的测定是一项复杂的工作。我们应全面、多角度对广告效果进行研究，从而为企业市场营销战略的准确制定和实施提供重要的依据。

▶ 拓展阅读

"地铁广告"花样刷屏，创意打动用户才是王道

陌陌：用视频认识我

2016 年，陌陌发布了"用视频认识我"系列品牌广告，并在北京、上海、广州等城市的地铁站中进行了大规模投放。"周一早上，刷牙都很有使命感""今天的我被播放了 26.2 万次""我吃薯条是要蘸冰激淋的"等风趣幽默的口语，让看过的用户不自觉地"脑补"自己的生活片段画面。"用视频认识我"是一种全新的社交行为，准确地把握住了当下年轻用户的习惯，不再拘泥于文字和图片，而是通过短视频全面生动地展示自己。陌陌选择在地铁站里大量投放平面广告也是对年轻上班族的人群定位，将品牌信息广泛传播给年轻人。

网易新闻：越孤独越热闹

2016 年的最后一天，网易新闻在上海人民广场的地铁站通道内投放了长达 12 米的巨

幅广告，它由 10000 个可以撕掉的磁贴拼接而成。每个磁贴上印着二维码，下面还会有一个注释——这个城市中的孤独有 1 万种，扫描磁贴寻找和你相同的那一个。而在深圳机场，"一个人旅行不孤单，心里藏着个人才孤单""行李比我还幸福，至少有人等他"等孤独语录轮番播放，见证着千万名来来往往的旅客内心的"孤独独白"。

豆瓣：我们的精神角落

2016 年，成立了 11 年的豆瓣，终于做了一次广告。豆瓣品牌影片的平面广告在北京地铁里投放，豆瓣以一种文艺手法向用户传递它的品牌价值信息——"一个能满足个人情感精神需求的乌托邦"。而"我们的精神角落"围绕着对个体精神需要的满足而展开，"我张开双臂拥抱世界，世界也拥抱我""有时，我只想一个人"这样内心独白式的广告文案，能够触动人们的情感世界。

（资料来源：https://mp.weixin.qq.com/s/LGHp7gFgQn32bXHonpOzNw）

（资料来源：https://www.mroyal.cn/News_1619.html）

项目二十四　人员推销

一、人员推销的概念

人员推销是指由企业派出销售人员或委派专职推销机构，直接向目标市场的顾客介绍和销售商品的活动。简单地说，就是企业的推销人员通过与目标市场顾客的人际接触来推动销售的促销方式。这里所指的销售人员包括内部销售人员和外勤销售人员：内部销售人员一般在办公室内用电话、网络等与顾客联系，或者接待有可能成为购买者的人员来访；外勤销售人员负责流动推销，上门访问客户等。

一位西方的市场营销专家说过："这个世界是一个需要推销的世界，大家都在以不同的形式进行推销，人人都是推销员。"人员推销同其他非人员推销相比较，由于直接与潜在消费者接触，在建立消费者偏好、信任和促进购买行为方面，是最有效的促销工具。

二、人员推销的特点

人员推销是一种最古老的促销方式，推销人员应根据不同的销售环境、推销气氛、推销对象和推销商品，审时度势，巧妙而灵活地采用不同的推销策略，吸引顾客的注意，激发顾客的购买欲望，促成交易。与其他促销形式相比，人员推销具有以下显著的特点。

（一）针对性强

与顾客的直接沟通是人员推销的主要特征。人员推销需要在推销前对顾客进行调查，选择有较大购买可能的潜在消费者，直接带有一定倾向性、目标较为明确的走访，这样有利于提高成交率。

（二）方式灵活

推销人员在推销过程中与潜在消费者进行的是面对面的交谈。通过交谈和观察，推销人员可根据顾客的态度和反应，及时发现问题，掌握顾客的购买动机，然后有针对性地根据顾客的情绪和心理变化，灵活地采取必要的措施，从不同的层面满足顾客的需要，从而促使交易的达成。

（三）注重人际关系

推销人员既是企业利益的代表，同时也是消费者的代表。推销人员应该清醒地认识到满足顾客需求才是促成交易成功的保证。所以，推销人员在与顾客的直接接触中，愿意为顾客提供多方面的帮助，以利于增强双方的了解，在企业与顾客中建立良好的关系。

（四）促成及时购买

人员推销的直接性缩短了顾客从接受促销信息到采取购买行为之间的时间间隔。人员推销活动可以及时解决顾客提出的问题，通过面对面的讲解和说服，可促使顾客立刻采取购买行为。

（五）信息的双向沟通

一方面，推销人员推销产品时，必须把产品的质量、功能、用途、售后服务等情况介绍给顾客；另一方面，推销人员还必须通过与顾客的交谈，了解顾客对本产品的意见和态度，上报给决策层，以利于更好地满足消费者的要求。通过双方沟通，有利于企业更好地发展。

（六）双重的推销目的

人员推销不仅为了宣传、鼓动和说服顾客购买，而且通过感情交流、操作示范以及提供的各种服务与顾客建立长期相互信赖的关系。因此，它具有推销商品和建立合作关系的双重目的。

（七）可兼任其他营销功能

推销人员除了担任多项产品（服务）推销工作，还可以兼做信息咨询服务，收集客户情报、进行市场调查，开发网点，帮助顾客解决商业性事项等工作。

（八）满足多种需求

人员推销中，通过推销商品，可满足顾客对商品使用价值的要求；通过介绍产品，可以满足顾客对商品信息的需求；通过销售服务，可以满足顾客对有关技术和服务的要求；通过文明经商、礼貌服务和企业形象宣传，可以满足顾客心理精神上的需求。

人员推销的优点固然很多，但在使用时应该注意人员推销占用人数较多，费用大，接触面窄，而且优秀的推销人员非常难得。因此，企业在决定采用人员推销时，必须权衡利弊，慎重从事，尽可能和其他促销方式相互配合应用，效果会更好。

三、人员推销的过程

人员推销是一种面对面的促销活动，推销员应具备倾听的能力，努力从消费者的语言里了解消费者的真正需要，同时也应该看到推销工作不仅仅是销售产品，建立与顾客的长期信任关系同样重要。人员推销的目的有三种：发现可能的顾客；努力把可能的顾客变成现实的用户；确保顾客满意。具体的程序如下。

（一）寻找可能顾客

推销员首先要寻找销售线索，有资格的销售线索一般有三个要求：一是能够从购买本企业产品中获得利益；二是有支付能力；三是有权决定是否购买。

（二）准备工作

这是接触可能用户前的准备工作。推销员应该尽可能地了解销售线索的情况和特征，了解他们的背景、产品需求、决策人和采购员的个人情况及在购买中的作用等。

（三）接近方式

推销员必须知道接近用户时的方式、如何问候、如何开场等对于建立一个良好的开端是十分重要的。同样，推销员的衣着、谈吐及仪表等也是接近方式的组成部分。用户的第一印象常常是促销成功的基础，良好的开场白将有助于用户提起兴趣，听完介绍。

（四）推销陈述与演示

在引起顾客注意和兴趣后，推销员就可以向推销对象介绍产品的具体特点了，他可以利用多种手段，如图片、幻灯片、录像、小册子或直接演示等来强化沟通效果，以促成购买欲望的形成。

（五）处理异议

推销员在推销过程中几乎都要碰到异议和抵触，但推销员应该知道，异议虽然是一种成交的阻碍，但也是成交的前奏和信号，机会存在于克服阻碍，如顾客说不进货了，仓库都满着，推销员可以说，"这是你没有进畅销货，我们这些产品不仅畅销而且能带动其他产品的销售"。

（六）成交

推销员要学会识别成交信息，例如，当顾客谈及交货、包装、维修、还价时，或者要求再看看产品，提出一些小问题时，推销员应该紧紧抓住机会，促成买卖。

（七）售后工作

这是保证顾客满意的重要方面，是让顾客继续订货，建立长期业务关系的必不可少的一步。推销员应该确保交货时间与其他购买条件的严格实现，准备回访，及时提供指导和服务等。

▶拓展阅读

什么决定客户转化率

拜访的"真诚"决定客户转化率。

日本企业家小池出身贫寒，20岁时在一家机器公司当推销员。有一段时间，他推销机器非常顺利，半个月内就同25位顾客做成了生意。有一天，他突然发现他现在所卖的这种机器比别家公司生产的同样性能的机器贵了一些。他想："如果顾客知道了，一定以为我在欺骗他们，会对我的信誉产生怀疑。"于是深感不安的小池立即带着合约书和订单，逐家拜访客户，如实地向客户说明情况，并请客户重新考虑选择。他的行动使每个客户都很受感动。此举也给他带来了良好的商业荣誉，大家都认为他是一个值得信赖的正直的人。结果，不但25人中没有一个解除合约，反而又给他带来了更多的客户。

拜访的"信心"是成败的关键。

克尔曾经是一家报社的职员。他刚到报社当广告业务员时，对自己很有信心。因此他给经理提出不要薪水，只按广告费抽取佣金的请求。经理答应了他的请求。他列出一份名单，准备拜访一些很特别的客户，他们都是以前没有洽谈成功的。公司里的业务员都认为那些客户是不可能与他们合作的。在去拜访这些客户前，克尔把自己关在屋里，站在镜子前，把名单上客户的名字念了10遍，然后对自己说："在本月前，你们将向我购买广告版面。"于是他怀着坚定的信心去拜访客户。第一天，他和3个"不可能的"客户中的2个谈成了交易；在第一个星期的另外几天，他又成交了2笔交易；到第一个月的月底,20个客户中只有一个还没买他的广告版面。在第2个月里，克尔没有去拜访新客户。每天早晨，那位拒绝买他广告版面的客户的商店一开门，他就进去请这个商人做广告。而每天早晨，这位商人都回答说："不！"每一次，当这位商人说"不"时，克尔就假装没听到，然后继续前去拜访。对克尔已经连着说了30天"不"的商人说："你已经浪费一个月来请求我买你的广告，我现在想知道的是，你为何要坚持这样做？"克尔说："我并没有浪费时间，我等于在上学，而你就是我的老师，我一直在训练自己坚韧不拔的精神。"那位商人点点头，接着克尔的话说"我也要向你承认，我也等于在上学，而你就是我的老师。你已经教会了我坚持到底这一课，对我来说，这比金钱更有价值，为了向你表示我的感激，我要买你的一个广告版面作为我付给你的学费"。

（资料来源：微信公众号"销售解密"，发表时间为2016年8月4日。）

四、人员推销的策略

人员推销具有很强的灵活性和艺术性。在面对面的交谈中，要求推销人员能够根据当时具体的推销环境、氛围、推销对象的特性以及推销商品的性质，灵活地运用推销策略，以激发消费者的欲望，消除消费者的疑虑，最终促成推销。因此，推销活动除了要求推销人员具备基本的素质，还要求其能掌握必要的推销技巧，能够灵巧运用推销策略。人员推销的策略主要有以下三种。

（一）试探性策略

即"刺激—反应"策略，这种策略是在不了解消费者的情况下，推销员运用刺激性手段引发顾客交谈的过程中，小心谨慎地运用多种话题加以试探，仔细观察其反应，接下来再选择其感兴趣的话题发挥下去。另外，在刺激的同时要相应地配合图示说明、演示操作等方法以强化刺激效果，最终说服顾客。很多优秀的推销员都认为"只要顾客开口说话，买卖就成功了一半"。因此，运用试探性策略的关键是要引起顾客积极的反应。

（二）针对性策略

即"配方—成交"策略，这种策略是建立在已经基本了解顾客的某些方面需求的前提下，有目的地宣传、展示和介绍商品，说服顾客购买。运用该策略时应注意，始终要体现出诚意，使顾客感受到销售人员是在真心实意地为其出谋划策，而不是想方设法推销产品，否则会适得其反

（三）诱导性策略

即"诱发—满足"策略，这种策略需要推销人员通过一定的说服技巧，使消费者产生强烈的购买欲望，最终采取购买行动。这种策略是一种创造性的推销策略。运用诱导策略的关键是推销人员要有较高的推销艺术和推销技巧，能够诱发顾客产生某方面的需求，然后抓住时机推出企业产品来满足这种需求。

五、推销人员的管理

推销人员素质的优劣对扩大销售、开拓市场及实现推销目标，具有举足轻重的作用。研究表明，普通推销员和优秀推销员的业务水准和销售实绩都相差甚远。在典型的销售队伍中,60% 以上的销售额是由 30% 的优秀人员创造的。因此，推销人员的整体管理非常重要。推销人员的管理主要包括提高推销人员的素质，做好推销人员的培训，促进推销人员的行为激励，完善推销人员的绩效评价等内容，其目的是提高推销效率，实现促销目的。

（一）提高推销人员的素质

思想素质：推销人员应具有强烈的事业心和责任感，积极进取的开拓精神，持之以恒的工作热情以及充分的自信心和坚强的意志力；

业务素质：具有丰富的业务技能和推销经验，是做好推销工作的基础；

文化素质：推销人员除了具备良好的业务素质，还应具有一定的文化水平。推销人员的知识越丰富，工作越能得心应手；

身体素质：良好的身体素质是搞好推销工作的根本保证。

此外，推销人员还需具有良好的气质和职业素养，仪表端庄，热情大方，谦虚有礼，谈吐自如，使顾客乐于与其交谈。推销人员只有成功地推销自己，赢得了顾客的信任，才能成功地推销产品。

（二）推销人员的培训

推销人员在正式开展业务活动以前，必须接受一定时间的培训，掌握推销工作的知识和技巧。对在职的推销人员来说，也要接受定期培训，了解企业产品发展的新动向，交流推销经验，探讨如何提高推销工作的效率。培训推销人员的方法很多，常被采用的方法主要有讲授培训、模拟培训和实践培训三种。培训内容有企业知识、产品知识、市场知识、心理知识、政策法规知识和顾客情况介绍，以及推销技巧和业务程序等。

（三）推销人员的激励和评价

企业通过各种激励手段，可充分调动推销人员的工作积极性，发挥其最大作用。激励的方法主要有物质激励和精神激励。其中，物质激励方式主要有：固定报酬，即不受推销业绩影响，使其有正常的基本收入保障生活；超额奖金，即销售人员完成一定的销售数额所给予的奖励；酬金加奖金，即上述两种形式的结合，是一种广泛应用的报酬方式。另外，还有佣金、红利等形式。精神方面的激励主要有：奖励员工参加销售会议，使员工有机会和公司领导沟通交流，发表自己的感受，还有受到表扬、上光荣榜、颁发奖状或奖章、享受休假、公费外出旅行等形式。

企业营销部门对推销人员的推销业绩的评价主要包括推销人员执行管理制度，履行工作职责，提高自身的业务素质、推销业绩等方面的内容。这不仅仅是分配报酬的依据，而且是企业调整市场营销战略，促使推销人员更好地为企业服务的基础。对推销人员的评价主要采取质量指标和数量指标综合考核。建立推销人员的定期报告制度和工作检查制度，及时了解推销人员的工作完成进度、费用开支情况、客户变化和市场状况等。还要明确责任，规定合理定额，并使之与推销人员的个人收入挂钩，超奖欠罚，以保证销售任务的完成。

项目二十五　销售促进

一、销售促进的概念

销售促进又称营业推广，是指企业运用各种短期诱导因素刺激消费者和中间商购买经营或代理企业产品或服务的促销活动。销售促进是企业短期促销最有力的工具。在市场营销理论中，促销与销售促进是有区别的。促销概念有广义和狭义之分。狭义的促销仅指销售促进，而广义的促销包括销售促进、广告、人员推销和公共关系四大促销组合方式。

二、销售促进的方式

根据目标市场的不同，企业推广可分为面向消费者、面向中间商和面向企业内部员工的推广，三种推广方式有着不同的促销方式。

（一）面向消费者的销售促进方式

面向消费者的营业推广作用包括：鼓励老顾客继续使用，促进新顾客使用，培养竞争对手顾客对本企业的偏爱等。其方式可以采用如下所述：

1. 赠送促销。通过向消费者赠送样品或试用品，使消费者通过亲身试用领略到产品的好处和实际利益，从而迅速接受新产品，成为新产品的购买者。样品可以选择在商店或闹市区散发，或在其他产品中附送，也可以公开广告赠送或入户派送。缺点是费用高。

2. 折价券。在购买某种商品时，持券可以免付一定数额的钱。折价券可以通过广告或直邮的方式发送。

3. 包装促销。以比较优惠的价格提供组合包装和搭配包装的产品。

4. 抽奖促销。顾客购买一定的产品之后可获得抽奖券，凭券进行抽奖获得奖品或奖金。抽奖可以有各种形式。

5. 现场演示。企业派促销员在销售现场演示本企业的产品，向消费者介绍产品的特点、用途和使用方法等。

6. 联合推广。企业与零售商联合促销，将一些能显示企业优势和特征的产品在商场集中陈列，边展销边销售。

7. 参与促销。消费者参与各种促销活动，如技能竞赛、知识比赛等活动，能获取企业的奖励。

8. 会议促销。各类展销会、博览会、业务洽谈会期间的各种现场产品介绍、推广和销售活动。

▶ 行业观察

玩转销售促进

星巴克：用星说

"谁来请我喝杯星巴克？"

这是很多人在微信朋友圈转发"用星说"时的发文。在2017年的情人节活动中，星巴克用它的 App "用星说" 很专心地过了一次节。微信用户可以通过 "用星说" 这个社交礼品平台送朋友一杯咖啡，对方凭收到的微信卡券就可以在门店里扫码得到咖啡。伴随着一杯咖啡或星礼卡，消费者不仅可以在线写下祝福，同时也能在送礼的同时附上一张有回忆的照片或一段视频。

海底捞：折星星抵菜钱

"有一次在海底捞等位，服务员拿来一堆彩条纸说可以折星星抵菜钱，一个星星抵五角钱，瞬间没人玩手机了。大家拿出毕生的功力跟时间赛跑，立誓要把海底捞折破产！"

等位本是顾客去餐厅吃饭时最厌烦的事之一，这位网友却乐在其中，并分享到网上，评论里很多人都跃跃欲试，想去海底捞吃火锅，更有人信誓旦旦地表示可以折 100 多个。

（二）面向中间商的销售促进方式

制造商策划与掀起的促销活动，如果没有中间商的响应、参与和支持，是难以取得促销效果的。面向中间商的销售促进的主要目的是鼓励中间商积极进货和推销，引导零售商扩大经营。常用的方式有：

1. 批发回扣。企业为争取批发商或零售商多购进自己的产品，在某一时期内给经销本企业产品的批发商或零售商加大回扣比例。

2. 推广津贴。企业为促使中间商购进企业产品并帮助企业推销产品，可以支付给中间商一定的推广津贴。

3. 销售竞赛。根据各个中间商销售本企业产品的实绩，分别给予优胜者以不同的奖励，如现金奖、实物奖、免费旅游、度假奖等。

4. 扶持零售商。生产商对零售商专柜的装潢予以资助，提供购买点（POP）广告，以强化零售网络，促使销售额增加；可派遣厂方信息员或代培销售人员。生产商这样做的目的是提高中间商推销本企业产品的积极性和能力。

（三）面对内部员工的销售促进方式

主要是针对企业内部的销售人员，鼓励他们热情推销产品或处理某些老产品，或促使他们积极开拓市场，增加销售量。一般可采用方法有：销售红利、销售竞赛、免费提供人员培训、技术指导等形式。

三、营业推广设计

在企业促销活动中，一个有效的营业推广方案一般要考虑以下五个因素。

（一）确定推广目

确定营业推广目标，就是要明确推广的对象是谁，要达到的目的是什么。只有知道推广的对象是谁，才能有针对性地制定具体的推广方案，例如，推广是为达到培育忠诚度的目的，还是鼓励大批量购买。

（二）选择推广工具

营业推广的方式方法有很多，但如果使用不当，则适得其反。因此，选择合适的推广工具是取得营业推广效果的关键因素。企业一般要根据目标对象的接受习惯和产品特点、目标市场状况等来综合分析并选择推广工具。

（三）推广的配合安排

营业推广要与营销沟通的其他方式，如广告、人员销售等整合起来，相互配合，共同使用，这样才能形成营销推广期间的更大声势，取得单项推广活动达不到的效果。

（四）选择推广时机

选择营业推广的市场时机很重要，如季节性产品、节日、礼仪产品，必须在季前节前做营业推广，否则就会错过时机。

（五）确定推广期限

即营业推广活动持续时间的长短。推广期限要恰当，过长则消费者新鲜感丧失，产生不信任感；过短，一些消费者还来不及接受营业推广的实惠。

项目二十六　公共关系

▶ 案例导入

年度盘点：2015 年饮用水行业成功公关营销事件

着眼公益，恒大开启"中国公众健康饮水"调研

2015 年 11 月底，恒大冰泉在广州启动了其"中国公众健康饮水蓝皮书"项目，在媒体上发起抽样调查问卷。之前将公益作为着眼点，这种公关营销手法虽然传统，但百试不爽，特别是在饮用水这个与民生息息相关的行业。这种通过问卷调查的方式，倡导饮用水安全常识，潜移默化地传播恒大冰泉品牌，可以说是恒大冰泉年底的一个漂亮的收官。

娱乐营销，野·芭蕉新秀崛起

2015 年最成功的娱乐营销当属野·芭蕉天然泉水的"一城一世界，亦野亦芬芳"的大型选秀。野·芭蕉天然泉水是九台集团旗下的高端瓶装水品牌，算是瓶装水市场新秀中的黑马，一亮相便声势浩大。2015 年 9 月，著名韩星金秀贤与九台集团签约，成为沈阳"One World 世界城"的形象代言人，以此为契机掀起野·芭蕉天然泉水的选秀之路。

回顾这次娱乐营销，九台集团选择了正当红的影星，明星自己的粉丝形成了一个巨大的传播矩阵。另外，通过选秀产生的冠军可以和金秀贤一起拍摄"One World 世界城"形象宣传片，有足够的理由吸引消费者参与。这次娱乐营销既有热点又有看点，迅速让野·芭蕉天然泉水引起关注也不足为奇。

细分市场，农夫山泉新包装成功逆袭

以卖平价瓶装水出道的农夫山泉开始转向高端市场，细分市场。在这个"看脸"的时代，外观包装成为消费者完成购买行为的重要因素，全新亮相的农夫山泉的包装设计经历了相当长的时间。包装升级后的农夫山泉顺势推出了高端水、学生水和婴儿水，包装以长白山的生灵、植物、天气为主题，通过手绘和插画表达农夫山泉的原生态理念。无论瓶内的水是否与高端的瓶身设计相符，都不得不承认，农夫山泉借助全新包装进军高端水市场是成功的，瞬间改变了农夫山泉的品牌形象。

（资料来源：微信公众号"东北快速消费品经理群"，发表时间为 2015 年 12 月 29 日。）

一、公共关系的概念

公共关系是一门先进的科学管理思想和艺术，它强调为了本组织的长远利益而采取真诚服务于公共利益的原则，通过有计划的长期努力和传播沟通，树立良好的组织形象，达到组织与内外公众的信息沟通，实现公众对组织的理解、支持与合作。它最有利于从企业长远角度来促销企业产品、实现营销目标。

公共关系

二、公共关系的作用

在现代经济社会，经济关系错综复杂，竞争日益激烈，企业所处的内外环境也在不断地发生关系，企业必须清楚公共关系的作用范围和影响力的大小。公共关系在企业营销活动中的作用主要体现在以下几个方面。

（一）树立企业的良好形象

在现代社会中，企业之间的竞争日益激烈，这种竞争不仅是技术和经济的竞争，而且还集中表现在企业信誉和形象上的竞争。企业信誉不单纯是企业文明经商、企业道德的反映，也是企业经营管理水平、技术水平、工艺设备、人才资源等企业素质的综合反映。企业信誉和形象是联系在一起的，企业形象就是社会公众和企业职工对企业整体的印象和评价。良好的企业形象是企业的无形资产和财富，是用金钱买不到的。公共关系的主要任务就是建立在对企业了解基础上的形象，通过采取恰当的措施，如提供可靠的产品，维持良好的售后服务，为公众的集体利益做实事等，拉近与大众的距离，树立企业的良好形象。

（二）加强与消费者之间的信息沟通

信息对现代企业来说是至关重要的，没有信息的企业是寸步难行的。企业必须有计划地、长期地向公众传递企业的信息。为了使传播取得预期的效果，必须讲究传播技巧，必须选择适当的传播媒介和传播方式，向企业内部、外部公众传递适当的信息内容。

（三）改变公众的误解

现代技术的发展和大众传播业的发达，为企业提供了更多的市场信息与市场机会，同时，一些不真实的信息也一并迅速传播开来，引起公众对企业的误解，损害了企业的形象。当企业被公众误解时，就处于非常严峻的时刻；而良好的公共关系工作能够帮助企业澄清事实，消除形象危机，帮助企业渡过难关。例如，萨哈罗航空公司对空难事件的成功处理就是一个很好的实例。

（四）增强企业内部凝聚力

一个企业若要顺利地发展，企业内部要充满生机和活力。而生机和活力的源泉在于企业全体员工的积极性、创造性以及聪明才智的发挥。良好的内部公共关系有助于企业员工的积极性、创造性以及聪明才智的发挥。

（五）协调与外部公众的关系

企业还要学会与外部公众不断联络和协调，为企业创造良好的外部环境。

三、公共关系促销的方式

（一）通过新闻媒体宣传

指通过报纸、杂志、广播和电视等新闻传播工具，以通讯、报道、新闻、特写、专写、专访等形式，向社会传播企业的有关信息，以形势有利的社会舆论，提高并推广企业形象或产品形象。例如，企业遇到较重大事件或纪念日，就要策划组织新闻发布会、新产品发布会，成立若干周年纪念日，各种庆祝会等，并邀请新闻记者来采访，把企业的重大信息传播到社会各界。这实际上也是一种广告宣传，但这种宣传是媒介主动宣传，而非企业的"王婆卖瓜"，因而更具有说服力，而且这种宣传还不需花费或花费很少。因此，企业应该努力制造新闻点，争取新闻媒介的主动报道，吸引公众注意，达到促销目的。

（二）赞助和支持各项公益活动

作为社会一员，企业有义务在力所能及的范围内支持社会的各项公益活动，如节日庆典、基金捐款、救灾赈灾、支持社会福利事业等。这些活动往往为万众瞩目，各种新闻媒体会进行宣传报道，有利于树立企业为社会服务的形象。例如，企业赞助体育运动让球队的名称与企业名称一致，这样就能通过球队的南征北战而让企业名扬四方。在实践中，企业应该注意自己的能力限度，以及活动的互惠性和可行性。

（三）参加各种社会活动

企业通过举办新闻发布会、展销会、看样订货会、博览会等各种社会活动，向公众市场推荐企业的产品，介绍相关知识，以此获得公众的了解和支持，提高他们对企业产品的兴趣和信心。另外，在参加这些社会活动前，应尽量与新闻媒体取得联系，做他们的宣传报道，扩大这些活动的实际影响力。

（四）制作发布公关广告

公关广告是企业为形成某种进步的、具有积极意义的社会风气或宣传某种新观念而制作、发布的广告。例如，企业对吸烟、过度饮酒危害健康，勤俭节约，遵守交通秩序，尊老爱幼，以及保护生态环境等社会风尚的宣传均属此列。公关广告在客观效果上能够有效地扩大企业的知名度和美誉度，在公众面前树立起关心社会公益事业的良好形象。可以说，公关广告宣传也是间接的企业的形象宣传。

（五）印制宣传品

企业组织有关人员编辑介绍企业发展历史，宣传企业宗旨，介绍企业生产和经营活动以及产品宣传介绍等信息的宣传材料，以此来向社会公众传播企业产品信息，树立企业形象。这些宣传产品多以免费赠送为主，印制精美，以增加公众的兴趣并提高保存价值。同时，在宣传品上应详细注明企业的名称、地址、电话号码、邮编等，以便顾客能及时与企业取得联系。

（六）咨询调查

企业通过设立资讯台、咨询热线电话以及公共场所的免费咨询服务等咨询调查来了解公众对企业生产、经营、产品质量、价格、销售等方面的建议和意见，并及时把改进的情况告诉公众，保持企业与公众之间的良好沟通。

（七）建立企业统一标识体系（CIS）

在知识经济时代，信息的获取变得很简单。信息不再是稀缺资源，而注意力却变得越来越重要。因此，企业应尽全力去取得别人的注意，他们必须努力设计一个公众能立刻认知的视觉识别标志，这个视觉识别标志可用在公司的商标、文具、小册子、招牌、商业文件、名片、建筑物和制服标识上等。现代著名企业都有各自独特的标识体系，如可口可乐、IBM、海尔等。

（八）企业内部的公关活动

企业内部公关活动是通过企业的宣传橱窗、刊物、广播电台、闭路电视、各种展览、联谊活动、公司领导接待专线电话、统一的服饰徽章、公司的标志图案、公司内部的升旗仪式等活动，这些都可看作是增强企业内部员工凝聚力、向心力的公关活动。

企业的公关活动如果有创造性和艺术性，并能把握好时机，那么可以收到非常好的效果，而这种效果又往往是企业广告活动无法达到的，因此，企业在经营过程要善于利用公关活动来打开企业经营的新天地。

▶ 行业观察

借冕播誉

20世纪50年代，法国白兰地已享有盛誉。白兰地公司把名酒白兰地打入美国市场时，并没有采用常规的推销手段进行宣传，而是策划在美国总统艾森豪威尔67岁寿辰之际，赠送窖藏69年之久的白兰地酒作为贺礼，并特邀法国著名艺术家设计并制作专用酒桶，届时派专机送往美国，在总统寿辰之日举行隆重的赠酒仪式。他们将这一消息通过各种新闻媒体传播给美国大众并进行了连续报道，这些报道吸引了千百万人，成了华盛顿市民的热门话题。当贺礼由专机送到美国时，华盛顿竟出现了万人围观的罕见现象。关于名酒驾到的新闻报道、专题特写、新闻照片挤满了当天各大报纸的主要版面。法国白兰地就在这种氛围中昂首阔步走上了美国国宴和市民餐桌。

（资料来源：https://www.renrendoc.com/p-47010663.html）

四、公共关系促销的设计

在企业促销活动中，一个有效的公关促销方案一般要考虑以下因素。

（一）公关活动目标

制定公关促销方案，首先要明确公共关系活动的目标。公关活动的目标应与企业的整体目标相一致，并尽可能具体，同时要分清主次轻重。

（二）公关活动对象

在本次促销活动中，确定公共关系的对象，即本次公关活动中所针对的目标公众。

（三）公关活动项目

即采用什么样的方式来进行公关活动，如举行记者招待会，组织企业纪念活动和庆祝活动，参加社会公益活动等。

（四）公关活动预算

在制定活动方案时，还要考虑公共关系活动的费用预算，使其活动效果能够取得最大化。

▶▶▶ **能力实训** --

一、单选题

1. 促销工作的核心是（　　　）。

A. 出售商品　　　　B. 沟通信息　　　　C. 建立良好关系　　　　D. 寻找顾客

2. 促销的目的是引发刺激消费者产生（　　　）。

A. 购买行为　　　　B. 购买兴趣　　　　C. 购买决定　　　　D. 购买倾向

3. 公共关系是一种（　　　）的促销方式。

A. 一次性　　　　B. 偶然　　　　C. 短期　　　　D. 长期

4. 营业推广的缺点主要表现在（　　　）。

A. 成本低，顾客量大　　　　　　B. 成本高，顾客量大

C. 成本低，顾客有限　　　　　　D. 成本高，顾客有限

5. 对于一般的日常生活用品，适合选择（　　　）做广告。

A. 人员　　　　B. 专业杂志　　　　C. 电视　　　　D. 公共关系

二、判断题

1. 企业在其促销活动中，在方式的选用上只能在人员促销和非人员促销中选择其中一种加以应用。　　　　　　　　　　　　　　　　　　　　　　　　　　　（　　　）

2. 推销员除了要负责为企业推销产品外，还应该成为顾客的顾问。　　（　　　）

3. 公益广告是用来宣传公益事业或公共道德的广告，所以它与企业的商业目标无关。
　　　　　　　　　　　　　　　　　　　　　　　　　　　　　　　　　（　　　）

4. 因为促销是有自身统一规律性的，所以不同企业的促销组合和促销策略也应该是相同的。　　　　　　　　　　　　　　　　　　　　　　　　　　　　　　（　　　）

5. 广告的生命在于真实。　　　　　　　　　　　　　　　　　　　　（　　　）

三、简答题

1. 简述促销的作用。

2. 如何认识广告效果的好坏？

3. 简述人员推销的特点。

4. 简述营业推广的方法。

四、阅读分析

蒙牛的怪销策略

蒙牛，用三年时间从千名之外跻身行业四强；三年时间打造"中国驰名商标"；三年时间销售额呈195倍的增长，成为《当代经理人》2002中国成长企业百强冠军。蒙牛从进入群雄逐鹿的乳业战场的第一天起，就一直快而不乱地推行其"空—地"营销策略，用广告实施空中打击，夺取制空权；用促销实行地面推进，逐一清除地面堡垒，"空—地"联动，立体攻击，短短三年，便实实在在地打造了一个中国乳业的奇迹。

1. 蒙牛广告

1999年6月，刚刚成立的蒙牛乳业首次投入35万元包揽了央视6套两个月的阶段广告，当年蒙牛的销售额为4300万元。尝到甜头的蒙牛迅速加大广告投入，2002年，蒙牛的广告花销为6000万元左右，其销售额已突破21亿元。据蒙牛乳业营销企划监察中心主任孙先红介绍，蒙牛的广告投放量基本以年销售额3%的速度递增。2003年初，刚刚和摩根士坦利等国际著名的风险投资联姻的蒙牛放出豪言：2006年销售额100亿元，以蒙牛3%的广告投入拉动年销售额250%的增长来看，如果蒙牛牛气依旧，2006年达到年销售额100亿元的目标不无可能。

（1）澄清敌我，彰显个性

为确保出师名正言顺，避免战场腹背受敌，在1999年的乳业战场上，蒙牛一出生便打出了第一块广告牌：蒙牛向伊利学习，做内蒙古第二品牌。在产品包装上，蒙牛也信誓旦旦：为民族工业争光，向伊利学习。从此，人们知道了在内蒙古的千里草原上，除了品质卓越的"百分百好牛，百分百好奶"的伊利，还奔腾着一头谦虚上进的蒙牛。蒙牛采取的式比附定位，使它与伊利品牌是紧密联系在一起，共存共荣，共同发展。

蒙牛的广告策划非常大胆。2001年，北京申奥时，蒙牛第一个站起来，"我们捐赠1000万"，语惊中华。蒙牛策划进一步深入，"一厘钱精神，千万元奉献"，即在每根雪糕、每袋牛奶的销售收入各提取1厘钱,7年延期付清,"真情"流露一目了然；2003年，"非典"肆虐，截止到5月6日，蒙牛累计捐款物资1160万元，包括860万元人民币和价值300万元的蒙牛纯牛奶，"真诚"之心溢于言表。这种品牌形象的集中传播，使得蒙牛得以最小的资本投入、最快的速度，获得与伊利"能力"品牌个性相辉映的鲜明品牌形象。

（2）阶段推进，更换主题

细心的人会看到，随着蒙牛的逐步壮大，蒙牛广告也牛气起来，伊利已走向全国，蒙牛也该走出内蒙了。2001年6月，蒙牛以"我们共同的品牌——中国乳都呼和浩特"为主题，在呼和浩特的主要街道高密度投放灯箱广告，与此同时的另一个广告版本是"为内蒙古喝彩，千里草原腾起伊利集团、兴发集团、蒙牛乳业；塞外明珠辉照宁成集团、仕奇集团；河套峥嵘蒙古王、高原独秀鄂尔多斯、内蒙娇子兆君羊绒……我们为内蒙古喝彩，让内蒙古腾飞。"

（3）精确打击，集中传播

"忽如一夜春风来，千树万树梨花开。"以此形容蒙牛广告攻势并不为过。在蒙牛草创初期，为迅速打开市场，蒙牛为夺取制空权，投资300多万元在呼和浩特进行广告宣传，因为呼和浩特城市并不大，300多万元足以造成铺天盖地的广告效果。于是，电视、报纸、路牌、车体、墙版……只要能够利用的广告媒体，蒙牛尽量利用，一时间，蒙牛在呼和浩特几乎是家喻户晓，人尽皆知。

2.蒙牛促销

现在企业做市场有两种方式：一种是巨量广告狂轰滥炸，终端促销蜻蜓点水；另一种是提倡广告和促销结合的深度行销。两种方式在不同市场有不同效果，但在乳业，蒙牛选择的是后者，尽管这样会加大企业产品拓市成本。

（1）渠道—促销：定位制导

根据各类终端的性质，蒙牛对不同的终端进行了相应的价值定位，度身打造个性化的渠道促销策略。

①大卖场——扩大影响力，做销量。大卖场商品品种齐、价格低、吸客力强，顾客云集，不仅去大卖场的次数多，而且每次都是大量采购。蒙牛的促销策略是增加卖场的生动化展示，包括扩大货架陈列面，做整箱堆头陈列；派驻促销兼理货员；举办免费品尝活动；在周日及节日期间举办买赠促销活动；整箱购买优惠；在适当时间做大卖场的上刊特价商品等。

②连锁超市——做好产品与消费者的见面工作，支持品牌形象，方便消费者购买。连锁超市门店众多，信誉度较高。蒙牛的促销策略是理货为主，陈列要求让顾客看得见，买得到；陈列标准是让产品进冷风柜，摆放冷风柜第一至三层，且贴近光明产品，全品上架，不断货；选择居民居住集中的门店举办免费品尝活动；举办捆绑促销。

③送奶到户渠道——锁定顾客，增加现金流。通过服务来锁定顾客，培养顾客忠诚度。蒙牛的促销策略是制定上午订、下午取，下午订、隔天上午送，24小时以内解决客户投诉等服务措施；建立顾客资料库；推出集点优惠促销；不同数量整箱订购促销；向居民信箱大量投放邮寄广告；在新社区举办免费品尝活动；在电话账单上刊登产品广告及促销信息广告等。

（2）市场—促销：迎合需求

2003年3月26日，蒙牛乳业在全国范围内一下子推出了20多个新品冰激凌，与同类竞品相比，蒙牛在产品数量上可谓一枝独秀。冰激凌市场经过几年的发展已渐趋成熟，相比于价格和宣传，消费者对产品品种的花样、口味更趋重视，蒙牛所做的只是投其所好，顺水推舟。在进行异域市场开拓时，蒙牛策略依旧。蒙牛始终相信，最好的促销来自消费者需求的个性化设计。开拓上海市场时，蒙牛发现，上海消费者的购物习惯正悄然改变，他们开始追求购物的方便和享受。于是，蒙牛应势选择了舒适和文化层次作为市场细分变量。面对整个纯鲜牛奶市场，它以产品包装形态的特殊性（保质期30~45天的利乐枕）专门满足图方便的消费群体，扮演市场补缺者，而在这个图方便的细分市场中，它又是一个市场领导者。战略目标确定之后，蒙牛特别设计了借助电子商务网和家庭饮用水配送网的销售网络，并根据网络端点的特性进行价值定位，以打造个性化的促销策略。

（3）合势促销：秉承主题

"来自大草原，香浓好感受""深深草原情，浓浓草原心""天蓝色布衫、乳白色牛奶、大草原风情……"蒙牛的每一次露天促销，这些都是不变的元素。

广告更多的是一种承诺，而促销则是要将这种承诺清晰的展现在消费者眼前。在蒙牛的市场运作中，广告和促销是一体的。他们知道，如果广告和促销的设计和执行孤立，对彼此的效果都会有所伤害。因为促销过甚，无疑会弱化品牌形象，而促销不足，又无法对品牌承诺进行有力支撑。因此，在度的把握上，蒙牛表现得一向很谨慎，但尽管如此，蒙牛仍是屡屡碰壁。

蒙牛刚进入上海时，采用买赠活动促销，但促销力度过大，几乎是在原价基础上折价25%，这与蒙牛中高档品牌形象定位无疑是背道而驰。它的促销价位吸引了相当一部分非目标顾客群体，一旦促销结束，他们便又回到了各自的市场中。进军重庆市场时，蒙牛几乎重蹈上海覆辙。进入重庆市场两年以来，蒙牛未进行过统一的市场促销活动，也未在当地媒体上发布过广告，更未搞过任何公关活动，消费者对蒙牛的印象充其量只是通过零星而遥远的央视广告和零售终端产品陈列来了解。品牌知名度的低下，使蒙牛在重庆市场一直萎靡不振。

（资料来源：根据王志勇《市场营销案例》整理。）

思考：

1. 结合案例，谈谈广告和非广告促销的作用有什么不同。

2. 蒙牛运用了哪些促销策略？其各自的特点是什么？

3. 结合案例，谈谈你对促销组合的理解。

五、拓展项目设计

请做一个针对大学生电子产品市场的促销组合策略，要求分组进行有关大学生市场信息沟通的特点、市场环境等方面资料的收集。把握大学生的市场定位，有针对性地设计广告、销售促进、人员推销或公共关系等方面的促销策略。项目设计要求：方案详实、创意新、便于操作。

理念为先 营销创新

▶ 学习目标

◆ 知识目标

1. 掌握市场营销新兴观念

2. 熟悉市场营销观念演变

3. 熟悉市场营销新变化

4. 熟悉大数据营销技术特点

5. 熟悉几种常见的市场营销新业态模式

6. 掌握短视频营销的三种方式

7. 掌握绿色营销的内涵

◆ 技能目标

1. 能够描述和分析市场营销观念的演进过程

2. 能够阐述全方位营销的四个组成部分的关系

3. 能够分析和总结互联网技术、消费者和企业的新变化

4. 能够提炼社群营销、场景营销、短视频营销的特点

5. 能够分析文化营销的内涵与价值

◆ 思政目标

1. 培养正确认识技术的价值，辨别技术伦理

2. 培养开展营销活动维护社会主义核心价值观的意识

3. 塑造追求经济利益的同时，维护社会利益的价值观

▶ 思维导图

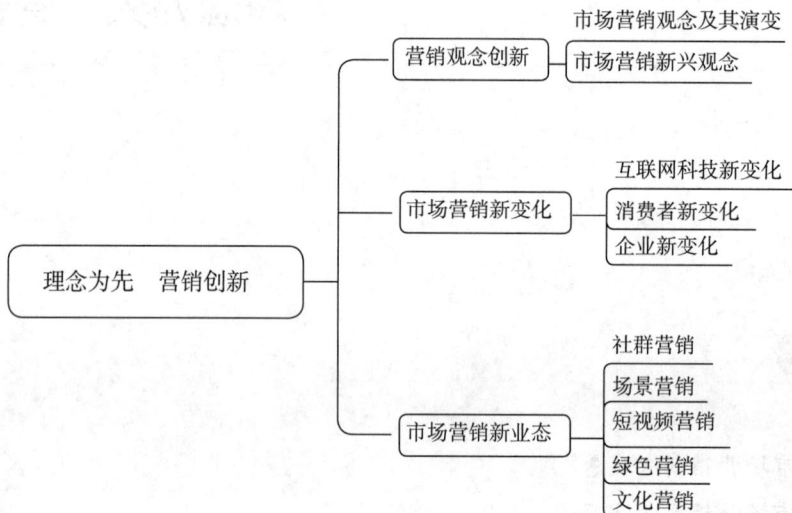

▶ 案例导入

与顾客建立长期、稳定的关系是马狮集团能够在英国零售市场独占鳌头的重要原因。

英国的马狮公司被誉为英国盈利能力最强的跨国零售集团，它的实力和口碑，获得了合作商和竞争对手的高度评价。马狮集团为了建立与顾客的友好关系，首先从满足顾客需求入手，如果能够长期满足顾客的要求，那么这些顾客将成为马狮集团的忠实伙伴。在日用品市场，大部分消费者都青睐于物美价廉的产品，马狮集团充分了解了顾客的这一心理，根据顾客能接受的价格来确定成本，并将大量的资金投入产品的研发和设计当中，生产出质量高、价格合理的日用品。在这一过程中，为了节省成本，马狮公司采用规模经济，并免去广告宣传的大宗费用。此外，在售后服务上，马狮采用无理由退款的政策，这对于很多顾客来说，确实很体贴。

长此以往，顾客能够一直在马狮买到称心如意的商品，自然而然地会成为马狮的长期顾客。

与供应商结成短期的伙伴关系。马狮与供应商的合作关系以自身、供应商和消费者的利益为出发点，寻求共赢。比如马狮从供应商那里采购到的商品如果更便宜，那么商品节约的资金，马狮将转让给供应商，以进一步获得长期、高质量的商品供应。

建立企业与员工的友好信赖关系。为了达到这一目的，马狮集团会为不同层级的员工安排培训，为每个员工提供丰厚的福利待遇，做到真心对待每一位员工，从物质和精神上关怀员工，从而激发他们的工作热情和潜力。

（数据资料来源：公关之家 http://www.gongguanzhijia.com/article/272.html）

案例思考：与传统营销相比，关系营销更注重与哪些群体协调好关系？为了与各方建立长久稳定的依存关系，关系营销注重哪些原则？

案例启示：在马狮集团的案例中，马狮集团对员工、供应商和顾客都特别关注，这就是关系营销的精髓。关系营销特别注重维护人与人之间的关系，可以说，关系营销就是通过调节各方的关系形成利益共同体，以达到稳定合作共赢的目的。关系营销的本质就是互惠互利、合作共赢。

项目二十七　营销观念创新

一、市场营销观念及其演变

企业在一定的市场营销观念指导下进行市场营销活动，市场营销观念反映了企业的价值观和对营销的理解，是企业开展营销活动的基本经营哲学和指导思想，也是企业对市场的根本看法。在西方发达国家的市场营销发展历程中，市场营销观念大致经历了五个演变阶段，即生产观念、产品观念、推销观念、市场营销观念和社会市场营销观念。前三种观念的核心聚焦于企业，而后两种观念的核心聚焦于顾客和社会的长远利益。

营销观念创新

（一）生产观念

生产观念是营销领域最古老的观念之一。在 20 世纪 20 年代前，生产型企业努力提高生产效率，降低成本和采用大规模分销方式，为消费者生产廉价商品。生产观念认为消费者喜爱并接受价格低廉且唾手可得的商品。在资本主义发展初期的特定历史条件下，由于市场上物资短缺，工业企业集中力量发展生产，只要是能生产出来的东西，就不愁销路。

（二）产品观念

产品观念也是较早的一种企业营销管理。产品观念认为只要企业能够生产出质量过硬的产品，提高产品的性能，消费者就一定会喜欢并接受。在这种观念的影响下，企业把大量的精力投入提高产品的质量、性能等方面，而忽略了顾客的需求。最后，面对高昂的生产成本和不断增加的库存，企业的经营陷入了困境。

（三）推销观念

推销观念产生于 20 世纪 20—50 年代，随着生产技术的提高，科学管理大规模推广，工业化产品的产量迅速增加。市场上的产品供大于求。产品销售的竞争变得激烈，因此企业必须重视产品的推销，从而促使消费者在大量的产品中选购本企业的产品。这种观念体现了企业在营销活动中的主动性，而不再像前两种观念一样等顾客上门。虽然比前两种观念进步了一些，但是开展营销活动及处理相关问题时，其本质上还是以企业和生产为中心，而不是以顾客为中心。

（四）市场营销观念

与前面三种观念不同，诞生于 20 世纪 50 年代中期的营销观念是一种以顾客为中心的观念，强调先感知用户的需求，再响应用户的需求。市场营销观念认为营销工作的目标不仅仅是销售产品，更是帮助用户打造最合适的产品。随着社会生产水平的迅速提高，市场竞争更加激烈。市场营销观念认为公司打造核心竞争力的关键在于注重目标市场的欲望和需求，从而有针对性地为目标市场创造和传递卓越的客户价值。

（五）社会市场营销观念

社会市场营销观念将社会的长远利益纳入营销活动的规划中，在满足消费者的需要和欲望的基础上，保护并提高整个社会的福利。这一观念出现在 20 世纪的 70 年代。企业目标是社会责任和社会服务，全球的环境问题日趋恶化，资源短缺，在此背景下，西方营销学者认为，企业在满足消费者需要的同时，也要兼顾社会的整体利益。今天人们越来越关心环境问题，企业也在积极地适应这种趋势，承担社会责任和义务，在社会中树立一个良好的形象。

二、市场营销新兴观念

进入 21 世纪，互联网全球化正迅速改变市场，并重塑企业的运作方式，而传统的营销观念则没有跟上这种改变的步伐，需要被拓展和重新定义。

1. 全方位营销观念：美国营销学权威专家菲利普·科特勒在他的作品《科特勒营销新论》中打破其创立的营销经典范式，提出了营销的新范式，即"全方位营销"。重视客户的需求，将客户价值、企业能力和企业合作网络结合起来，整合营销活动的开发、设计和执行，通过实现客户价值，提高顾客忠诚度来获得企业的成长。全方位营销，包含关系营销、整合营销、内部营销和绩效营销四个部分。

2. 关系营销：市场营销活动的成功取决于与相关的人或组织建立深厚牢固的关系。关系营销的对象包括顾客、员工、合作网络相关人员，以及公司投资人。关系营销与这些核心利益相关者建立有效关系网络，为公司客户创造价值，为员工谋取福利，为合作网络相关人员以及公司投资人获取利益。

3. 整合营销：为顾客、利益相关人员创造价值的营销活动是一个整体，项目的各个组成部分相互关联，任何一个环节的缺失都有可能导致整个营销活动的失败。因此，公司必须通盘考虑，制定一个整合各个环节的营销策略，并评估每个环节对营销和品牌的影响。

4. 内部营销：内部营销是全方位营销的重要构成部分，公司内部所有部门一起努力为顾客创造价值，公司才有可能取得营销活动的成功。优秀的员工懂得公司内部的工作和执行外部营销活动同样重要，公司内各个岗位的员工都应该理解并支持公司营销活动。

5. 绩效营销：营销活动不能单纯地追求获得最大利润，而应全方位考量顾客满意度、顾客流失率以及营销社会效应等社会性指标。企业勇于承担起法律和社会责任，接受来自媒体和消费者的监督，将为企业提供更为坚实的发展基础。

▶ 思政园地

5.5 亿人参与的"蚂蚁森林"令人感动！

随着社会经济发展，人们观念的进步，企业在生产经营活动中除了赚取利润，更要承担相应的社会责任。2000 年 7 月，《全球契约》论坛召开第一次高级别会议，中国等 30 多个国家的代表和 200 多家大公司参与会议。会议代表承诺，在建立全球化市场的同时，要以《全球契约》为框架，改善工人工作环境，提高环保水平。

自 2016 年 8 月"蚂蚁森林"在支付宝公益板块开放以来，消费者通过绿色行为，比如步行、线上支付水电费用等节省的碳排放可以换算成为支付宝的绿色能量，在支付宝里栽培虚

蚂蚁森林
低碳计划

拟树。支付宝将用户的虚拟树变成一棵地球上的真树，从而积极地保护地球环境。据统计，该项目推出以来，已经吸引了超过 5.5 亿用户参与，在沙漠里种树超过 2 亿棵，并实现减排二氧化碳 1200 多吨。"蚂蚁森林"项目在 2019 年 9 月 19 日被联合国授予"地球卫士奖"。

项目二十八　市场营销新变化

随着电子商务、移动网络、数据挖掘技术的发展，市场相比之前发生了巨大的变化，技术的发展重塑社会形态，影响消费者消费习惯，促使企业采用新技术，适应新形态。

一、互联网科技新变化

互联网技术的发展，彻底改变了媒体的工作方式，信息的传递更为便利，人们能够更加平等自由地分享信息，这一特点从根本上颠覆了传统营销的战略与战术。随着互联网技术的迭代，互联网平台越来越多，基于互联网投放的产品也越来越同质化，海量的广告投放浪费大量人力物力，因此产生了基于大数据分析的大数据营销技术。

大数据技术基于多平台的海量数据，依托数据处理技术，进行大数据的分析与预测，使得广告的投放更为精准，为企业带来更好的投资回报率。大数据营销技术有以下特点。

（一）时效性

传统的市场营销模式下，企业要想传播自己的产品需要花费巨大的人力和财力，同样，消费者想要寻找适合自己的产品，也不是一件简单的事情。大数据营销技术深刻地改变了信息传播与交换的方式，降低了信息传播与交换的成本，打破了信息传播与交换的时空限制。

（二）关联性

大数据营销技术提高了信息交换双方的关联性。文字、图片、声音、视频等信息在互联网平台精准传播，为营销人员提供了针对性发挥想象和创造力的空间，这些有价信息可让广告的投放过程产生前所未有的关联性，为企业展示商品、与消费者互动提供了更多的可能。

（三）个性化

传统的商品营销手段主要是通过包装设计、广告促销和人员推销等方式，在海量的消费者群体中吸引潜在的消费者。在互联网时代，应用大数据营销技术大量采集消费者的行为数据，通过数据处理技术，刻画出消费者的消费行为习惯，帮助企业精准定位目标人群，并调配营销信息投放的时间、内容和形式，最终完成营销过程。大数据技术帮助企业提高营销推广效果，从而减少传统广告的浪费。

▶ 阅读思考

互联网时代市场营销的挑战

借助互联网，市场营销迎来了发展的机遇，但也面临着不少挑战，亟需实现转型。

技术同质化的挑战。互联网经济面对的是一个不限于时空，消费人群日益扩大，生活品质要求越来越高，选择日益增多的环境，不同行业之间的竞争成为一种趋势。在这一过程中，企业须面对产品技术同质化的挑战。由于目前我国的知识产权制度还不够完善，同一类产品的包装服务、外观设计、营销手段往往相互模仿，导致产品的趋同已无可避免，甚至山寨企业、"克隆"企业屡见不鲜。例如，洗发水品牌众多，各种功能的技术含量、使用效果大致趋同。如何创新企业的营销思路与营销策略，提升企业品牌的市场竞争力，无疑是一个巨大的挑战。

消费者的诉求日益突出。互联网时代的到来刺激了消费者的购买欲望和需求，消费者购买产品也更加理性。企业在市场竞争中若想不被淘汰，就要有效地满足市场要求，满足消费者日益增长的诉求，吸引消费者。这就需要企业一方面具备全局视野，摒弃传统的营销策略；另一方面在利用网络技术进行市场营销时，对其营销策略进行转换，对生产的产品不断调整，有针对性地制定商品或服务营销策略，提升消费者对企业的需求程度，实现对消费者的吸引。

网络安全风险亟需防范。网络环境下的市场营销具有虚拟化特征，覆盖范围更加广泛，涉及系统安全、信息保护、技术保障等诸多问题，无疑增加了投资的风险性。此外，网络平台鱼龙混杂，垃圾信息满天飞，这就对市场营销的管理制度提出了新的要求。例如，关注网络环境和国家政策的变化，做好相关信息的筛选工作，避免支付过程中出现诈骗、盗用等现象，确保在泛滥的信息中不迷失方向。

（资料来源：人民论坛 http://www.rmlt.com.cn/2019/0311/541573.shtml）

思考：互联网的发展对市场营销来说既是机遇又是挑战，面对这种变化，企业的营销策略如何转变？

二、消费者新变化

1.消费者拥有强大的信息处理能力。以往，消费者的实际消费行为发生在逛街和逛商场时。今天，人们坐在家里，或者在旅途中，就可以通过手机、iPad 等移动终端完成消费。全新的消费模式造就了消费者全新的消费能力。在互联网时代之前，营销模式一直沿用 AIDA 模式，即 Attention（注意）、Interest（兴趣）、Desire（欲望）、Action（行动），企业通过营销活动引起消费者购买兴趣。现在，消费者在实际购买之前，通过顾客评价、专业测评、线下比较等方式对比商品，从而更加全面地了解商品信息。

2.消费者改变营销路径。和传统消费路径不同，消费者在购物前接收到的商品信息不再是单一地来自企业。消费者可以在互联网平台发布自己对商品的评价、个人使用体验，这些信息对其他消费者产生影响，这种影响有时比来自企业的营销信息力度更大。

三、企业新变化

1.企业零售变革。互联网时代，企业的零售不再仅仅依赖商场、超市、专卖店等渠道，也可以打造取消中间商的产品与服务传递模式。格力空调通过直播带货等形式，扩展了传统经销商销售模式，提高公司的利润率。大型企业开始采用线上与线下相结合的模式，进一步增强市场竞争力。

2.信息传播变革。一条微博、一次直播、一篇软文就能向全世界的消费者发布商品和服务信息，传递企业的经营理念、企业文化。利用社交媒体和移动平台，企业能够更加快速有效地接触到目标客户，精准识别客户需求，精确推荐目标产品和服务。信息传播方式的变革，给企业营销带来了倍增效益。

▶ 思政园地

近日，国务院办公厅印发《关于加强互联网领域侵权假冒行为治理的意见》，特别指出，要用 3 年左右时间，有效遏制互联网领域侵权假冒行为。打击网上销售假冒伪劣商品是《意见》所突出的监管重点，不只是电商巨头需要整肃自身，其中还明确提及，针对利用微信、微博等社交网络平台制售侵权假冒商品等现象，也要研究相关监管和防范措施。

国办此次出台意见措施，并制定治理时间表，反映了互联网领域的侵权假冒行为的严重性以及整治的决心。其实，不只是大型电商平台售假顽症未除，这两年步入移动互联网时代之后，野蛮生长的微商也亟须规范治理，比如，无孔不入的面膜代购中，就藏着不少有毒有害面膜。

今天，当线上与线下越来越难区分，互联网对生活的嵌入越来越深，电商的概念也在不断扩大。从寡头式的电商平台，到"网红经济"的兴起，再至内容创业者群雄角逐，在中国电商的夜空版图上，一轮圆月旁边，已是群星闪烁。每个人都可能是假货的受害者，每个人也都有可能是假货的出售者。在这样的背景下，如何打假，应该说是一个更加复杂的问题。

（资料来源：《人民日报》，2015 年 11 月 12 日 05 版）

项目二十九　市场营销新业态

一、社群营销

社群是共同的兴趣爱好或者某种关系凝聚在一起的群体，社群中的成员呈现共同的特征，拥有类似的消费习惯。加入社群，人们获得情感上的归属感和安全感，并通过社交维系着社群的关系。互联网时代的社交是在线化社交，这种新的社交方式产生了新的社群，其中最具有代表性的是微信、微博、豆瓣、小红书等。互联网社群没有门槛，越来越多人的基本社交已经转移到互联网社群中，基于互联网。

营销策略创新

（一）社群营销平台

社群营销的平台主要有两种：①社交网络（如微信、微博、QQ 等）；②线上平台（如公众号、豆瓣、小红书、抖音等）。社群营销平台是 B2B 和 B2C 的重要营销力量，也是产品口碑传播的重要途径。许多企业利用社群营销平台展示产品、与消费者互动，将社群营销平台发展成为产品信息的重要来源。

（二）社群营销特点

社群营销中，信息的传播具有互动性。社群成员发起话题，传播使用体验、态度，对其他用户产生直接的营销效果。社群成员的互动最终转化为产品的口碑，口碑作为强有力的营销工具，拥有最强的营销驱动能力。同时，口碑还可以提高产品的认知度，引起更多非社群成员的关注和进一步的传播。

企业通过与用户的互动实现共赢。有研究表明，消费者往往传播负面的消费体验，因此，企业通过经营社群，主动吸引消费者参与产品设计与生产过程，不仅有助于推广产品，更可以了解消费者对产品的需求、意见等，为产品的更新换代提供参考。

二、场景营销

互联网颠覆了传统的商业生态。在互联网刚刚兴起之时，企业通过满足用户的核心需求，引起用户的关注，迅速获得竞争优势。经过爆发式的野蛮增长，大量的企业都获得了发展初期的红利，并逐渐形成了属于自己的行业格局。这时随着大数据技术和云计算的发展，互联网竞争进入了数据化时代。如果说前期是以流量取胜，那么现在就是要靠质量来获利。企业通过精确定位用户的需求，为用户提供个性化的价值体验。当互联网产品和服务渐趋同质化的时候，仅靠个性化满足消费者的需求和体验已无法有效吸引消费者。互联网市场竞争进入了一个新的阶段即场景化营销阶段。

为了精准抓住用户的情绪和体验，企业在营销中创造合适的场景，让用户沉浸其中，最终提升营销的效果。很多让人印象深刻的产品都和某种适当的场景联系在一起，比如红牛和挑战自我的场景，加多宝和熬夜看球的场景。场景营销为消费者描绘了一幅生动的背景画面，从而让消费者对产品留下了更为深刻的印象。

▶ 阅读思考

星巴克社区生活体验店

星巴克的门店场景非常注重营造舒适、安静的氛围，符合城市白领的工作节奏和审美品位，可以说其场景营销和服务营销是独具特色的，而在社区体验店上的尝试，也体现出了星巴克在场景运用上的独到之处。

大多数人对于星巴克普通门店的印象，顾客不是喝着咖啡对着电脑、打着电话，就是和朋友进行交流，工作氛围非常浓重，当然这也非常符合其一贯的定位。但社会体验店要更为生活化，不仅设置在生活化气息浓重的社区中，其定位人群也更倾向于社区中女性、儿童等其他群体，同时也推出更多适合小孩、居家女性甚至宠物的产品服务。但从消费水平和格调来看，星巴克社区体验店似乎在围绕着白领家庭成员这一特点鲜明的垂直消费市场。

社区生活体验店的场景打造，暴露出了星巴克在侵入白领工作空间之后，开始进一步渗透到白领群体中的社区生活当中。

除了在产品和服务上有所变化外，相比于普通门店的快餐气息，星巴克社区体验店更像一家轻松、慢节奏的餐厅，注重细节和美感，在设计、菜品、餐具上都更加具有生活气息。这样的门店在星巴克以往的经营模式中体现出了多元的一面。

（资料来源：https://www.qncyw.com/media/page/43735.shtml）

星巴克上海嘉御庭社区体验店

思考：作为场景营销方式之一，很多大品牌热衷于开设体验店，请思考：体验店需从哪些角度布局，从而让消费者产生好感？

三、短视频营销

现在，短视频成为人们在通勤途中、茶余饭后等碎片化时间里主要的娱乐方式。随着短视频的流行，短视频营销也渐渐成为一种新兴的营销方式。 麦当劳、星巴克、欧莱雅等老牌企业也纷纷加入了短视频营销的大军。

（一）短视频营销的特点

1.短视频的内容更具有表达力。从内容营销的角度来说，短视频相比于传统的图文内容更具有三维立体性。短视频能够更好地将声音、动作、表情、故事、冲突、情感等表达出来，让用户更加真实地感受到品牌所传递的内容和情感。

2.短视频营销更具有流量价值。以抖音、快手、小红书等短视频平台来说，平台拥有庞大的用户量。用户量大，短视频的覆盖面自然就广；加上极具创意感的生动形象、传播力强的画面，短视频营销大大提升了品牌的价值，提高了品牌的转化率。

（二）短视频营销的三种方式

1.直播带货，定向营销。网红经济依托海量的粉丝群体，在网络平台上吸聚流量，具有强大的消费引导力。通过网红为品牌背书，在短视频中进行品牌深度植入，可以加大品牌的知名度，推动消费者对品牌的关注，并带来很高的商业转化率。

2.构建话题，推动社交。传统的营销是一种单向的传播，是自说自话的营销模式。短视频营销要结合社交营销的优点，创造话题，吸引受众的兴趣，让受众参与到营销的创意中，使品牌的影响力得以拓展。

3.创建场景，讲述故事。一个好的广告片就是一个好故事，视频营销要善于讲故事。一个极富感染力的故事能够很好地吸引用户的注意力，并将品牌的元素或价值融入故事中。在用户分享视频的同时，品牌也获得持续的传播。

四、绿色营销

全球环境的恶化对人类的生存产生了威胁，环境问题成为全球普遍而广泛关注的热点问题，倡导绿色环保的理念成为人类共同的主题。在这个背景下，企业营销除了满足自身盈利需求外，日益融入了企业的社会责任。"绿色营销"也成为企业的主流营销战略。

（一）绿色营销的内涵

绿色营销以促进全社会可持续发展为目标，协调企业经济利益、消费者利益和环境利益科学统一发展，以保证人类和经济的持续发展。绿色营销的最终目标是可持续发展。企业无论是进行战略策划或者战术管理，都必须从这个原则出发，在创造价值、商品交换时按照生态环境的要求，保护自然生态和自然资源的平衡，为后世子孙的生存和发展留出空间。

（二）绿色营销与传统营销的差异

1.营销观念的升华。绿色营销以人类社会的可持续发展为自身的营销观念，在实践中，企业注重经济效益与社会生态环境的协同发展，注重资源保护和可再生资源的利用，减少对资源和环境的危害。同时绿色营销注重保护消费者的合理权益，将维护消费者权益看作自身长远发展的柱石。

2.营销目标的统一。传统的营销聚焦于协调消费者、企业和竞争者的三角关系，从而获取利润，而绿色营销不仅考虑自身利益，还考虑全社会的利益。企业在实施绿色营销过程中，从产品的原材料到包装设计、物流运输、仓储等环节都时刻考虑对环境的影响，做到节约资源，安全卫生无公害。

3.经营手段的差异。绿色营销着眼于消费者绿色消费需求的引导和培养，在定价、渠道选择、服务、企业形象定位等方面，都强调符合绿色产品、绿色标志的特点，凸显保护环境的绿色因素。

▶ 阅读思考

伐木公司的绿色形象塑造！

德国一家伐木公司，为了塑造自身的绿色形象，编印了大量的宣传材料到处宣传。在宣传材料中，该公司强调自己不是绿色森林的"刽子手"，而是其"保护神"，不是"只伐不种"，而是"先种后伐"，并严格控制砍伐数量，且配有大量的实景照片。在照片上，被砍伐的树木旁边都长有小树木，并有野兔和松鼠在林中出没。这些照片无疑对该公司树立绿色形象起着很好的宣传作用。

（资料来源：陈锷，周忠民.营销经理 MBA 强化教程 [M].北京：中国经济出版社，2002.）

五、文化营销

文化影响着人类的观念、价值、技能和行为，文化与经济是相辅相成、相互推动的关系。在物质生活极大丰富的今天，人类的精神需求也不断上升。企业之间的竞争不仅仅是产品的竞争，更是体现在企业内在文化的竞争。

（一）文化营销的内涵

"文化（culture）"一词源于拉丁文 Cultural，其主要意思是指经过人类耕作、培养、教育、学习而发展的各种事物或方式，是与大自然本来存在的事物相对而言的。营销的定义过程中，菲利普·科特勒运用到一个很重要的术语——欲望，并将"欲望"定义为"人类需要经文化和个性塑造后所采取的形式"。文化营销是基于文化的营销。有意识地通过甄别，培养和树立某种核心价值观，来达到企业营销目的的一种营销方式。文化营销以消费者为核心，强调物质消费背后的文化内涵，将文化内涵融入企业营销活动的全过程，达到文化与营销的互动与交融。

（二）文化营销的价值

任何一种商品，除了其功能上的实用性，还有其精神层面的文化性。产品的命名、包装、广告、形象推广等都凝聚着人们的文化创造，体现着生产经营者的文化观念。在产品同质化越来越严重的今天，个性化的文化塑造赋予了商品独特的内涵和灵魂，也是商品价值创造的重要过程。例如美国迪士尼公司通过塑造米老鼠、唐老鸭等形象，创造了一个庞大的卡通帝国，这些魅力有趣的卡通形象风靡全球，形成了一个独一无二的西方文化市场。

▶▶▶ **知识与技能训练** ---

一、单选题

1. 提出"全方位营销"理论的营销学家是（　　）。

A. 杰罗姆·麦卡锡　　　　　　B. 菲利普·科特勒

C. 迈克尔·波特　　　　　　　D. 大卫·奥格威

2. 生产观念、产品观念、推销观念这三种观念的核心聚焦于（　　）。

A. 企业　　　　B. 顾客　　　　C. 社会　　　　D. 政府

3. 当互联网产品和服务渐趋（　　）的时候，仅靠个性化满足消费者的需求和体验已无法有效的吸引消费者。

A. 个性化　　　B. 差异化　　　C. 同质化　　　D. 人性化

4.（　　）成为人们在通勤途中，茶余饭后等碎片化时间里主要的娱乐方式。

A. 阅读　　　　B. 短视频　　　C. 音乐　　　　D. 聊天

5. 下列哪种技术手段可以帮助企业精准定位用户需求（　　）。

A. 大数据技术　　　　　　　　B. 互联网技术

C. 生物工程技术　　　　　　　D. 电子工程

二、多选题

1. 营销模式中的 AIDA 模式包括哪几个部分？（　　）

A. Attention 注意　　　　　　B. Interest 兴趣

C. Desire 欲望　　　　　　　D. Action 行动

2. 互联网科技新变化体现在以下哪些特点？（　　）。

A. 便利性　　　B. 更丰富　　　C. 多元化　　　D. 个性化

3. 以下哪些方面展现了市场营销的新变化？（　　）

A. 互联网科技　　B. 消费者　　C. 人工智能　　D. 企业

4. 社群中的成员的共同点表现在？（　　）

A. 共同的兴趣　　　　　　　　B. 共同的特征

C. 类似的消费习惯　　　　　　D. 共同的爱好

5. 全方位营销包含以下哪些部分（　　　　）。

A. 关系营销　　　　B. 整合营销　　　C. 内部营销　　　D. 绩效营销

三、简答题

1. 简述社群营销的特点。

2. 从内容营销的角度来说，短视频相比于传统的图文内容具有哪些优势？

3. 场景营销为何能够提升营销效果？

4. 随着技术的发展，在现代市场营销环境中，消费者有哪些新变化？

5. 除了消费者的需要，社会市场营销观念关注哪些问题？

四、案例分析题

士力架复习者联盟线上社区

借助互联网进行营销互动是营销领域非常常见的模式，相关的营销策划也是层出不穷。士力架和作业帮合作在高考备考季，组建复习者联盟线上社区，针对高考备考学生的需求，精准获取目标用户的消费习惯，进行线上推广，吸引了很多学生的参与。

士力架以"横扫饥饿，点燃战斗力"为核心，有节奏地开展线上营销活动。针对备考越来越紧张的 3-4 月，士力架通过代言人王某发布了一条预祝大家考试开门红的视频，吸引了大量粉丝的关注。在达到活动预期效果后，士力架紧接着发布了三支考试备考的广告，进一步传递了士力架考试备考的信息。随后，#王某士力架备考挺你#话题一上线就获得大量转发，话题阅读量和各平台视频播放量均超过十亿。

除了帮助同学们消除饥饿，士力架还创新在心理层面帮助考生自信面对。通过搭建备考互助 H5，士力架为焦虑疑惑的考生和过来人提供了一个自由交流的平台。各大名师以及民间高手加入平台为考生答疑解惑，在助力考生备考的过程中，士力架也成为"备考神器"。

士力架利用明星效应吸引用户，进而建立线上社区，帮助考生备考，体现出了人性化的一面。而在消费者的社交圈中，士力架发起一系列线上活动，并且将线上虚拟货币兑换为士力架奖品。士力架将产品与学习备考相结合，既满足了学生的需求，也使自身品牌深入人心。

讨论分析：1. 你认为"士力架"采用了哪种营销业态？

2. 本案例中，"士力架"通过哪些方法提升营销效果？

3. 如果你为"士力架"策划营销活动，你有什么建议？

五、实训实战题

我的体验我做主——市场营销新业态体验分析

【实训目的】

通过实际体验市场营销新业态，了解市场营销的最新发展模式，在学习实践中，提升自身营销实践能力。

【实训内容】

学生自愿组成调研小组，每组不超过3人，选取任一市场营销新业态，通过体验了解营销活动组织的全过程，分析营销效果，思考营销策划开展方式。

【实训要求】

每组制作PPT，汇报营销活动开展方式及策划建议。

【实训步骤】

（1）组建小组；

（2）选择市场营销新业态；

（3）完成市场营销新业态体验分析，思考营销策划开展方式；

（4）整理报告材料，进行项目分析汇报。

参考文献

[1] 科特勒. 营销管理. 北京: 中国人民大学出版社, 2001.

[2] 科特勒. 科特勒谈营销. 杭州: 浙江人民出版社, 2005.

[3] 滕兴乐. 中小企业管理创新研究. 长春: 吉林人民出版社, 2020.

[4] 李桂华, 卢宏亮. 营销管理. 北京: 清华大学出版社, 2020.

[5] 吴勇. 市场营销. 5版. 北京: 高等教育出版社, 2019.

[6] 郭国庆. 市场营销学通论. 4版. 北京: 中国人民大学出版社, 2009.

[7] 林汉川, 王分棉, 邱红. 中小企业管理. 北京: 高等教育出版社, 2020.

[8] 陈康. 现代企业管理. 广州: 广东高等教育出版社, 2019.

[9] 陆玉梅. 中小企业创业创新管理. 西安: 西安电子科技大学出版社, 2019.

[10] 王霞. 中小企业营销管理实务研究. 郑州: 郑州大学出版社, 2018.

[11] 崔德乾, 彭春雨. 场景方法论: 如何让你的产品畅销又给用户超爽体验. 北京: 机械工业出版社, 2019.

[12] 谢佩峰, 叶青, 吴磊. 社群营销与运营实战. 武汉: 华中科技大学出版社, 2019.

[13] 秋叶. 短视频实战一本通. 北京: 人民邮电出版社, 2020.

[14] 余来文, 甄英鹏, 黄绍忠, 等. 营销管理: 新媒体、新零售与新营销. 北京: 企业管理出版社, 2021.

[15] 吴金海. 消费文化视野下的产品生命周期——一个消费社会学的探究. 社会发展研究, 2019, 23（4）: 43-57+243.

[16] 郭浩杰. 基于产品生命周期的好利来产品策略. 商业故事, 2019.（5）.

[17] 于萍. 移动互联环境下的场景营销: 研究述评与展望. 外国经济与管理, 2019, 41（5）: 3-16.

[18] 祝杨军. 绿色创业者: 价值理念, 核心特征与培育途径. 新视野, 2020（4）: 75-80.

[19] 刘啟仁, 黄建忠. 产品创新如何影响企业加成率. 世界经济, 2016（11）: 26.

[20] 高幸 . 互联网背景下农产品创新营销模式研究 . 农村经济与科技，2017（5）.

[21] 向峰，黄圆圆，张智，等 . 基于数字孪生的产品生命周期绿色制造新模式 . 计算机集成制造系统，2019，25（6）.